Christa Meves

Geheimnis Gehirn

Warum Kollektiverziehung
und andere Unnatürlichkeiten
für Kleinkinder schädlich sind

Christa Meves

Geheimnis Gehirn

Warum Kollektiverziehung und
andere Unnatürlichkeiten für
Kleinkinder schädlich sind

RESCH VERLAG

Bibliografische Information Der Deutschen Bibliothek
Die Deutsche Bibliothek verzeichnet diese Publikation in der
Deutschen Nationalbibliografie; detaillierte bibliografische
Daten sind im Internet über http://dnb.ddb.de abrufbar.

Impressum:
1. Auflage 2005
© 2005 Verlag Dr. Ingo Resch GmbH
Maria-Eich-Straße 77, D-82166 Gräfelfing
Alle Rechte vorbehalten
Titelbildrechte: Verein Verantwortung für die Familie e.V., Uelzen
Umschlag, Gestaltung und Satz: Fischer's DTP-Studio, München
Druck und Bindung: RMO-Druck, München
Printed in Germany
ISBN 3-935197-38-1

Wenn sich der Mensch nicht als Geschöpf kennt,
das sich von den vernunftlosen Tieren
durch den Besitz des Verstandes unterscheidet,
dann beginnt er, sich mit ihnen zu verwechseln.
Wir müssen also wissen, wer wir sind,
und dass wir nicht aus uns selbst das sind, was wir sind.
Bernhard von Clairvaux (1090-1153)

Wohl dem Menschen, der mir gehorcht,
dass er wache an meiner Tür täglich,
dass er hüte die Pfosten meiner Tore!
Wer mich findet, der findet das Leben.
Wer aber mich verfehlt, zerstört sein Leben.
Sprüche, 35-36

Inhalt

Vorwort

Diese Schrift ist aus der Beobachtung von Kindern und Jugendlichen, aus der Arbeit mit ihnen während ihrer ambulanten Psychotherapie entstanden. Sie erwuchs aus dem gemeinsamen Nachdenken mit ihren Eltern über die Ursachen der kindlichen Auffälligkeiten. Sie entwickelte sich aus der Fülle erhobener Anamnesen der täglichen Praxis. Das vermittelte mir bereits gegen Ende der 60er Jahre die Einsicht, dass wir auf dem Weg in eine gesellschaftliche Katastrophe seien, wenn wir lange genug in dem neu eingeschlagenen Trend weiter machen würden; denn im technisierten Leben wurde der Umgang mit den Kindern immer unnachdenklicher, immer sorgloser. Sie hätten sich eben in die modernen Lebensformen der Erwachsenen einzufügen, wussten Politiker in dieser Zeit unbekümmert zu erklären. Aber ist zu erwarten, dass Kinder das können? Hat nicht auch der Mensch wie jedes Geschöpf, wie jedes Tier, wie jede Pflanze Entfaltungsbedingungen, um eine optimale Ausgestaltung zu erfahren? Sind Kinder nicht die Garanten der Zukunft? Kann eine Gesellschaft langfristig auf ihr Gedeihen hoffen, wenn sie nicht darauf bedacht ist, ein seelisch gesundes Aufwachsen der jungen Generation zu erwirken?

Aber solche Erwägungen lagen nicht im Trend und stiessen in den Gremien, in denen ich sie vortrug, auf wenig Einsicht in die allgemeingültige Gewichtigkeit des Problems, in die Notwendigkeit zu einer umfänglichen Prophylaxe. Ich begann zu warnen und Prognosen für das folgende Jahrhundert zu stellen: Die Bildbarkeit der Kinder würde absinken, die Zahl seelisch beeinträchtigter Erwachsener würde alles Maß übersteigen, die Geburtenzahlen würden unter das Level einer gedeihlichen Wirtschaft absinken, Süchte und Kriminalität würden das Gesundheitssystem unbezahlbar machen...

Das wollte volle 30 Jahre lang kaum jemand hören, der maßgeblichen gesellschaftlichen Einfluss besaß. Solche praktischen Erfahrungen seien keine Wissenschaft, hieß es. Ich begab mich auf die Suche nach Absicherung. In den Zoos hatte ich im Affenhaus und am Löwenkäfig Tiere entdeckt, die in ihrem offenbar gestörten Verhalten in vielem meinen jungen Patienten ähnelten. Und die Zookundler konnten wie ich ein Lied davon singen, wie schwer solche Störungen wieder rückgängig zu machen seien, wenn sie erst einmal eingebahnt wären. Ich suchte Kontakt mit den Tierverhaltensforschern der Max-Planck-Institute und fand Hellhörigkeit besonders bei Konrad Lorenz in Seewiesen und bei Joachim Illies vom Plöner Institut. Hier entdeckte ich nicht nur viel Vergleichbares, sondern auch Erklärbares durch deren Forschungsergebnisse.

Wieso gab es bei den Verhaltensstörungen von Kindern und gefangenen Tieren solche markanten Ähnlichkeiten? Die Zusammenarbeit mit den Tierverhaltensforschern vermittelte die Erkenntnis, dass in der Säuglings- und Kleinkinderzeit Lebensentfaltung sich nach ähnlichen Gesetzen vollzieht wie bei höheren Tieren, ja, dass die Ausgestaltung des spezifisch Menschlichen zur Voraussetzung hat, dass diese Phasen artgerecht absolviert werden, damit möglichst viele Exemplare der Spezies Mensch ihr genetisches Optimum erreichen.

Das hielt man in unserer Gesellschaft allerdings jahrzehntelang für nicht relevant, bis in den USA die Hirnforschung auf den Plan trat. Der Einblick in die Entfaltungsvorgänge des Gehirns erweckt zwangsläufig das Interesse an der frühen Kindheit und macht sie erstmals beachtenswert. Nun wird neu die Frage bedeutsam, was sich bei Kindern und Tieren gleich, was sich verschieden entwickelt. Dadurch wird auch die Ähnlichkeit der Verhaltensstörungen von jungen Kindern und gefangenen Tieren neu bedeutsam mit der Frage, was sich hier am bereits vorhandenen Wissen über die Ursachen lernen lässt und wie eine seelisch gesunde Entfaltung zum Menschen aussehen müsste.

Die Hirnforschung hat damit ein neues Tor des Interesses und des notwendigen Fragens darüber eröffnet, was sich in unserem Kopf besonders in derjenigen Zeit abspielt, während der sich das Gehirn aufbaut: In den ersten Lebensjahren des Menschen. Das Geheimnis Gehirn zu entschlüsseln, so zeigt sich bereits jetzt, wird bedeuten, den Umgang mit den jungen Kindern neu zu gewichten. In dieser Lücke finden jene Einsichten Platz, die die Tierverhaltensforscher und Kinderpsychotherapeuten bereits durch Beobachten und Nachdenken gesammelt haben.

Dadurch wird auch das Tierexperiment durch das Erkennen von Grundelementen eher Rückschlüsse auf den Menschen zulassen können und als Grundlagenforschung mehr Berechtigung erfahren.

Ich habe es mir bereits seit vielen Jahren zur Aufgabe gemacht, aus dem Vergleichen der Verhaltensstörungen von Kindern und gefangenen Tieren neue pädagogische Prämissen, ja letztlich einen neuen anthropologischen Ansatz zu gewinnen; denn in der Tat lässt sich am Gestörten, am sich pathologisch Entwickelnden, ein neues Konzept für eine »gesunde Krone der Schöpfung« herausfiltern. Ich möchte deshalb in dieser Schrift die Fäden zu den schon vorhandenen Erfahrungen auf dem Gebiet der Verhaltensstörungen neu aufgreifen und sie mit den Einsichten der Hirnforschung verknüpfen, um ein Wirkungsgefüge zu neuer Hoffnung auf Zukunft beizutragen.

Um meine Kompetenz nicht zu überschreiten, habe ich mich dabei einer detaillierten Beschreibung von Hirnprozessen ferngehalten. Die erst am Anfang stehenden Erkenntnisse auf diesem Gebiet finden nur in so weit Eingang, als sie langjährige kinderpsychotherapeutische Erfahrung bestätigen.

Ich danke Herrn Dr. Christian Illies, den Dres. Horst und Ulrike Schetelig und Frau Friederike Wienkamp für ihre Mithilfe bei der Erstellung dieser Arbeit.

Im Januar 2005 *Christa Meves*

I. Einführung

Wenn man über lange Zeit Kinder mit Verhaltensstörungen beobachtet, so wird ein Phänomen sichtbar, das der Erklärung bedarf: der einförmige Grundcharakter dieser Erkrankungen und ihrer Abläufe. Er zeigt sich um so deutlicher, je genauer man die Kinder in ihren vielfältigen einzelnen Handlungsweisen beobachtet, je gründlicher man die biographischen Daten eruiert, je mehr man sich um das Erfassen der so unterschiedlichen Lebensumstände bemüht. Durch die Vielfalt der Lebenserscheinungen, durch die verwirrende Fülle voneinander abweichender Besonderheiten des Individuums und seiner Umgebung scheint so etwas wie ein Hauptnenner hindurch: Das Phänomen Verhaltensstörung. Ein Beispiel soll das erläutern:

Der siebenjährige Kevin wird von seinen Eltern wegen Schulschwierigkeiten zur testpsychologischen Untersuchung angemeldet. Während mit der Mutter der Termin für ihre Beratung abgesprochen wird, ist der Junge bereits ins Therapiezimmer vorangestürmt und hat sich unversehens über die Spielkiste hergemacht. Er streift die Behandlerin nur mit einem flüchtig misstrauischen Blick, als sie hinzutritt und, während er weiter darin herumwühlt, sagt er (mit Sachkenntnis über das Material in einer kinderpsychotherapeutischen Praxis): «Die Kuh fehlt, hat die einer mitgenommen? Ich möchte gern den kleinen Hund.» Als ihm gesagt wird, dass nach ihm noch andere Kinder damit spielen wollen, springt er unvermittelt auf, schnippt die Spielfigur mit dem Finger in die Luft, fällt auf den Stuhl zurück und schaut nun zum ersten Mal sein Gegenüber direkt an, aber so, als erwarte er – zur Flucht sprungbereit – von diesem allemal Ungutes.

Schaut man sich die Untersuchungsbögen auffälliger Kinder gesammelt an, so ergibt sich, dass die meisten von ihnen charakteristische Abwegigkeiten ausgebildet haben. Sie kratzen oder reißen, reiben, drücken, lecken, lutschen, beißen oder zerren meistens einförmig und in einer starren Unausweichlichkeit an ihrem eigenen Körper herum. Das heißt: jedes dieser Kinder ist zur Zeit meist auf eine einzige Besonderheit spezialisiert. Der eine reißt die Fingernägel, der andere zerbeißt die Wangenhäute, der dritte onaniert zwanghaft, der vierte reißt die Haare aus, der fünfte zerkratzt eine immer gleiche Hautstelle, der andere lutscht am Daumen. Junge Mädchen sind auf Einritzen des Unterarms, auf Erbrechen, auf Fressanfälle und/oder Hungersucht spezialisiert. Oft sind ähnliche Handlungen nicht nur am eigenen Körper, sondern auch an anderen Objekten in übersteigerter, wenn auch häufig in mehr versteckter oder abrupt vereinzelter Weise feststellbar: Schlagen, zerreißen, zerschneiden, treten, stoßen, bohren, stechen, raffen, sammeln, schmieren, verschlingen.

Gelegentlich ist die Objektwahl wenig realitätsbezogen. Die Tätigkeit an sich drängt – sich verabsolutierend – in den Vordergrund: Das Kind ist ein Zappelphilipp, oder es läuft ziellos und unmotiviert weg, es bekommt Jähzornsausbrüche, es sammelt alles, vom Apfelkern bis zum Silberpapier, es säubert alles, auch wenn es längst sauber ist, es verschlingt zu viel auf einmal wie in Hast, es knabbert und kaut unentwegt auf etwas herum, es stiehlt, was auch immer ihm gerade in die Quere kommt.

Bei manchen dieser Kinder kommt es zu häufigen körperlichen Leiden, denen aber typischerweise selten eine anatomisch-pathologische Veränderung, sondern eine Funktionsstörung zugrunde liegt: Chronisch funktionelle Störungen des Magen-Darm-Traktes, chronische Störungen der Atemwege – wie Dauerschnupfen, chronisch rezidivierende Bronchitiden oder Asthma bronchiale – chronische Funktionsstörungen der Blase, Einnässen des Nachts, seltener auch am Tage, Einkoten selbst noch im Schulalter, chronische Funktionsstörungen im

Sprachvollzug oder chronische Funktionsstörungen in den Abläufen der Muskulatur.

In früheren Zeiten hat man solche »Unarten« häufig mit drastischen Dressurmaßnahmen abzugewöhnen versucht (was glücklicherweise selten gelang), heute sind wir immerhin so weit, den Kindern nicht mehr einen »bösen Willen« zu unterstellen, sondern solches Verhalten als Beeinträchtigung einzuschätzen, die der Behandlung bedarf. Zumindest die Fachleute wissen heute, dass es sich um die Erstsymptome seelischer Erkrankungen handelt. Es sind gewissermaßen blinde Selbstheilungsversuche, die ihr Ziel aber nicht erreicht haben, weil sie sich zu stereotypen Gewohnheiten verselbständigt haben, zu Verhaltensweisen, die das Umfeld als unangemessen und das darunter leidende Kind als einengend und beschämend erlebt.

Immer mehr Kinder, besonders Jungen, fallen darüber hinaus im Grundschulalter durch eine diffuse Unruhe auf, die ihnen die Konzentration auf den Lernstoff raubt. Dadurch bleibt meist ein in verschiedener Hinsicht leistungsgemindertes Kind übrig. Und weil sich das bei unseren Kindern mittlerweile in horrenden Zahlen abspielt, nicht zuletzt deshalb brauchen wir immer mehr Sonderbeschulung, wächst die Verordnung dämpfender Medikamentation, und deshalb nimmt die Zahl der seelisch beeinträchtigten, ja oft auch chronisch körperlich leidenden Herangewachsenen zu, die nicht mehr ihre ursprünglichen Entfaltungsmöglichkeiten zum Tragen bringen können und die für einen Ausbildungs- bzw. Arbeitsplatz nicht mehr vermittelbar sind.

Nachdem solche Krankheitsbilder und -abläufe, die so genannten Kernneurosen, seit ihrer Entdeckung durch Sigmund Freud[1] immer mehr in Erscheinung traten, sind eine Fülle von Versuchen unternommen worden, die Ursachen herauszufinden, aufgrund derer die Störungen entstehen und sie zu heilen. Dabei haben umfängliche Anamnesen ergeben, dass jene seelischen Störungen, die so tief greifend sind, dass sie u. U.

die Lebenslinien von Menschen verbiegen und verstümmeln, oft schon in den ersten sieben Lebensjahren ihren Anfang nahmen. Aufgrund dieser Einsicht entwickelte in den Zwanziger Jahren die so genannte neoanalytische Schule des Psychoanalytikers Harald Schultz-Hencke[2] sowie seiner analytischen Mitarbeiter für Kinder und Jugendliche, Annemarie Dührssen[3] und Werner Schwidder[4] eine so genannte »Antriebslehre«. Aber da das Berliner Institut während der Hitlerherrschaft geschlossen wurde, war dieser Erfahrungswissenschaft zunächst keine Zukunft beschieden. Der Psychoanalytiker Werner Schwidder versuchte nach 1945 einen Neuanfang im Göttinger Institut für Psychoanalyse, aber dieser Ansatz wurde durch die Entwicklung neuer psychotherapeutischer Ausrichtungen an die Seite gedrängt.

Das gleiche Schicksal erlitten die Versuche des Zoologen und Nobelpreisträgers Konrad Lorenz[5], durch das Vergleichen des Verhaltens von Tieren mit dem von Menschen Einsichten über das Wesen menschlicher Triebhandlungen und seelischer Störungen zu gewinnen. Dass gefangene Tiere (die Zoos boten damals dafür noch ein reiches Beobachtungsfeld) oft außerordentlich ähnlich aussehende Verhaltensstörungen zeigen wie Kinder, wurde darüber hinaus in den 60er Jahren besonders von Forschern in den USA beobachtet – der Psychoanalytiker John Bowlby[6] und der Affenforscher Harry F. Harlow[7] waren hier federführend. Unter der Voraussetzung, dass Menschen in ihrer ontogenetischen Entwicklungszeit vergleichbaren Naturgesetzen unterliegen wie höhere Tiere, so der Ansatz der Tierverhaltensforscher, müsse es doch sinnvoll sein, Fehlentwicklungen bei Tieren mit denen von Menschen zu vergleichen, um daraus Rückschlüsse für artgerechte Entwicklungen beim Menschen zu gewinnen. Aber dann wurden diese positiven Ansätze als »biologistisch« beiseite geschoben. Eine ideologisch unterlegte einseitige Milieutheorie wurde trendbestimmend und setzte sich durch.

Es ist dem Aufschwung der internationalen Hirnforschung seit den 90er Jahren zu verdanken, dass dieser (den wissenschaftlichen Fortschritt hindernden) Einseitigkeit mit Hilfe von überzeugenden Fakten entgegengetreten werden konnte, wobei die Hormon- und die Genforschung mit ihren neuen Forschungsergebnissen maßgeblich als Hilfswissenschaften beteiligt waren.[8] In den USA hat die psychologische Revolution durch die Hirnforschung bereits in den 90er Jahren begonnen, ohne dass sie in Deutschland zunächst hinreichende Beachtung fand.

1997 fasste J. Madeleine Nash im Time Magazine den neuen Forschungsansatz folgendermaßen zusammen: »Während der ersten Lebensjahre unterliegt das Gehirn einer Reihe von außerordentlichen Veränderungen. Kurz nach der Geburt beginnt ein Säuglingsgehirn in großer biologischer Überschwänglichkeit über 100.000 Milliarden Verbindungen zu knüpfen – mehr, als es jemals gebrauchen kann. Dann eliminiert das Gehirn Verbindungen oder Synapsen, die selten oder nie benutzt werden. Die überschüssigen Synapsen in einem Säuglingsgehirn unterliegen einer drakonischen Beschneidung. Zurück bleibt ein Gehirn, dessen Muster von Emotionen und Gedanken im Guten wie im Schlechten einzigartig sind.

Bei Entzug einer stimulierenden Umgebung leidet das Gehirn eines Kindes. Z. B. haben Forscher am Baylor College für Medizin herausgefunden, dass Kinder, die nicht viel spielen oder selten berührt werden, Gehirne entwickeln, die 20 bis 30 % kleiner sind als es ihrem Alter entspricht. Mit anderen Worten: Reiche Erfahrung produziert viel Gehirn.

»Es gibt einen Zeitplan für die Gehirnentwicklung, und das wichtigste ist das erste«, betont Frank Newmann, Präsident der Erziehungskommission der Vereinigten Staaten. »Im Alter von drei Jahren trägt ein misshandeltes und vernachlässigtes Kind Spuren, die äußerst schwer zu beseitigen sind, wenn sie nicht sogar dauerhaft sind«.

Wenn das Gehirn nicht die richtigen Informationen erhält – oder sie ausschließt, kann das Ergebnis verheerend sein. Einige Kinder, die frühe Anzeichen von Autismus zeigen, ziehen sich zurück von der Welt, weil sie überempfindlich auf sensorische Stimulation reagieren, andere, weil ihre Sinne unteraktiv sind und ihnen zu geringe Informationen liefern. Emotionale Deprivation im frühen Leben hat einen ähnlichen Effekt. Viele Wissenschaftler meinen, dass es in den ersten Jahren der Kindheit eine Anzahl kritischer oder sensibler Perioden oder »Fenster« gibt, während derer das Gehirn bestimmte Arten von Stimulation braucht, um bestimmte langlebige Strukturen zu schaffen und zu stabilisieren.

Psychiater und Erzieher haben seit langem die Bedeutung früherer Erfahrungen erkannt, aber ihre Beobachtungen galten bis jetzt als anekdotisch. Aufregend ist, dass moderne Neurowissenschaft den harten, quantifizierbaren Nachweis liefert, der früher gefehlt hat. Weil man die Ergebnisse unter dem Mikroskop oder einem PET-Raster sehen kann, wirkt es viel überzeugender.

Die neuen Einsichten in die Gehirnentwicklung sind mehr als nur interessante Wissenschaft. Sie haben tief greifende Auswirkungen für Eltern und Politiker. In einer Zeit, in der Mütter und Väter zunehmend unter Zeitdruck stehen, kommen Forschungsergebnisse aus den Labors, die wahrscheinlich die Bedenken gegen die Betreuung sehr kleiner Kinder durch andere Personen verstärken werden. Denn die Ergebnisse unterstreichen die Bedeutung von engagierter Elternschaft, zeigen, wie wichtig es ist, Zeit zu finden mit einem Kleinkind zu sprechen, zärtlich zu sein und Kindern stimulierende Erfahrungen zu ermöglichen.[9]
Heute lässt sich also erhärten, dass sogar der Ansatz der Psychoanalyse zur Gewinnung von Erkenntnis über das Wesen des Menschen nicht im mindesten überholt ist. Ja, auf der besser absichernden Grundlage der Neurologie, der Hormon-

forschung und Biologie können nun auch wieder mit mehr Effektivität Erfahrungs- und Beobachtungsergebnisse aus der praktischen Psychotherapie eingebracht werden, um Einsichten zu gewinnen, die – pädagogisch umgesetzt – dem Menschen dienlich sein können.

Ja, mehr noch: Es könnte das Ende der Stagnation sein, wenn z. B. Jörg Bock und Katharina Braun von der Universität Magdeburg sich mit neuem Elan dem Tierexperiment widmen und ihre Forschungsergebnisse der letzten Jahre folgendermaßen zusammenfassen: »Frühkindliche emotional gesteuerte Lernprozesse, wie die Entstehung der Kind-Eltern-Beziehung, sind von grundlegender Bedeutung für die Ausbildung und Aufrechterhaltung funktioneller synaptischer Netzwerke im sich entwickelnden Gehirn. Klinische Befunde und tierexperimentelle Untersuchungen haben gezeigt, dass Störungen dieser emotionalen Bindung zur Veränderungen der Hirnorganisation und zu Defiziten nicht nur im emotionalen, sondern auch im kognitiven Bereich führen *(siehe Abb. 1)*[*]. Das Ziel unserer Forschungen ist es, die zellulären und molekularen Mechanismen zu untersuchen, die der erfahrungsabhängigen Gehirnreifung zugrunde liegen und herauszufinden, inwieweit frühkindliche traumatische Erfahrungen diese Prozesse beeinflussen. In unseren Untersuchungen am Modell der Filialprägung des Haushuhnkükens und der Elterndeprivation bei der Strauchratte konnten wir zeigen, dass die Unterbrechung des Kind-Eltern-Kontaktes (Elternseparation) zu langfristigen spezifischen synaptischen Veränderungen im limbischen kortikalen Regionen führt, die bei emotionalem Verhalten, Lernen und Gedächtnisbildung eine grundlegende Rolle spielen. Zudem stellte sich heraus, dass es während der frühkindlichen Erfahrungen zu erheblichen Veränderungen des Gehirnstoffwechsels

---

[*] *Die Bilder 1, 2, 3, 7, 8, 11 und 12 befinden sich in dem separat in das Buch eingelegten farbigen Ausklappbogen.*

kommt, die möglicherweise ursächlich mit den beschriebenen Synapsenveränderungen korrelieren. In der Tat gibt es Hinweise dafür, dass Störungen der synaptischen Umstrukturierungsprozesse im Verlauf der postnatalen Hirnentwicklung eine der Ursachen für Neurosen und Psychosen sein könnten.«[10]

Konsequenzen für die Pädagogik

Durch diese fulminante Ausweitung der Erkenntnisse könnte – ja sollte möglichst rasch – so etwas wie eine Anleitung zu einer seelisch-geistig gesunden Pädagogik entwickelt werden, um nüchternen Sachverstand an die Stelle von chaotischen, z. T. durch Ideologie wirr gewordenen Umgangsweisen mit Kindern und Jugendlichen zu setzen; denn – so erklärte kürzlich Prof. Dr. Franz Resch, Kinder- und Jugendpsychiater an der Universität Heidelberg – etwa eine Million von den 17 Millionen Kindern und Jugendlichen in Deutschland, seien psychisch krank, und bei weiteren 1,5 Millionen lägen Störungen in der sozialen und emotionalen Entwicklung vor, die einer Diagnose bedürften.

Das sind bedrängende Zahlen, zumal es zum Erkenntnisgut der Psychoanalyse schon der frühen Jahre des vergangenen Jahrhunderts gehörte, dass sich viele dieser Verhaltensstörungen als Erstsymptome erheblicher, schwer therapierbarer seelischer Beeinträchtigungen im Erwachsenenalter erweisen. Nicht nur das scheint die neue Hirnforschung zu bestätigen, sondern auch, dass – trotz einer grundsätzlich lebenslänglichen Lernfähigkeit des Gehirns – eine fundamentale Revision der frühkindlichen Schäden wohl nur in den ersten zwölf Lebensjahren erhofft werden kann.

Es besteht also höchste Dringlichkeit, aufgrund des jetzt schon viel zu hohen Krankenstandes und der Bestätigung psychotherapeutischen Erfahrungswissens durch die neue Hirnforschung, ein Konzept für die Pflege und Erziehung des Kindes in den ersten sieben Lebensjahren zu entwickeln und möglichst rasch anzuwenden; denn auf diesem Sektor beherrschten laienhaftes Unwissen und ideologische Uneinsichtigkeit das Feld.

Ich habe bereits am Beginn der 70er Jahre den Versuch gemacht, aufgrund der Antriebslehre der Neoanalytiker, der Instinktlehre von Konrad Lorenz und meiner Praxisarbeit als Kinder- und Jugendlichenpsychotherapeutin eine Anthropologie zu entwickeln, um der sich anbahnenden gesellschaftlichen Fehlentwicklung, die sich damals bereits voll als zukünftige Katastrophe abzeichnete, ein realistisches Konzept entgegenzusetzen, aus dem sich angemessene pädagogische Maßnahmen entwickeln lassen. Mein Buch zu diesem Thema: »Verhaltensstörungen bei Kindern«, Piper Verlag München 1971, erlebte bis 1991 zehn Auflagen und war – aktualisiert – noch bis zum Jahr 2000 auf dem Markt.

Die jetzt vorliegende daraus hervorgegangene Darstellung will allerdings wesentlich mehr sein als eine Neuauflage. Meine Ergebnisse von damals können durch die Hirnforschung eine wissenschaftliche Erhärtung erfahren, und darüber hinaus bedürfen sie einer neuen Gestaltung. Auch einer vereinfachten Nomenklatur und vor allem den geistigen Schlussfolgerungen aus meiner Anthropologie soll Raum gegeben werden. Deshalb sollen den um neue Studien erweiterten und aktualisierten Darlegungen zwei weitere Kapitel mit Schlussfolgerungen angehängt werden: Das erste beschreibt das Menschenbild, das sich aus den vorangegangenen Kapiteln ergibt, das zweite erbringt einen Katalog zum Umsetzen der Erkenntnisse in pädagogische Konsequenzen. Die neuen Ausführungen wollen einem Rat von Konrad Lorenz aus dem Jahr 1968 zur Verwirklichung verhelfen. Er lud mich zu mehreren Vorträgen während seiner Symposien im Max-Planck-Institut Seewiesen ein und meinte nach einer Veranstaltung: »Sie sollten Prognosen stellen und publizieren; denn nur so haben die Humanpsychologen die Chance, dass sich psychologische Theorie vom Menschen als wahr erweist. Wenn

Sie dann jenseits der Jahrhundertwende noch leben, werden Sie die Genugtuung haben, dass Ihre Anthropologie sich bestätigt, weil Ihre Befürchtungen eingetreten sind.«

Es soll in den folgenden Kapiteln unter der jetzt so verbesserten Ausgangslage also der Versuch unternommen werden, die vier Lebenstriebe, denen höhere Tierarten und Menschen gleichermaßen unterliegen, während ihrer Entfaltung bei Säuglingen und Kleinkindern mit denen von Tieren zu vergleichen. Die ähnlichen Störungen, die entstehen, wenn sie sich nicht artgerecht entwickeln, sollen dem Beweis dienen, dass Lebensentfaltung des Menschen in der ersten Lebenszeit nach dem gleichen Grundmuster geschieht wie bei höheren Tieren. Lässt sich hier Vergleichbares bei den verzögerten Entwicklungen von Kindern und den Entfaltungsstörungen bei Tieren aufzeigen, so könnte das Fortschritt bedeuten. Außer an der Universität Magdeburg sind in den vergangenen Jahren weltweit vor allem Experimente an neugeborenen Ratten durchgeführt worden, die über die Stoffwechselprozesse unter natürlichen und unnatürlichen Bedingungen im Hirn der Jungtiere Aufschluss gaben. Sie lassen bemerkenswerte, ja außerordentlich gewichtige Schlüsse zu, wenn sie sich auf den Menschen übertragen ließen.[11] (Sie sollen auf Seite 86 ausführlich dargestellt werden.) Gäbe es also wirklich analoge oder gar homologe Grundmuster bei der Entfaltung der Hauptlebenstriebe von Menschen- und Tierkindern, so würden Experimente mit Tieren die bereits vorliegenden Erfahrungen über Fehlentwicklungen beim Menschen bereichern. Solche Experimente ließen dann berechtigterweise Schlüsse über vergleichbare Vorgänge im kindlichen Gehirn zu. Eine solche zusätzliche Legitimation wäre dringend geboten, um das umfängliche psychotherapeutische Erfahrungswissen über die Zusammenhänge von unzureichenden Umgangsweisen mit Säuglingen und Kleinkindern und schwerwiegenden späteren Lebensbeeinträchtigungen zu stützen. Ja, vielleicht lässt sich über einen Katalog der Entfaltungsbedingungen der Spezies Mensch sogar ein neuer anthropologischer Ansatz gewinnen. Vor allem aber ist es das Gebot in später Stunde, das psychotherapeutische Erfahrungswissen über die denaturierten Umgangsweisen mit den jungen Menschenkindern durch die Hirnforschung und die Tierverhaltensforschung so plausibel zu machen, dass sich daraus eine tief greifende Einstellungsänderung in der Frühpädagogik geradezu zwingend ergeben müsste. Hier brauchen wir eine Zusammenschau der verschiedenen Forschungsdisziplinen und des schon vorhandenen Wissens, um schnellstens der Gefahr einer Selbstvernichtung der zivilisierten Menschheit entgegenzuwirken.

II. Kinderpsychologie und Ethologie

Es soll im Folgenden zunächst die Frage behandelt werden, ob ein Vergleichen der Entstehungsursachen von Verhaltensstörungen bei Kindern und Tieren uns Einsichten vermitteln kann in die Struktur seelischer Erkrankungen. Dazu bedürfen wir aber noch einer Vorüberlegung: Wenn wir Menschen beginnen, unsere Verhaltensweisen mit denen von Tieren zu vergleichen, um daraus eventuell ein besseres Verständnis unbewusster Motivationen zu gewinnen, so pflegt das erfahrungsgemäß Unbehagen, ja Abwehr hervorzurufen. Das hat gewiss seine Berechtigung, aus zwei Gründen: Das Verhalten des erwachsenen Menschen ist so komplex, so plastisch, so variabel, dass viele Vergleiche, die er zum Tier anstellt, hinken müssen. Aber selbst in den Fällen, in denen sie eher berechtigt erscheinen, wenn etwa davon gesprochen wird, dass auch die Handlungen des Menschen von Trieben gelenkt werden können, die es in ähnlicher Weise bei den höheren Säugetieren gibt, pflegen leidenschaftlich abwehrende Reaktionen aufzutreten. Aus solchen Stimmen spricht meist die Furcht vor einem übersteigerten Biologismus. Man fürchtet, zu einem Wesen herabgewürdigt zu werden, das in seinen Handlungen gänzlich determiniert sein könnte, so dass sich das Gefühl, ein handlungs- und entscheidungsfreier Mensch werden zu können, als eine leere Täuschung erweisen und das Streben nach dieser Freiheit sich erübrigen könnte. Demütigungen des menschlichen Stolzes mussten bereits von Freud mit seiner Lehre vom Unbewussten hingenommen werden, und auch die neue Hirnforschung stellt die uneingeschränkte Willensfreiheit des Menschen, die er unbewiesen voraussetzt, in Frage.

Meines Erachtens sind nun die Erkenntnisse, die sich aus der Verbindung von Kinderpsychotherapie und Tierverhaltensforschung gewinnen lassen, geeignet, diese Schwierigkeiten abzuschwächen; denn beim jungen Kind ist vernünftige Einsicht als Voraussetzung zur Willensfreiheit ohnehin erst unvollständig gegeben. Schränken wir also das Vergleichen mit Tieren auf die frühe Kindheit des Menschen ein, so wird die Furcht des Menschen, seiner Freiheit beraubt zu werden, nicht mobilisiert, und erst unter der Voraussetzung einer emotionsfreien Atmosphäre könnten die neuen Erkenntnisse annehmbar und damit nutzbar werden für eine Steigerung der Kräfte und Fähigkeiten des Menschen.

Dass wir berechtigt sind, Menschen mit Tieren zu vergleichen, lässt sich eben bereits an den ähnlichen Verhaltensstörungen von Kindern und Tieren ablesen. Die Skala dieser Übereinstimmungen ist erstaunlich groß, und ich möchte einführend über eine Reihe von Beispielen dieser Art berichten.

Erscheinungsformen

Unter den Symptomen, die ankündigen, dass das Kind in der Gefahr ist, eine seelische Störung zu entwickeln, sind häufig Stereotypien zu finden. Nicht selten bekommen wir z. B. die »Jactatio capitis« zu sehen, ein Hin- und Herbewegen von Kopf und Oberkörper, meist vor dem Einschlafen, in schweren Fällen auch während des Schlafens und schließlich selbst am Tage. Dieses Leiden beginnt regelmäßig bereits in der Säuglingszeit – und zwar in dieser Form, bevor das Kind zu sitzen und zu laufen begonnen hat. Nicht selten bleibt die Jactatio lebenslänglich nächtens, besonders beim Einschlafen, erhalten. Bei der Erhebung der Vorgeschichte lässt sich meist eruieren, dass das Kind als Säugling unter erheblichen Frustrationen zu leiden hatte: Heimschicksal, Trennung von der Mutter, lange Schreizeiten, Krankenhausaufenthalte etc.[1] Solche Jactationen gibt es nun – wie vor allem Harlow nachgewiesen hat – auch bei Affenbabys, wenn man sie als Säuglinge ihren Müttern entreißt und isoliert aufzieht.[2]

Einen ähnlichen Hintergrund hat häufig die Stereotypie von Kindern, sich mit der Zunge die Lippen zu belecken. Oft sind solche Kinder abrupt abgestillt und von ihren Müttern getrennt worden. Auch bei Kälbern, die man aus dem Eimer füttert, gibt es die Stereotypie des Zungenschlagens, das sich dadurch beseitigen lässt, dass man die Kälber mit einem Saugnippel, also mit einer Zitzen-Attrappe, ernährt.[3]

Nicht nur Kinder lutschen häufig lange über die Säuglingszeit hinaus am Daumen. Auch Affenkinder tun das, freilich nur dann, wenn sie nicht bei ihrer Mutter gesaugt haben, sondern mit einer Flasche großgezogen worden sind.

Viele Kinder manipulieren in einer zerstörerischen Weise an ihrem eigenen Körper. Das Abreißen der Nagelhäute, das Haarausreißen, das Nägelbeißen, das Zerbeißen der inneren Wangenhäute, das Schorfkratzen einer immer gleichen Wunde kann bei diesen Kindern oft über Jahre andauern.[4] Bei vielen gefangenen Tieren hat man ähnliche Stereotypien beobachtet. Harlow z. B. berichtet, dass gefangene Affen oft bis zu hundertmal am Tage solche Beiß- und Reißbewegungen am eigenen Körper praktizieren. Ebenso ist es eine den Hühnerhaltern altbekannte Erscheinung, dass Hühner, die man auf engem Raum käfigt, sich die Federn ausrupfen. Auch Pferde zerreißen ihre Krippen, und zwar nicht aus Futtermangel, sondern weil sie nicht genügend Auslauf bekommen. Andere Zootiere laufen in einer übersteigerten Weise unruhig umher, zerstören Gegenstände im Käfig und beschädigen sich selbst.[5]

Wenn man sich nun die Frage stellt: Warum treten solche Verhaltensstörungen bei Tieren lediglich in der Gefangenschaft auf und nicht im freien Wildleben, so ergibt sich die Vermutung, dass sich Störungen dann einstellen, wenn die Tiere etwas entbehren müssen, was für sie notwendig ist. Pferde z. B. sind Lauftiere. In dieser Tierart existiert angeborenerweise ein besonders starker Drang, sich zu bewegen, laufend weite Strecken zu überwinden. Dieser Drang wird blockiert, wenn so ein Tier lange unbewegt im Stall stehen muss. Es entwickelt sich in dem Tier anscheinend jetzt eine gesteigerte Triebspannung, die ein Ventil braucht und es in dem stereotypen Zernagen der Krippe findet.

Anscheinend gibt es bei den verschiedenen Tierarten verschieden geartete und verschieden starke Triebe, die angeborenerweise vorhanden sind und den evolutionären Sinn haben, Handlungen durchzuführen, die die Lebenserhaltung dieser Tiere garantieren. Die Tierverhaltensforschung ist zwar eine junge Wissenschaft, und die experimentellen Versuche, serienweise und an verschiedenen Tierarten die Verhaltensabfolgen zu erforschen und zu messen, sind erst wieder im letzten Jahrzehnt für die Forschung attraktiv geworden. Es sind aber bereits in den ersten Nachkriegsjahren sowohl in der Tierverhaltensforschung als auch in der Kinderpsychotherapie Theorien aufgrund von Verhaltensbeobachtungen entstanden, und zwar – wie gesagt – die Antriebslehre der Schultz-Hencke-Schule und die Instinktlehre der Ethologen. Sie machen Aussagen über die Ätiologie solcher Verhaltensstörungen.

Es scheint mir nun zunächst notwendig, diese Theorien zu referieren, weil sie sich in ihrem Kern neuerdings keineswegs als überholt erwiesen haben. Sie vermitteln ein erstes Verständnis für die Ähnlichkeit der Abläufe bei der Entstehung solcher Störungen; denn gerade in Bezug auf die Verursachung der Verhaltensstörungen enthalten diese Theorien von Zoologen und Psychotherapeuten vergleichbare Vorstellungen – und das ist um so interessanter, als sie Folgerungen aus praktischen Erfahrungen mit gestörten Kindern und experimentellen Beobachtungen an Tieren darstellen. Sie wurden in Institutionen gewonnen, die sich damals so wenig kannten, dass sie gar nicht auf die Idee kamen, zusammenzuarbeiten. Umso überraschender ist deshalb die häufige Ähnlichkeit der Untersuchungsergebnisse in diesen beiden Disziplinen.

Die Theorie der Neoanalytiker

In der Antriebslehre wird mit der Theorie gearbeitet, dass Fehlverhaltensweisen auf der Hemmung eines Antriebs beruhen. Es gibt nach dieser Lehre eine ganze Reihe solcher Antriebe, die sich in den ersten Lebensjahren des Menschen entfalten, so die Antriebe, z. B. Nahrung zu ergreifen, sich neugierig zuzuwenden und sich zu interessieren, den aggressiven und den sexuellen Antrieb, um nur die wichtigsten zu nennen.

Diese Antriebe sind – der Theorie nach – notwendig für die Befriedigung von Bedürfnissen, die der Selbsterhaltung, später zum Teil auch der Arterhaltung dienen. Die Möglichkeit zur Erfüllung dieser Bedürfnisse wächst dem Menschen auf seinem Lebensweg durch Reifung, d.h. durch Vervollkommnung einer Funktion auf dem Weg der Selbstentfaltung, und durch Lernen, d. h. durch Funktionsvervollkommnung mit Hilfe von Funktionsbetätigung, also durch Wiederholen und Üben zu. Bei der Analyse dieser Vorgänge befleißigt sich die Antriebslehre betont einer subjektiv-psychologischen Betrachtungsweise. Sie spricht davon, dass das Üben, Wiederholen und Befriedigen jenes Antriebes, der im Begriff steht, sich zu entfalten, mit positiven, lustvollen Gefühlstönungen gekoppelt ist, durch die die Entwicklungsvorgänge beschleunigt, verstärkt, ja möglicherweise gar erst gewährleistet werden.

Diese gefühlsmäßige Beteiligung einerseits und der erhebliche Antriebsüberschuss andererseits, pflegen, der Theorie nach, das Erreichen der jeweils notwendigen Reifungsvorgänge zu garantieren – es sei denn, dass durch langdauernde Behinderungen verschiedenster Form Antriebshemmungen hervorgerufen werden. Sie entstehen dadurch, dass das Kind über lange Zeit immer wieder außerordentlich unangenehme Erfahrungen macht, wenn es versucht, diesen Antrieb zu tätigen. Das führt zu negativen Gefühlsassoziationen und dadurch zur Verdrängung der Antriebsimpulse.

Die Entstehung von Gehemmtheiten beruht also, wie jede Dressur, auf Lernakten mit Hilfe bedingter Reflexe. Diese Antriebshemmungen führen nun zu ganz bestimmten Verhaltensweisen der so geschädigten Kinder. Sehr selten nämlich werden die Antriebe so weitgehend gedrosselt, dass daraus eine vollkommene Einstellung der entsprechenden Aktivität entsteht – das ist nur bei den schwersten Formen kindlicher Neurosen so. Im allgemeinen gelingt die Drosselung nicht vollständig. Es bleiben Reste des Antriebes erhalten. Er tritt verstümmelt, in Form seelischer Erkrankungen und Fehlverhaltensweisen des gehemmten Kindes wieder ans Tageslicht, d. h. die gestaute Erregung findet am inadäquaten Objekt und mit inadäquater Vehemenz ein Ventil.

Nachhaltig und folgenschwer sind, wie diese als Psychotherapeuten arbeitenden Neoanalytiker in ihren wissenschaftlichen Abhandlungen darlegten, die Auswirkungen solcher Antriebsgehemmtheiten, die in der frühen Kindheit entstanden sind. Der Mangel an Befriedigung des entsprechenden Antriebes führt zu einer Funktionsschwäche, zu einem jeweils verschiedenen Unvermögen und dadurch zu Reaktionsbildungen und Überkompensationen und zu einer Fixierung an diese frühe Entwicklungsstufe. Das heißt, es entsteht eine Gestimmtheit chronisch gesteigerter, unbefriedigter Bedürfnisspannung. Die erhöhte Spannung des behinderten Antriebs beschwört zudem die Gefahr inadäquater Durchbrüche durch die Gehemmtheit herauf. Diese dumpfen Selbstheilungsversuche per Durchbruch erreichen aber selten ihr Ziel. Das Unangepasste der Handlung verhindert den Erfolg und damit die Befriedigung. Die Spannung bleibt erhalten und fördert suchtartiges Suchen und inadäquates Tätigen des Antriebes. Auf diese Weise entstehen Süchte, Stereotypien und Zwangshandlungen verschiedenster Art.

Umwelteinflüsse, die lebensnotwendige Antriebe anfänglich drosseln, können den Lebensaufbau eines Menschen also tief

greifend verbiegen: dergestalt, dass die steuernden Verstandes-
kräfte später nicht in zureichendem Maße das Verhalten und
die Handlungen der Beeinträchtigten bestimmen. Sie bleiben
stattdessen in einer tragischen Weise auch als Erwachsene unter der schicksalhaften Diktatur überschießender oder fehlge-
steuerter, weil an der Wurzel unbefriedigter Antriebe stehen.

Die Hemmung und Verdrängung verschiedener Antriebsbereiche führt also nach der Schule der Neoanalytiker zu der
Entwicklung bestimmter Fehlverhaltensweisen. Sie dominieren im Charakter solcher Menschen und bestimmen weitgehend ihr Lebensschicksal.

Die Charakterstrukturen der Schultz-Hencke-Schule

Nach der Theorie der Antriebslehre bauen sich auf vier verschiedenen Antriebsstörungen vier verschiedene Charakterstrukturen auf. Die Verdrängung des so genannten *oral-kaptativen* Antriebserlebens bewirkt zum Beispiel die Entstehung der
depressiven Charakterstruktur.

Diese Störung hat ihre Ursache in der Säuglings- und Kleinkindzeit, und zwar dadurch, dass der Säugling unter Angst seine Impulse zum oralen Zugreifen verdrängt. Das Kind mag
infolgedessen auch in Zukunft nicht mehr zugreifen und zupacken, dort, wo es nötig wäre. Es wird passiver, resigniert
leichter, verzichtet in Situationen, wo es nötig wäre, sich
durchzusetzen. Die neurotische Depression ist der Endzustand eines solchen Unvermögens zum Zugreifen. Freilich
pflegt die Hemmung im allgemeinen so total nicht zu sein.
Die gedrosselten Impulse setzen sich häufig teilweise dennoch
durch. Sie zeigen sich im Lebensschicksal neurotisch Depres-
siver als gierige Unersättlichkeit, ja gelegentlich sogar als
Durchbruch zum Diebstahl.

Menschen mit solchen Störungen sind also einerseits über-
bescheiden und andererseits ansprüchlerisch in individuell
verschiedener Ausprägung. Die Entwicklung zur depressiven

Charakterstruktur zeigt sich schon in der Kindheit. Meist haben die Kinder Erstsymptome von der Art, wie sie eben beschrieben wurden.

Eine zweite seelische Fehlentwicklung führt in die *schizoide Charakterstruktur*. Sie entsteht ebenfalls in der Säuglingszeit, wenn das intentionale Antriebserleben eines Kindes unter Angst verdrängt wurde.

Damit ist nach Schultz-Hencke eine Störung der »aktiven Gefühlszuwendung zur Welt« gemeint. Sie bewirkt, dass die hier Beeinträchtigten später nur unzureichend Kontakte mit ihren Mitmenschen aufnehmen können. Das hat zur Folge, dass sie sich isolieren. Häufig mangelt es ihnen aber auch aufgrund ihrer Störungen bereits am Interesse an ihrer Umwelt. Die Reste der gedrosselten Impulse zeigen sich als übertriebene Neugier, als Taktlosigkeit. Auch hier haben meist bereits die Kinder neurotische Symptome, Schulnöte und Anpassungsschwierigkeiten. Später sind charakterliche Ausprägungen vom ungeselligen bis zum hochgradig schizoiden Sonderling möglich.

Die *zwangsneurotische Charakterstruktur* baut sich nach den Neoanalytikern Annemarie Dührssen, Werner Schwidder und Fritz Riemann vornehmlich auf einer Hemmung des aggressiven Antriebserlebens auf.

Auch diese Fehlentwicklung hat ihre Entstehungszeit in der Kindheit, und zwar im 2. bis 4. Lebensjahr des Menschen, zu einer Zeit, in der das Kind seine erste Trotzphase durchmacht. Maßnahmen, die die »handelnde Weltbewältigung« eines Kindes wie auch das Zugreifen und Festhalten von Besitz behindern, bewirken die Verdrängung solcher Impulse und ein Unvermögen, spontan zu handeln. Skrupelhaftigkeit, Pedanterie, Übergefügigkeit sind die Charakterzüge, die sich dadurch ausprägen. Die gedrosselten Impulse treten später versteckt oder auch durchbrechend in aggressiven Handlungen meist doch in Erscheinung: Als Intriganz, Jähzorn, Sadismus, als Quälen von Untergebenen, als Machtgier und Herrschsucht ist diese Fehlentwicklung gekennzeichnet. Vom steif-korrekten Pedanten bis zum Zwangskranken sind hier alle Übergänge möglich. Neurotische Erstsymptome treten bereits meist schon im Vorschulalter auf.

Das sexuelle Antriebserleben kann, wenn es gestört wird, zur *hysterischen Charakterstruktur* führen, so postuliert die Schule der Neoanalytiker. Der Ansatz dazu liegt bereits im Alter von 5-7 Jahren. Werner Schwidder schreibt: »Stößt das Kind mit seinen Zärtlichkeits- und frühen, noch unreifen sexuellen Impulsen von vornherein auf Härte, Ablehnung oder Verbote, so werden meist sehr zeitig alle mit solchen Wünschen verbundenen Vorstellungen verdrängt.«[6]

Wenn dann später, in der Pubertät und im Erwachsenenalter, sexuelle Impulse oder Wünsche auftauchen, kommt es unter Angst häufig zu körperlichen Symptomen wie Zittern, Herzsymptomatik, Ohnmacht und Erbrechen. Die Menschen dieser Charakterstruktur leiden an Genitalangst. Ist die Verdrängung der sexuellen Impulse nicht vollständig, so sind sie von einem betriebsamen Sich-Zur-Schau-Stellen-Müssen erfüllt. Symptome, die die Störungen anzeigen, wie z. B. eine auffällige Clownerie, werden auch bereits im Schulalter beobachtet.

Schwidder fasst die Entwicklungen von Gehemmtheiten dieser Art folgendermaßen zusammen:

»Als einschneidendste Folgeerscheinung der Gehemmtheiten für den Aufbau des Charaktergefüges kann die Ausschaltung von Wirkkräften angesehen werden. Strebungen, die ursprünglich lebendig waren, können völlig fehlen, oder das Antriebserleben kann rudimentär sein. Dieses Fehlende, die Lücken, können hauptsächlich das Wahrnehmungs- und Vorstellungserleben, den Gefühlsbereich oder die motorische Impulsseite des Antriebserlebens betreffen. Auf die totalen oder partiellen Erlebnislücken stellt sich der Mensch in seinem Verhalten ein. Hatte Freud hauptsächlich nachgewiesen, wie sich verdrängte und abgewehrte Triebregungen in anderer, oft sehr verborgener Form zeigen, weist Schultz-Hencke auf die Bedeutung des Fehlenden, der Lücken, mit Nachdruck hin, da hier ein neuer therapeutischer Ansatzpunkt besteht.

Als Begleiterscheinungen der Gehemmtheit beeinflussen Angst und Schuldgefühle die charakterliche Entwicklung entweder auf direktem Weg (Ängstlichkeit, Flucht und Rückzugstendenzen, Zweifel, Unentschlossenheit, Skrupulosität) oder indirekt, indem die sekundäre Abwehr und Unterdrückung von Angst und Schuldgefühlen dauernd erhebliche Kräfte beanspruchen kann.

Die hinter den Fehlerwartungen, Riesenansprüchen, Ersatzbefriedigungen oder anderen Erscheinungsformen verborgenen rudimentären Antriebserlebnisse führen zu irrealen, irrationalen Verhaltensweisen und haben damit einen stark prägenden Einfluss auf das Charaktergefüge.

Wenn eine ständige Mobilisierung des gehemmten Antriebserlebens droht, zum Beispiel, falls konflikthafte Vorstellungen immer wieder in das Erleben einbrechen, kann eine verstärkte Ausbildung starrer Charakterzüge zur Festigung der Gehemmtheit stattfinden. Dies ist der Spezialfall, für den der psychoanalytische Terminus »reaktive Charakterbildung« im engeren Sinn zutrifft.

Die spezifische Eigenart der neurotischen Charakterstruktur ist außer von genotypischen und peristatischen Faktoren von dem Ausmaß und der Eigenart der hemmenden Einflüsse, den hauptsächlich betroffenen Antriebsbereichen und dem Zeitpunkt der Entstehung der wichtigsten Gehemmtheiten abhängig. Diese Erkenntnis und die Feststellung von Charaktereigentümlichkeiten, die bei bestimmten Neurotikern regelmäßig zu beobachten und in ihrer Entstehungsgeschichte zu verfolgen sind, waren die Ausgangspunkte für die Beschreibung der Grundformen neurotischer Charakterstrukturen (schizoide, depressive, zwangsneurotische, hysterische Struktur).«[7]

Die »Antriebslehre« gibt ein brauchbares Rüstzeug für die praktische Arbeit der Kinderpsychotherapie ab. Sie verifiziert sich in der Praxis nicht etwa allein am Erfolg; (denn das ist ein nicht hinreichendes Kriterium). Auf ihrer Grundlage lassen sich darüber hinaus die Bedingungen für eine gesund entfaltete Persönlichkeitsstruktur erkennen. Sie erleichtert Diagnostik durch die Systematik ihrer Zuordnungen, sie gestattet Voraussagen, die sich bestätigen und ermöglicht es, aufgrund der Symptome gezielte Anamnesen zu erheben, die die Theorie der phasenbedingten Ätiologie immer wieder in verblüffender Weise unterstreicht.[8]

Die »Zeitfenster« der Hirnforscher

Es ist bemerkenswert, dass die Theorie des Antriebsgefüges und seine Einbahnung in den ersten Lebensjahren des Kindes durch die neue Hirnforschung eine erstaunliche Erhärtung erfährt. Auch hier wird einhellig von der wesentlichen Konstituierung des Gehirns in der ersten Lebenszeit gesprochen, auch hier hat die ältere Hirnregion, das limbisches System, in dem die Schaltungen der Gefühle stattfinden, zunächst Priorität, auch hier wird das phasenhafte des Hirnaufbaus betont. Der Begriff der »Zeitfenster« – die Erkenntnis, dass sich das Kind in bestimmten Reifungsphasen gedrängt fühlt, in bestimmter Weise aktiv zu werden, wodurch sich millionenhaft neue Synapsen, das heißt Verbindungen zwischen den Neuronen bilden, erhärtet die Antriebslehre.

Wie Konrad Lorenz spricht z. B. die amerikanische Neurobiologin Lise Eliot von »sensiblen Phasen« beim Hirnaufbau.[9] Auch die Vorstellung der Hirnforscher, dass in den ersten Lebensjahren ein Großteil späterer Fähigkeiten grundgelegt wird und dass Aktionsmöglichkeiten unzureichend, rudimentär bleiben, wenn natürliche Bedürfnisse des kleinen Kindes unerfüllt bleiben, bestätigt psychotherapeutische Erfahrung. Ebenso ist die Erkenntnis der Hirnforscher von Belang, dass nicht aktivierte Synapsen wieder »verwelken« können.[10] Von Belang ist es auch, dass der Bauplan des menschlichen Gehirns sich zwar anders erweist als bei den Tieren – selbst bei dem am höchsten entwickelten, dem Schimpansen –, dass aber die Handlungsimpulse der elementaren Antriebe bei Menschenbabys und höheren Säugetieren doch vergleichbare Ähnlichkeiten aufweisen, die die Erkenntnis über die Basis der seelischen Entfaltung des Menschen bereichern können.[11] Die oft beachtlichen Einsichten der Neoanalytiker und der Tierverhaltensforscher der ersten Generation: Otto Köhler, Konrad Lorenz, Adolf Portmann, Wolfgang Wickler, Friedrich Schutz, Joachim Illies und Klaus Immelmann brauchen deshalb nicht länger brach zu liegen.[12]

Die Messungen der Stoffwechselprozesse im Gehirn von Säuglingen und Kleinkindern können grundlegendes Wissen über seinen Bauplan und seine Ausgestaltung erbringen. Neue Kausalitäten zwischen den Gefühlen und Eindrücken des Kindes und deren Wirkungen im Gehirn können erkannt werden.[13] Dennoch ist vor allem interdisziplinärer Austausch das Gebot der Stunde, um das Erfahrungswissen z. B. der Antriebslehre und der Tierverhaltensforschung einzubeziehen und für die pädagogische und psychotherapeutische Praxis brauchbare Rückschlüsse zu gewinnen.

Die Berechtigung zum Vergleich der Verhaltensstörungen von Kindern und Tieren

Ich habe es mir deshalb zur Aufgabe gemacht, zunächst jene eben erwähnten »Ersatzbefriedigungen und andere Erscheinungsformen verborgener, rudimentärer Antriebserlebnisse« in den Mittelpunkt dieser Arbeit zu stellen, weil sie häufig in ähnlicher Weise bei Menschen und Tieren in Erscheinung treten und geeignet sind, gründlichere Kenntnisse über normale oder pathologische Antriebsentwicklung zu gewinnen. Das erscheint mir um so lohnender, als die Antriebslehre biologischer Denkweise ohnehin nahe steht, vor allem dadurch, dass sie die Lehre vom bedingten Reflex in die Arbeitshypothese der Neurosenentstehung eingebaut hat.

Ich hoffe zu zeigen, dass wir einen Vergleich auf dieser Ebene nicht zu scheuen brauchen, ja, dass gerade der Vergleich des Vergleichbaren das Wesen des spezifisch Menschlichen um so deutlicher hervorzuheben in der Lage ist.

Es liegt mir fern zu verleugnen, dass der Mensch mehr ist als ein Tier, im Gegenteil: Die Erkenntnis, dass Entwicklung sich durch eine Kette von Verwandlungen vollzieht, dass Leben grundsätzlich auf Differenzierung angelegt zu sein scheint, erweist sich als zukunftsträchtig für eine Neuorientierung des Menschen.

Sie liegt in der Erfahrung der Biologen, dass »Entwicklung sich nicht durch Addition, sondern durch Integration vollzieht, nämlich durch innere Aufgliederung bei gleichzeitigem Zusammenschluss zu höheren Einheiten«.[14] Die Einführung dieses biologischen Entwicklungsbegriffs in die Humanpsychologie eröffnet eine Fülle neuer Perspektiven, auf die Konrad Lorenz 1954 bereits mit Nachdruck hinwies. Er schreibt:

»Wer die Psychologie des Menschen als induktive Naturwissenschaft betreiben will, kann sich unmöglich der Tatsache verschließen, dass der Mensch ein Lebewesen ist ... Will man als Naturforscher die speziellen und unermesslich komplexen Gesetzlichkeiten, die menschliches Verhalten und Seelenleben beherrschen, auf natürlichem Wege erklären, d. h. sie auf die nächst weiteren und allgemeineren Naturgesetze zurückführen, so erhebt sich die Frage, welches diese basalen Gesetzlichkeiten seien. Auf diese Frage kann es keine andere Antwort geben als die: Es sind dies jene Gesetzlichkeiten, die das Verhalten von Lebewesen schlechthin beherrschen.«[15]

Dieser Ansatz ist durch die Genforschung in den vergangenen Jahrzehnten nachdrücklich erhärtet worden. Der genetische Bauplan des Menschen ist zu 98 % mit dem des Schimpansen gleich und infolgedessen sind die frühen Handlungsmuster eben auch miteinander vergleichbar.[16] Dieser Aspekt rückt die Frage in den Blickpunkt: Was in den frühen Entfaltungsstadien des Menschen vollzieht sich noch nach den Gesetzen, wie sie für Tiere Gültigkeit haben, und was lässt sich aus den allgemeinen Naturgesetzen erahnen über das Wesen der Sonderstellung, die der Mensch als das am höchsten differenzierte Wesen hier auf Erden einnimmt?

Die vier Lebenstriebe

Wenn wir uns fragen, was haben denn Menschkind und höhere Säugetiere gemeinsam, fallen uns vier Grundtriebe des Lebens ein: Ich möchte sie als Nahrungstrieb, Bindungstrieb, Selbstbehauptungstrieb und Geschlechtstrieb bezeichnen. Die Terminologie der eben beschriebenen Antriebslehre setzt die Grundtriebe voraus, indem sie vom oral-kaptativen, intentionalen, aggressiven und sexuellen Antriebserleben spricht.

Ich meine, dass es aufgrund des heutigen Forschungsstandes legitim ist, in Bezug auf die frühen Kinderjahre des Menschen die Terminologie der vier Grundlebenstriebe auch für den Menschen zu verwenden. Es ist dann wesentlich unkomplizierter, die Erkenntnisse der Antriebslehre mit der Instinktlehre von Konrad Lorenz in Übereinstimmung zu bringen; denn dadurch erschließt sich eine Fülle neuer Erkenntnisse. Im Fortgang dieser Arbeit soll deshalb in Verbindung mit den vier elementaren Grundbedürfnissen bei Mensch und Tier – der Nahrung, Bindung Selbstbehauptung und Sexualität – allein der Begriff »Trieb« verwendet werden.

Konrad Lorenz hat – auf Otto Heinroth[17] aufbauend und in der Zusammenarbeit mit Niko Tinbergen[18] – nicht nur eine durchstrukturierte Instinktlehre aufgebaut. Er hat darüber

hinaus – die Lehre Pawlows[19] vom Lernen durch bedingte Reflexe stützend und einschränkend – aufgrund vieler Einzelbe-
obachtungen an Tieren wichtige Aussagen gemacht über das
komplizierte Ineinanderspiel von angeborenen und erlernten
Verhaltensweisen. Und das Erstaunliche nun: Die bedeutsam-
ste Erkenntnis über die Vertiefung humanpsychologischen
Wissens gewann Konrad Lorenz, als er zufällig im Experiment
mit jungen Enten eine überraschende Fehlverhaltensweise
hervorrief.

Ich möchte die Einzelheiten dieses viel umstrittenen so genannten Prägungsvorganges[20] und seine Bedeutung für die
Psychopathologie des Menschen an anderer Stelle diskutieren.
Jetzt ist es zunächst wichtig, festzustellen, dass es ein lohnen-
des Feld sein kann, sich beobachtend und nachdenkend mit
Fehlverhaltensweisen zu beschäftigen. Sie können Aufschluss
geben über die Grundbedingungen, die nötig sind, um sie zu
verhindern. Sie können auch beim Menschen darauf hinwei-
sen, was ihm bekommt oder was ihm schadet.

Untersuchungen dieser Art sind nicht nur von den Tierverhaltensforschern und den Psychoanalytikern gemacht worden,
sondern vor allem auch durch zookundige Wissenschaftler, wie
zum Beispiel in der ersten Generation Hediger,[21] Inhelder[22]
und Meyer-Holzapfel[23] sowie unter den jüngeren Frans de
Waal,[24] Roger Fouts[25] und Marc D. Hauser.[26] Vor allem Inhelder hat bereits in den 50er Jahren auf die Notwendigkeit
psychopathologischer Forschung (insbesondere über umwelt-
bedingte Verhaltensstörungen) bei Tieren hingewiesen. Er
schrieb damals bereits fast hellsichtig:

»Solche (umweltbedingten Verhaltensstörungen) zeigen sich
vor allem bei gefangen gehaltenen Wildtieren, aber auch bei
den in unbiologischen Verhältnissen lebenden Haustieren. Sie
lassen auf intime affektive Bedürfnisse schließen, die in ihrer
Beziehung zur Umgebung gestört sind, und weisen auf Ver-
haltensstrukturen der Tiere und ihre subjektive Umwelt hin,

die bei optimaler Haltung berücksichtigt werden müssen. Parallelen zu Zivilisations- und Erziehungsschäden beim Menschen liegen auf der Hand. Vom Standpunkt einer vergleichenden Psychologie oder Verhaltensforschung werden solche Untersuchungsergebnisse nicht nur für eine künftige Tierverhaltensforschung, sondern auch für die humane Psychiatrie und Neurologie, insbesondere Psychotherapie von Interesse sein.«[27]

Vergleichbare Gesetze der Triebbehinderung bei Kind und Tier

Das Interesse an einem Vergleichen der Verhaltensstörungen von Kindern und höheren Säugetieren ist nicht erst seit den Freilandbeobachtungen von Schimpansen durch Jane Goodall neu aufgebrochen[28]. Den entscheidenden Durchbruch zur Weiterführung der Forschungsansätze der Nachkriegszeit haben Gen- und Hirnforschung sowie die Paläontologie erbracht. Der Journalist Wolf-Rüdiger Schmidt kann aufgrund ihrer Aussagen postulieren: »Bis zum dritten Lebensjahr verläuft die Entwicklung zum effizienten Gehirn beim Schimpansen und modernen Menschen vergleichbar, dann jedoch kommt es zu einer dramatisch langsameren Entwicklung beim Menschenaffen. Ab diesem Zeitpunkt erhält der Mensch, um Mensch zu werden, eine Art Zugabe. Das vergrößerte Gehirn der Hominiden gilt als wichtigstes Merkmal.«[29]

Ich werde also prüfen, ob und wie weit die Triebbehinderungen und -entfaltungen beim Menschen im frühen Kindesalter sich nach denselben Gesetzen vollziehen, wie sie aus der Zoologie bekannt sind. Es schien mir dabei methodische Vorteile zu haben, zunächst die Theorie der Instinkthandlung geschlossen zu referieren. Dadurch wird es möglich, verschiedene Triebbereiche systematisch auf das Enthaltensein instinktiver Vorgänge zu prüfen. Die Ähnlichkeit von Triebstörungen bei Menschen und Tieren könnte uns dabei behilflich sein.

Aber auch die Unterschiede in der ontogenetischen Entwicklung von Menschen und Tieren sollen Beachtung finden. Danach soll jeweils eine Triebstörung in den Mittelpunkt der Beschreibung rücken.

Diese Ordnung hat sich aus der Reihenfolge ergeben, in der die zu besprechenden Triebe in der Lebensgeschichte des Menschen zur Wirksamkeit gelangen. Die Reihenfolge ist zum Verständnis der Zusammenhänge und der zunehmenden Differenzierung der Triebvorgänge notwendig, weil sich auch das In-Funktion-Treten eines jeweils neuen Triebes innerhalb der frühen Kindheit des Menschen nicht nach dem Gesetz der Addition, sondern der Integration vollzieht: Das Erreichte einer jeweiligen Entwicklungsphase hilft bei der Entfaltung der folgenden Stufe und wird selbst durch diese weiter geführt.

III. Die Theorie der Instinkthandlung

Arbeitshypothesen über die Ätiologie tierischer Verhaltensstörungen bauen auf den ethologischen Forschungen über das Wesen der Instinkthandlungen auf. Als Instinkthandlungen werden danach Bewegungsabläufe bei Tieren bezeichnet, die in einer starren Zwangsläufigkeit und Gesetzlichkeit vonstatten gehen. Diese beruht darauf, dass die Handlungsabläufe angeborenerweise und artspezifisch »vorgeschrieben« sind. Ob und wie eine Instinkthandlung ausgeführt wird, hängt im übrigen von zwei Faktoren ab:

1. von inneren Bedingungen, d. h. von einer Bereitschaft oder Stimmung, die in bestimmten Situationen oder einem bestimmten Reifestadium, z. B. durch Hormonausschüttungen, bewirkt wird, und

2. von so genannten auslösenden Reizen, die von außen auf das Tier einwirken.[1]

Auch die Hirnforschung spricht in ähnlicher Terminologie von Instinkten. »Wir teilen nicht nur mit unseren Vettern, den Primaten, sondern mit allen Säugetieren dieselben instinktgesteuerten Kommandosysteme«, schreibt der Hirnforscher Mark Solm und er fährt – Freud und Lorenz bestätigend – fort: »Wir haben eine ganze Reihe von Instinktsystemen im Säugerhirn identifiziert.«[2]

Lorenz beschrieb den Ablauf der Instinktvorgänge bereits sehr differenziert: Danach vollzieht sich die Instinkthandlung eines Tieres dergestalt, dass die endogen hervorgerufene Stimmung ein Suchverhalten, die so genannte *Appetenz*, aktiviert. Sie führt zunächst zu unspezifischen Suchbewegungen. Durch dieses – wie Konrad Lorenz sagt – »primäre Appetenzverhalten genereller Art« kann sich das Tier den Objekten seiner Umgebung nähern, die eine spezifische Reizwirkung auf es auszuüben vermögen. Diese so genannten *Schlüsselreize* lösen zielgerichtete Triebhandlungen aus, die mit der so genannten *Endhandlung* abschließen.

Solche Instinkthandlungen haben grundsätzlich einen lebens- bzw. einen arterhaltenden Sinn. Gewöhnlich sind die Schlüsselreize relativ einfache Reizkonfigurationen. Lorenz spricht in einem solchen Fall von einem angeborenen auslösenden Mechanismus. In anderen Fällen ist lediglich ein merkmalarmer, angeborener Auslösermechanismus vorhanden, er muss dann erst innerhalb der Ontogenese des Tieres durch Lernakte spezialisiert werden. Diese Möglichkeit zu lernen, diese Modifizierbarkeit durch Umwelteinflüsse, ist bei der Spezies Mensch wohl am größten unter allen Lebewesen. Sie kann sich beim erwachsenen Menschen sogar bis zu einer Lösung von instinktiven Endhandlungen steigern.

Auch innerhalb seiner frühen Kindheit verfügt der Mensch schon über breitere Phasen des Lernens als die meisten Tiere. Aber – und hier besteht eine Übereinstimmung von Antriebslehre und Instinktlehre – sowohl die Bedingungen als auch das Ziel frühkindlicher Triebhandlungen vollziehen sich anscheinend noch nach den Gesetzen von Instinktmechanismen. Ich werde später zu zeigen versuchen, dass gerade das Vergleichen der Verhaltensstörungen bei Kindern und Tieren geeignet ist, diese These zu stützen.

Verhaltensstörungen bei Tieren entstehen nun entweder dadurch, dass bei diesen Lernakten falsche Merkmale eingeprägt oder gelernt werden. Das passiert immer dann, wenn dem Tier innerhalb dieser Lernphase, der so genannten sensiblen Periode, inadäquate Lernobjekte angeboten werden, was in der freien Natur normalerweise nicht geschieht. Oder Verhaltensstörungen werden dadurch hervorgerufen, dass der Ablauf der einzelnen Triebhandlung immer wieder gestört, unterbrochen wird. Das kann geschehen, wenn das die Endhandlung auslösende Triebobjekt über lange Zeit fehlt oder wenn andauernd die Außensituation nicht hinreicht, die Endhandlung auszulösen, oder wenn zwei stark aktivierte Triebe miteinander im Wettstreit liegen. In allen diesen Fällen kann es zur Stauung von Trieben kommen, die bestimmte Folgen haben können. Dann kann es

1. zu Handlungen am inadäquaten Ersatzobjekt kommen, ja, bei lange nicht ausgelösten Instinkthandlungen kann nach Lorenz die Schwellenerniedrigung auslösender Reize sogar so weit gehen, dass

2. die Instinkthandlung im Leerlauf hervortritt. Oder es kommt

3. aufgrund von Triebkonflikten zu so genannten Übersprunghandlungen, die darin bestehen, dass das Tier eine Handlung durchführt, die in der entsprechenden Situation als unpassend erscheint, weil sie aus einem anderen Triebbereich stammt.

Das bekannte Beispiel hierfür sind jene kampfbereiten Hähne, die sich gegenüberstehen und im Konflikt zwischen Flucht und Angriff beginnen, stereotyp in den Boden zu picken, eine Handlung aus dem Nahrungsbereich. Es ist an dieser Stelle notwendig, ausdrücklich darauf hinzuweisen, dass bei Tieren keineswegs solche Verhaltensmuster einen pathologischen Stellenwert haben müssen. Viele Ersatztätigkeiten oder nicht beendete Instinkthandlungen, so genannte Intentionsbewegungen, führen zu Ritualisierungen, d. h. zu neuen Verhaltensformen, die positive Anpassungsleistungen sind. In der Gefangenschaftssituation oder im Experiment kann aber die oft wiederholte Behinderung in ein dauerhaftes unangemessenes Verhalten, d. h. also in eine Verhaltensstörung führen.

Wenn wir uns nun daran machen, für diese verschiedenen Kategorien bei Tieren Entsprechungen herauszufinden zu den Fehlverhaltensweisen bei Kindern, so machen wir die Erfahrung, dass alle diese Mechanismen dort in der Tat Übereinstimmungen haben. Es gibt auch bei Kindern Befriedigung an Ersatzobjekten, Leerlaufhandlungen, Übersprunghandlungen, ja, es gibt anscheinend auch bei Kindern ein Lernen, ja geradezu ein Festprägen von falschen Merkmalen oder falschen Objekten.

Ich werde versuchen, diese Behauptungen mit verschiedenen vergleichenden Beispielen zu belegen.

IV. Der Nahrungstrieb und seine Störungen

Übereinstimmend sind sich die Untersucher der Saugvorgänge beim Neugeborenen darin einig, dass es sich dabei um ein funktionsfertiges Geschehen handelt.

Foppa schreibt: »An diesem Prozess sind anfänglich keinerlei Lernvorgänge beteiligt, er funktioniert von Geburt an. Wäre der Säugling gezwungen, das zweckmäßige Verhalten beim Trinken zu erlernen, dann hätte er vermutlich wenig Chancen, die ersten Tage zu überleben. Denn der mangelhafte Reifezustand seiner sensorischen und motorischen Ausstattung erlaubt es ihm nicht, sich irgendwelchen Anforderungen anzupassen, für die er über keine angeborenen Bewältigungsmechanismen verfügt. Seine Reaktionen sind relativ starr und werden nur durch ganz bestimmte Reize ausgelöst. «[1]

Die Hirnforscher legen bei ihren damit übereinstimmenden Vorstellungen noch großen Wert darauf zu betonen, dass das Gehirn des Ungeborenen für die Möglichkeit zu diesem sofort nach der Geburt funktionierenden Gefüge umfängliche Vorbereitungen trifft. So ist in Statu nascendi sowohl der Tastsinn, der Geruchssinn, ebenso wie das Gehör und der Geschmack ausgebildet. Sie bilden die inneren Bedingungen, mit denen es dem gesunden Neugeborenen möglich wird, mit Suchverhalten auf die Reize zu antworten, die von Mutters Stimme, von ihrer Haut und ihrem Geruch ausgehen.[2]

Es erscheint nach diesen Beobachtungen berechtigt zu folgern, dass dort, wo man übereinstimmend von einem Instinkt spricht, das Vorhandensein einer Instinkthandlung vermutet werden darf. Diese Vermutung ist umso mehr berechtigt, als auch Peiper in einer Untersuchung über die Hirnleistung des Säuglings zu dem Schluss kommt, dass sie sogar unvergleichlich viel mehr der tierischen als einer voll ausgebildeten menschlichen Stufe entspräche.[3]

Der Vorgang der Nahrungsaufnahme beim Säugling

Sehen wir uns die Vorgänge um die Nahrungsaufnahme des
Neugeborenen einmal daraufhin an: Der Saugreflex des Kindes
besteht darin, dass der taktile Reiz, der durch die Berührung
der Brustwarze auf die Lippen des Neugeborenen ausgeübt wird,
das Zuschnappen und Einsaugen auslöst. Die bereits
vorhandene Empfindlichkeit des Neugeborenen für taktile
Reize hat Peiper 1949 beschrieben.[4)] Aber das ist keineswegs
das Gesamt der Handlung, sondern nur ihr Abschluss. Die eigentliche Handlung beginnt schon mit dem endogenen Reizzustand des Säuglings, hungrig zu sein. Dieser mobilisiert ein
zunächst noch diffuses Suchverhalten, indem es den Kopf hin
und her wendet, indem es den Mund öffnet und mit der Zunge die Lippen berührt. Der Säugling wacht also auf, wird unruhig und beginnt zu schreien.

Für die natürliche Mutter, die das Kind geboren hat, löst
dieses Schreien aufgrund einer durch die Schwangerschaft bedingten hormonalen Bereitschaft eine Reaktion aus: Sie wird
von dem Drang erfasst, das Kind in den Arm zu nehmen und
zu stillen. Jede Frau, die ein Kind geboren hat und in der ersten Zeit nicht zu lange von ihm getrennt war, kennt diesen so
genannten Ammenrapport. Er ist in der Lage, eine Frau, die
gerade eben ein hartes Gewitter tief schlafend überhört hat,
schon nach wenigen Lauten ihres Kindes zum Aufwachen zu
bringen.

Es erscheint mir wichtig, an dieser Stelle darauf hinzuweisen, dass die Handlung der Nahrungsaufnahme beim Säugling also einen Bezug darstellt von Mutter und Kind, keineswegs etwa nur von Kind zur Brust, Kind zur Flasche oder
Kind zur Milch allein.

Außer dem Ammenrapport, der auf einen instinktiven
Drang der Mutter hinweist, scheint es noch andere instinktive
Verhaltensweisen bei der Mutter bzw. bei den Eltern zu ge-
ben: Lorenz weist darauf hin, dass »der elterliche Pflegein-

stinkt, dem Fortpflanzungsinstinkt untergeordnet, auf Schlüsselreize antwortet, die das Kleinkind aussendet«, und » ...
dass unser elterlicher Pflegeinstinkt auf folgende Signalreize an-
spricht: kurzes Gesicht unter hoher Stirn, rundliche vorste-
hende Backen, relativ große Augen, runde Formen, kurze Finger, tollpatschige Bewegungen« (Kindchenschema).[5]

Es sind hier also offenbar eine ganze Reihe von Auslösemechanismen am Werke, wie wir sie bei Tieren im Brutpflegever-
halten auch kennen. Von rein angeborenen Instinktbewegun-
gen kann in diesem Bezug Mutter-Säugling gewiss allerdings
nur beim Kind die Rede sein. Wenn auch einzelne Merkmale
ihres Kindes für die Mutter den Charakter von Schlüsselreizen haben, die zu instinktiven Reaktionen ermuntern, so ist
die Mutter nichtsdestoweniger ein erwachsener Mensch, ausgestattet mit einem im allgemeinen voll funktionsfähigen
Großhirn, das ihr gestattet, hinzuzulernen und plastisch nach
Einsicht zu handeln. Sie weiß, wenn sie auch durch den Anblick ihres Neugeborenen und sein Schreien mobilisiert wird,
keineswegs so sicher, wie es augenscheinlich Vogelmütter wissen, was im Verhalten zu diesem ihrem Baby richtig oder
falsch ist.

Wie sehr sich hier weniger instinktives Wissen sondern eher
Lernvorgänge abspielen, kann jede Mutter an der Erfahrung
ablesen, dass ihre Sicherheit im Umgang mit Neugeborenen
ansteigt mit der Zahl der Kinder, die sie aufgezogen hat. Es ist
also in diesem frühen Mutter-Kind-Bezug offenbar so, dass eine Instinkthandlungskette mit einer Reihe von unbedingten
Reflexen durch einige Lernvorgänge von Seiten der Mutter
überformt sind. Trotz dieser wandelbaren Reaktionsweisen der
Mutter ist es aber unbestritten, dass – wie bei allen Tieren, die
hilflos geboren werden – sofort nach der Geburt des Kindes
sein lebenserhaltender Bezug zur Mutter als ein fertig vorhan-
dener Instinktmechanismus bereitliegt. Da sich also der Vorgang der Nahrungsaufnahme vom Säugling aus nach den Ge-

setzen angeborener Auslösemechanismen vollzieht, ist er infolgedessen in der Struktur seines Triebgeschehens mit jenen Vorgängen der Nahrungsaufnahme von Tieren homolog, die sich aufgrund von angeborenen Auslösemechanismen abspielen.

Der Vorgang, der sich dabei im Säugling vollzieht, ließe sich dementsprechend folgendermaßen beschreiben: Aufgrund einer endogenen Reizquelle im Organismus des Säuglings erwacht der Trieb zur Nahrungsaufnahme. Dieser Trieb äußert sich zunächst in einer diffusen Bereitschaft, in einem Appetenzverhalten, als Aufwachen, motorischer Unruhe und Schreien. Das ist bei der Mutter ein Schlüsselreiz, der – wenn der Säugling Glück hat – dazu führt, dass sie ihn anlegt. Der Hautkontakt der Mamilla mit den Lippen des Säuglings stellt für ihn den Schlüsselreiz dar, der eine gezielte Bewegung auslöst: das Zupacken und Einsaugen der Mamilla. Der Trieb hat die Nahrungsquelle erreicht. Der Saugakt führt in die so genannte Endhandlung, zur Sättigung und zur Aufhebung des endogenen Reizzustandes.

Die Zweiheit des Triebvorgangs

Um spätere Schwierigkeiten des Verstehens auszuschalten, müssen wir festhalten: Das Gesamt der Instinkthandlung besteht gewissermaßen aus zwei Akten. Im ersten besteht der Trieb aus diffusen Suchhandlungen, die zum Auffinden des Triebobjektes, hier der Mutter, führen.

Der zweite Akt ist sehr viel mehr zielgerichtet: Der Trieb bedient sich zweier abgegrenzter Handlungsweisen, des Zupackens und Einsaugens, am Objekt der Endhandlung.

Die Handlungen, deren sich der Trieb bedient, wollen wir in Zukunft als Triebfunktionen bezeichnen. Die Hirnforscher betonen in diesem Zusammenhang, dass dieser Urvorgang des an die Brust angelegten Säuglings bald darauf mit Lernvorgängen vermischt wird. Die Neugeborenen können schon bald ihre Mutter nicht nur an der Stimme, sondern am Geschmack der Milch und am Geruch wieder erkennen.[6)]

Damit haben wir freilich bisher nur die objektive Seite des Triebgeschehens beschrieben. Es hat aber auch noch eine subjektive Seite, die wir nicht beiseite lassen können, wenn wir Triebvorgänge beim Menschen beschreiben wollen, ja, die subjektive Seite ist geeignet, uns zu Erkenntnissen zu verhelfen, die wir als Vorkenntnisse benötigen, um die Eigenschaften und das Charakteristische von Triebsstörungen zu verstehen.

Wenn ein Mensch hungrig ist, packt ihn Unbehagen. Dieses Gefühl lässt ihn aufwachen oder aufstehen und auf die Suche gehen. Hat er etwas Essbares entdeckt, ändert sich während des Essens allmählich seine Stimmungslage: Unbehagen verwandelt sich in Zufriedenheit.

Subjektiv verursacht also das Gefühl der Unlust die Handlung. Wir wissen auch aus subjektivem Erleben, dass sich diese Unlust steigert, wenn wir jetzt abwarten und nicht etwas unternehmen, um Essen zu fassen, oder wenn wir nichts finden, obgleich wir suchen. Gekoppelt mit dem sich steigernden Maß unseres Unbehagens verstärkt sich unsere Handlungsbereitschaft und unsere Handlungskraft.

Subjektiv ist der Motor zur Handlung nicht die endogene Reizquelle – in diesem Fall der leere Magen –, sondern das Gefühl der Unlust, die nach Lust strebt. Dieses Gefühl führt subjektiv zur Erhöhung der Triebspannung.

Ebenso löst erst das Gefühl der Zufriedenheit diese Spannung und setzt die Handlungsbereitschaft herab. Dieses Gefühl der Zufriedenheit tritt während der Handlung des Essens allmählich ein und hat zwei Quellen: das Erlöschen des physiologischen Reizzustandes, d. h., der Magen knurrt nicht mehr, und die Abfuhr der Triebspannung durch die Handlung des Ergreifens, Zum-Munde-Führens, Kauens, Schluckens der Nahrung. Es ist nötig, diese Zweiheit der Quellen, aus denen

das Gefühl der Befriedigung fließt, ausdrücklich zu betonen.
Denn wenn wir dieses Gefühl der Befriedigung mit Freud als
das Triebziel bezeichnen, müssen wir wissen, was notwendig
ist, um es zu erreichen, und das ist sowohl die Nahrungszufuhr als auch die Betätigung einer Handlung, die die Triebspannung löst.

Wir können diese Doppelnatur des subjektiven Erlebens
abermals leicht nachprüfen. Ein schlaraffenland-ähnlicher Zustand – nämlich die Befriedigung von Bedürfnissen, ohne sich
anstrengen zu brauchen, damit sie erfüllt werden – führt wohl
zu Inaktivität, zu Faulheit, aber damit keineswegs zur Zufriedenheit. Die Zufriedenheit ist nur vorübergehend und führt
bald wieder in den Zustand unbehaglich-leerer Sehnsucht,
auch und trotz einer permanenten Möglichkeit zur Sättigung.

Und umgekehrt: Haben wir Hunger und nichts zu essen,
statt dessen aber ein Hungertuch, um daran zu nagen, so können wir uns über den spannungsgeladenen Zustand des Hun-
gerns wohl eine Weile damit hinwegtrösten, uns eine Zeitlang
scheinbefriedigen. Aber sehr bald genügt dies nicht mehr, wir
spüren erneut vermehrtes Unbehagen, erhöhte Spannung,
und die Suche, doch etwas zu finden, das den Hunger stillt,
setzt wieder ein.

Und noch ein Letztes ist wichtig: Haben wir jetzt, nach langem Hungern, endlich einen Fleischtopf Ägyptens gefunden,
so essen wir auch dann weiter, wenn wir empfinden, dass unser Magen eigentlich voll ist. Im Volksmund heißt es dann:
Die Augen wollen mehr als der Magen. Wir würden besser sagen: Unser Handlungsimpuls, die Triebfunktion, hat sich so
gestaut, dadurch, dass sie sich nicht betätigt hat, dass jetzt ein
Überschuss von ihr vorhanden ist, der handelnd abfließen
muss.

Halten wir also zunächst fest: Subjektiv wird die Triebhandlung durch ein Gefühl des Unbehagens ausgelöst, das mit
dem physiologischen Mangelzustand entsteht. Es begleitet die

Handlung. Ein Teil dieses Unbehagens wird durch die Triebhandlung selbst, ein zweiter durch die Auflösung des physiologischen Mangelzustandes in ein Gefühl des Behagens, der Lust, der Zufriedenheit umgewandelt. Eine vollständige Befriedigung tritt nur dann ein, wenn sowohl der physiologische Reizzustand ausgelöscht als auch die Triebspannung in der Endhandlung verzehrt ist. Ist dieser Spannungszustand etwa durch anhaltende Mangelzustände zu groß, bedarf es der Betätigung der Triebfunktion über die Beseitigung des physiologischen Reizzustandes hinaus.

Die Doppelnatur des Triebziels

Gibt es solch ein subjektives Empfinden auch bereits bei Tieren und Säuglingen? Das wissen wir nicht mit Sicherheit, aber das können wir auch zunächst dahingestellt sein lassen. Was wir aber aus diesem Exkurs über unser menschliches subjektives Erleben um den Hunger lernen können, ist die Erkenntnis, dass auch beim Säugling und Tier Entspannung in Bezug auf den Trieb zur Nahrungsaufnahme ebenfalls nicht einzutreten scheint, wenn nicht sowohl der physiologische Reizzustand beseitigt ist als auch eine Handlung abgelaufen ist, in der die Triebfunktion getätigt worden ist. In vielen der Triebstörungen, die wir beschreiben wollen, kommt das zum Ausdruck. Zwei experimentelle Tieruntersuchungen machen diese Vermutungen aber zusätzlich wahrscheinlich.

Wenn Pawlow es verhinderte, dass die Trinkmenge, die die Hunde aufnahmen, den Magen auch erreichte, weil er die Flüssigkeit wieder durch eine Fistel vor dem Mageneingang abführte, so begannen die Hunde sehr viel schneller als die Kontrolltiere erneut zu trinken. Das Unvermögen, den Durst faktisch zu löschen, führte zu einer chronischen Erhöhung der Triebspannung. Das entgegengesetzte Experiment machte O'Connor: Er zog drei Hundepaare auf, ein Paar mit einem viel zu weiten Flaschensauger, so dass die Nahrung ohne Anstrengung einfloss, eins mit einem engen Flaschensauger und ein Paar, das bei der Mutter saugte. Das erste Paar begann bald jenseits der Mahlzeiten suchtartig zu lutschen. Das dritte Paar lutschte, außer an den Mahlzeiten, gar nicht, das zweite mäßig. Die Triebentspannung war bei dem ersten Paar offenbar nicht allein durch die Sättigung eingetreten, sondern bedurfte weiterer Betätigungen, wenn die Funktion des Saugens nicht getätigt war.

Diese Doppelnatur des Triebziels macht es nun überhaupt erst möglich zu verstehen, wie Störungen des Nahrungstriebes zustande kommen können. Sie entstehen dadurch, dass das Triebziel, die Befriedigung oder die Entspannung, nicht eintritt. Das kann nun dementsprechend dadurch geschehen, dass der Mensch gehindert wird, Nahrung aufzunehmen, wenn er hungrig ist, und dadurch, dass er nicht die Funktion tätigt, die dem Trieb zur Nahrungsaufnahme zugeordnet ist. (In der Umgangssprache ausgedrückt: dass er nicht zulangt.) Das heißt beim Säugling: dass er gehindert wird, die Nahrung durch Einsaugen zu sich zu nehmen oder dass er sich weigert, sie aufzunehmen.

In beiden Fällen kommt es nicht zur Entlastung der Triebspannung und damit zu charakteristischen Funktionsstörungen, wie wir sie in Bezug auf das Tier eben kennen gelernt haben und in Bezug auf den Säugling und den Menschen noch beschreiben wollen. Wir werden in den folgenden Abschnitten darstellen, auf welche Weise solche Behinderungen beim Menschen entstehen, und danach im Vergleich zum Tier die Erscheinungsformen dieser Störungen abhandeln.

1. Frustration der Nahrungszufuhr

Zur Veranschaulichung zunächst ein Beispiel:

Das Kind Peter – ich habe den Jungen eine längere Zeit betreut, als er 14 Jahre alt war – wird in seiner ersten Lebenszeit unzureichend versorgt. Die Mutter schildert in der Anamnesen-Erhebung, dass sie das Kind nach einem starren Schema, ohne gefühlsmäßige Beteiligung, mit Flaschennahrung gefüttert habe. Sie sei bei der Geburt des Kindes 42 Jahre alt gewesen und habe sich der Aufgabe, ihn aufzuziehen, nicht mehr gewachsen gefühlt. Die Mutter scheint damals schon depressiv gewesen zu sein.

Der Junge bekommt im Alter von acht Wochen Dyspepsien und Milchschorf, Leiden, die weit über die Säuglingszeit hinaus nicht vollständig ausheilen. Es wird eine Diät gefüttert, die das Kind über Wochen in nur unzureichenden Mengen zu sich nimmt. Er wird ein Schreikind und entwickelt eine Jactatio capitis. Schon vor der Schulzeit beginnen Verhaltensschwierigkeiten aufzutreten: Peter kann nicht ruhig und besinnlich spielen. Er sitzt entweder untätig herum, oder er rafft ungeduldig alles an sich, hat keine Ausdauer, geht unzufrieden und unruhig auf neue Suche. Er leidet von früh an unter Einschlafstörungen. Schon bald kommt es zu Schwierigkeiten mit Spielkameraden. Er will alles für sich haben, auch ihre Spielsachen, so dass die Spielgefährten sich von ihm zurückhalten.

Im Alter von fünf Jahren beginnt Peter, kleine Geldbeträge aus der Haushaltskasse zu nehmen und zu vernaschen. Aber je mehr die Eltern strafen, je mehr sie die Schubladen verschließen, umso schlimmer wird das Übel. Die Beziehungen der Eltern und des Bruders zu dem Jungen verschlechtern sich zunehmend. Schließlich wird er gänzlich unleidlich, weigert sich, sich zu waschen, sich ordentlich zu kleiden und die Haare zu schneiden. Er lungert untätig und leer brütend bei Technomusik im Hause herum, hat einen überstarken Drang zu rauchen und zu naschen, trotz des strikten Verbots der Eltern. Der Schulbesuch ist unregelmäßig, die Leistungen sinken bis zur unteren Grenze der Hauptschulnorm.

Mit 14 Jahren begeht Peter zunächst einige Warenhausdiebstähle,
bricht schließlich in einige Lebensmittelgeschäfte und danach in ein
Waffengeschäft ein. Auf dem Wege nach Hamburg, wo er sich auf ei-
nem Schiff anheuern lassen will, wird er auf dem Bahnhof von der
Polizei festgenommen.

Störungen des Nahrungstriebes

Mühsam und gefahrenreich ist die Aufzucht von Tieren in der
Gefangenschaft, deren lebensnotwendige Bedürfnisse nicht so
erfüllt werden, wie ihre angeborenen Instinktmechanismen es
vorschreiben. Sie werden unruhig und krank, sie entwickeln
Stereotypien, wenn man ihnen zum Beispiel die ihnen adäquate Nahrung nicht geben kann, so dass sie die Ersatznahrung
verweigern und dadurch immer hungriger werden.

Bei menschlichen Säuglingen ist das in den Grundstrukturen nicht anders. Peters Schicksal macht das erkennbar: Die
Störung seines Nahrungstriebes begann, als er im Säuglingsalter chronisch hungrig blieb und seine Triebspannung sich
dadurch erhöhte. Die Voraussetzungen zu seiner späteren Beeinträchtigung aber lagen bereits in der Tatsache, dass das Gesamt der Instinkthandlungen zwischen Mutter und Kind
dadurch unterbrochen worden war, dass die Mutter nicht stillen konnte. Es darf nicht übersehen werden, dass dieses Unvermögen zur Stilltätigkeit bei seiner Mutter eine erste mitent-
scheidende Minusvariante in Peters Schicksal bildete. Denn
nun wurde in dieses natürliche Instinktgeschehen eine Attrappe zwischengeschaltet – die Flasche mit einer Ersatznahrung –,
und es ist durchaus fragwürdig, ob Peter seinen Milchschorf
auch bekommen hätte, wenn man ihm von Anfang an seine
natürliche Nahrung verabreicht hätte.

Wenn ich mich bei meinen vielen öffentlichen Vorträgen
für den Vorrang der Stilltätigkeit eingesetzt habe, so bin ich
lange nicht auf Verständnis gestoßen und habe mich zunächst
der achselzuckenden Bemerkungen, vor allem von Ärzten, er-

wehren müssen, dass das Stillen überholt sei. Es sei unwesentlich, ob das Kind mit der Brust oder der Flasche ernährt würde, so argumentierte man von fachkundiger Seite, wesentlicher sei für das seelische Gedeihen des Kindes die gute Mutter-Kind-Beziehung.

Nun, das ist zweifellos richtig. Und es ist besser, ein Kind mit der Flasche zu ernähren, als es sterben zu lassen. Aber abgesehen von den altbekannten Tatsachen, dass die Brustnahrung Immunschutz vermittelt und die Gefahr falscher Nahrungszusammensetzung ausschaltet, ergeben sich von der Tatsache her, dass der Stillvorgang eine Triebhandlung darstellt, noch einige gewichtige zusätzliche Gesichtspunkte.

Wir hatten schon betont, dass die Mutter in diesem Geschehen jener »Rezeptor« ist, der in seiner Reaktion variabel und plastisch ist. Wenn aber nun die Kinderpflegerin, die Fachkraft, zu einer Mutter sagt, dass es ihrem Säugling gut tut, sich eine gesunde Lunge anzuschreien, so pflegt der Instinkt den Kürzeren zu ziehen gegenüber der Variabilität des einsichtigen Lernens. Diese Lernfähigkeit des Menschen macht ihn aber auch suggestibel und unter Umständen in einer ihn schädigenden Weise manipulierbar.

Da aber die Stilltätigkeit ein instinktives Geschehen ist, könnte der Instinkt die Sicherheit der Mutter fördern. Er spricht ja die Naturhaftigkeit der Frau unmittelbar in jener Schicht an, in der es sicheres Wissen gibt darüber, was einer hilflosen Brut nach der Geburt bekommt oder nicht bekommt. Die Verminderung der mütterlichen Unsicherheit würde in Bezug auf die Fütterung ihres Kindes einen unermesslichen Gewinn bedeuten für das seelische Gedeihen und die weitere Entwicklung des Kindes. Denn wie wir jetzt wissen, ist es höchst fragwürdig, ein Kind täglich und nächtlich über Stunden schreien zu lassen. Seine Triebspannung erhöht sich dadurch chronisch und ist schließlich auch durch Sättigungsvorgänge nicht mehr löschbar.

Man könnte also zusammenfassend sagen: Gewiss, in der Not frisst sogar der Teufel Fliegen; aber durchgängig erweist sich die natürliche Ernährungsart der künstlichen als weit überlegen. Sie ist besser für das Kind, allein schon, weil der Kontakt mit der Mutter bei jedem einzelnen Stillvorgang zehnfach so hoch ist, wie bei der Flaschennahrung. Aber diese bekommt auch der Mutter schlechter, weil der instinktive Bezug zu ihrem Kind gemindert wird.

Der Wert des Stillens

Die Neurobiologie hat den Vorteil des Stillens für die Entfaltung der Synapsen in einer durchschlagenden Weise bestätigt. Lise Eliot schreibt: »Dutzende von Studien stellen fest, dass gestillte Kinder einen signifikanten kognitiven Vorteil gegenüber Kindern aufweisen, die mit der Flasche aufgezogen wurden. Bei Tests, die den Stand der geistigen Entwicklung Ein- bis Zweijähriger ermitteln (wie Sprachvermögen, soziale, feinmotorische und Objekt-Reaktionsfähigkeiten) bei verschiedenen Intelligenztests im Kindergartenalter und bei schulischen Leistungstests noch im Alter von 10 Jahren schneiden sie besser ab. Außerdem untersuchten viele Studien die Stilldauer und stellten fest, dass der IQ beziehungsweise die schulische Leistung im Schnitt umso höher ist, je länger während des ersten Lebensjahres gestillt wurde und je weniger Milchfertignahrung sie erhielten.

Im Ganzen betrachtet, sind die Ergebnisse überzeugend. Muttermilch scheint die intellektuellen Aussichten eines Kindes tatsächlich zu verbessern. Die menschliche Muttermilch ist unzweifelhaft die bestmögliche Ernährung für menschliche Säuglinge, für ihre Gesundheit und ihre Versorgung mit Nährstoffen ebenso wie für ihr heranreifendes Gehirn.

Auch der Körperkontakt beim Stillen ist sehr beruhigend. Die Kombination aus dem Gefühl, sicher gehalten zu werden, dem engen Hautkontakt mit der Mutter und dem intensiven

Reiz des Saugens verschafft dem Baby die umfassendste taktile Stimulation, die es erleben kann. Tatsächlich ruft schon der
Akt des Saugens bei Neugeborenen und bei Kleinkindern eine
natürliche, beruhigende Wirkung und eine Verringerung der
Schmerzempfindlichkeit hervor, die ...über bestimmte noch
nicht identifizierte Mechanismen im Gehirn ausgelöst werden.«[7]

Es muss deshalb darauf hingewiesen werden, dass aus dieser
Sicht zwei kollektive Handhabungen der Säuglingsbetreuung
in ein fragwürdiges Licht rücken: dass man Säuglinge nach ihrer Geburt von den Müttern trennt und dass man sie ohne
Rücksicht auf ihr Schreien sofort in einen starren Rhythmus
der Fütterung zwängt; dass man zudem den Müttern bei den
ersten Stillschwierigkeiten, die bei fast jeder Frau eintreten –
und schon vorher – zum Abstillen rät; dass es allgemein als
wichtig gilt, die Kinder des Nachts nicht hochzunehmen, und
das Schreien nicht für schädlich, sondern für gesund hält.

Vom mütterlichen Instinkt her ist ein solches Verhalten völlig unsinnig. Eine Mutter, die die Nächte mit ihrem schreien-
den Säugling in einem Zimmer verbringt, würde durch den
Ammenrapport über Stunden mit wach bleiben, so dass die
ihr aufgenötigte Meinung sehr schnell zugunsten einer natür-
licheren Haltung zusammenbrechen würde.

Unsere kollektive Zivilisiertheit heute fördert seelische Störungen und damit, wie wir noch zeigen werden, das Absinken
unserer Leistungsfähigkeit in einer gefährlichen Weise. Denn
erst heute haben viele Menschen die Möglichkeit, den Säugling in ein Zimmer zu stellen, wo niemand durch sein
Schreien gestört wird. Dadurch hat sich aber u. a. in den vergangenen vier Jahrzehnten die Gefahr potenziert, dass die
neurotische Depression (Dysthymia) in den der Natur ent-
fremdeten zivilisierten Ländern zu einem epidemischen Mas-
senphänomen werden konnte.

Glücklicherweise haben wenigstens die Kinderärzte auf internationaler Ebene erkannt, dass das Stillen die physische Gesundheit der Babys fördert, so dass in den 90er Jahren wieder mehr Aufgeschlossenheit für das Stillen entstanden ist. Auch die Intentionen der internationalen »La leche ligue« haben mitgeholfen, eine gewisse Einstellungsänderung einzuleiten.

2. Funktionsmangel

Aber Triebstörungen können nicht nur dadurch zustande kommen, dass die Mutter keine instinktive Einstellung zu ihrem Kind gewinnt und das Kind zu viel Mangel leiden muss. Sie können auch dadurch hervorgerufen werden, dass das Kind durch eine inadäquate Nahrungszufuhr eine Funktionsstörung erwirbt. Ich hatte schon ausgeführt, dass zur Beseitigung der Triebspannung keineswegs allein die Sättigung beiträgt, sondern ebenso sehr die Tätigkeit des Saugens. Wenn diese orale Triebfunktion nicht getätigt wird, kommt es ebenfalls zu übersteigerter Triebspannung und zu Triebstörungen. Wie das in der Praxis aussieht, will ich jetzt erläutern.

Es kommen in meine Sprechstunde häufig Eltern mit Kindern, die Schulschwierigkeiten haben. Bei einem Teil dieser Kinder zeigt sich, dass einige Verhaltensweisen denen sehr ähnlich sind, die ich bei Peter beschrieb. Diese Kinder sind faul, meinen die Eltern. Sie fangen ihre Arbeit nicht an, und wenn, dann viel zu hastig. Sie werfen die Sachen bei den ersten Anfangsschwierigkeiten, die zur Tücke aller Lernvorgänge gehören, hin, wobei die Hast zusätzlich erschwert, weil sich die Gefahr, Fehler zu machen, erhöht. Ihnen fehlt die Fähigkeit, sich anzustrengen.

Wenn man nun die Mütter nach der Säuglingszeit solcher Kinder fragt, so zeigt sich, dass einige von ihnen einen tragisch-schweren Lebensanfang hatten. Sie hatten aus den verschiedensten Gründen danach über längere Zeit durch Infu-

sionen und mit Hilfe von Sonden ernährt werden müssen –
sei es, weil sie zu früh geboren wurden, weil sie eine Ha-
senscharte hatten, weil sie gleich nach der Geburt schwer er-
krankten. Manche dieser Mütter hatten sich in den ersten Le-
bensmonaten ihres Kindes damit abquälen müssen, dass das
Kind einen Magenpförtnerkrampf hatte. Er bewirkte, dass das
Kind die Nahrung regelmäßig wieder ausspie, so dass es in
den ersten Monaten nie richtig satt wurde. Die schlimmsten
Störungen eben beschriebener Art gibt es, wenn das Leiden
nicht erkannt wird und das Kind nach dem Motto »Speikind
– Gedeihkind« während der gesamten Säuglingszeit Mangel
leidet.

Aber – und das ist hier entscheidend – merkwürdigerweise
können später die gleichen Verhaltensstörungen auftreten,
wenn so eine Erkrankung jetzt dadurch behandelt wird, dass
man das Kind etwa mit der Sonde ernährt. Ich habe Fälle erlebt, in denen diese Ernährungsform ambulant, nicht im
Krankenhaus, durchgeführt wurde, so dass die Mutter-Kind-
Trennung nicht den schädigenden Effekt ausgemacht haben
konnte. Außerdem habe ich in meiner Praxis einen Fall erlebt,
in dem überhaupt keine Trinkschwierigkeit des Säuglings bestand und die Mutter das Kind nur deswegen mit der Sonde
fütterte, weil das »so schön schnell ging« und weil sie als Säug-
lingsschwester gelernt hatte, wie man das praktiziert.

Funktionsmangel (Aktivitätsathrophie)
Bei diesen Kindern zeigt sich später häufig die gleiche fundamentale Trägheit als Grundzug ihres Charakters. Ich will damit keineswegs ignorieren, dass die Ätiologie dieser Faulheit
samt den Trinkschwierigkeiten am Lebensanfang durchaus –
und gewiss nicht einmal selten – auf anderen Ursachen, z. B.
einem hirnorganischen Defekt, beruhen kann. Taucht in der
Anamnese der Kinder, die wegen solcher Störungen gebracht
werden, eine fundamentale Saug- oder Trinkschwierigkeit auf,

so wird eine neurologische Untersuchung zum Zweck der Differentialdiagnose unumgänglich.

Aber selbst wenn ein solches Leiden ausgeschlossen worden ist, erweist sich die Passivität solcher Kinder nicht als eine ordinäre Bequemlichkeit, diese uns allen innewohnende Tendenz, lieber träge zu verharren. Die Faulheit dieser Kinder stellt ein echtes Unvermögen dar, eine folgenschwere Funktionsschwäche. Da das die Erzieher nicht zu erahnen vermögen, wartet auf diese Kinder ein Martyrium der Überforderung, und das häufig um so furchtbarer, je bemühter ihre Eltern sind und je mehr das Prinzip des Leistens in der Hierarchie ihres Wertens obenan steht. Das führt häufig dazu, dass solche Kinder sich schließlich von der Welt zurückziehen in einer ähnlichen Weise, wie Inhelder das von Ratten berichtet, die im Experiment immer wieder vor Aufgaben gestellt wurden, die sie nicht lösen konnten.

Es geht mir aber darum, mit der Schilderung dieser Schwierigkeiten und mancher ätiologischen Ähnlichkeiten etwas sehr viel Grundlegenderes zu beleuchten: nämlich die Erkenntnis, dass die Art und Weise der Nahrungsübermittlung für das spätere Lebensschicksal des als Säugling unangemessen behandelten Menschen keineswegs ohne Bedeutung ist. Die Nahrungsübermittlung kann für das Kind offenbar so inadäquat sein, dass es dadurch die schwere Minusvariante Trägheit erwirbt.

Ähnliche Beobachtungen sind auch bei Tieren beschrieben worden. Dennenberg hat 1958 darauf hingewiesen, dass die Nester bei Kaninchen umso besser waren, je mehr die Erbauer als Jungtiere vom ersten Tage an gesäugt worden waren.

Solche Erfahrungen lassen den Schluss zu, dass dem natürlichen Saugvorgang der positive Effekt innewohnt, dem Menschen die Fähigkeit zu vermitteln, lebenshungrig, durchhaltefähig, ausdauernd, fleißig und initiativreich zu sein. Diese Gegebenheit lässt sich durch gezielte Anamneseserhebung in der Praxis täglich erleben und ist auf empirischer Grundlage hinreichend ermittelt worden.[8]

Freilich lässt sich nicht mit Sicherheit aussagen, ob der Saugvorgang einen übenden Effekt hat, ob also die Funktion des Zugreifens und Sich-Anstrengens erlernt wird. Jedenfalls wissen wir, dass die Funktion angeborenerweise bereits vorliegt; denn das Kind kann ja wenige Stunden nach der Geburt saugen. Es scheint also vielmehr so, dass die Funktion atrophiert, das heißt verkümmert, wenn nicht der Anreiz durch die Umwelt geboten wird, dessen sie bedarf, um später jederzeit wieder anwendungsbereit zu sein. Das hieße, dass die Funktionsmöglichkeit ähnlichen Gesetzen unterläge, wie wir sie von der Organreifung her kennen.

Bestätigung durch die Hirnforschung

Nachhaltig bestätigt die Hirnforschung die traurige Möglichkeit zur Aktivitätsatrophie bei den Entfaltungsvorgängen des Gehirns: Werden die angelegten Funktionen vor allem in den dafür vorgesehenen sensiblen Phasen nicht getätigt, so bleiben sie unzureichend entwickelt. Auch bei den Entfaltungsvorgängen bei Tieren liegen zahlreiche Beobachtungen dieser Art vor. Hindert man z. B. ein Nachtigallenküken in der entsprechenden Prägungsphase den Nachtigallengesang zu hören und zu üben, so büßt es seine Möglichkeit nachtigallmäßig zu singen, lebenslänglich ein, es sei denn, die unzureichend geübte Funktion wird noch innerhalb der Entfaltungszeit des Gehirns nachgeholt.[9]

Augenärzte kennen den Umgang mit einer vom Säuglingsalter ab nicht getätigten Sehfunktion schon lange bei der sog. Ambliopie, der durch Schielen bedingten Funktionsunfähigkeit eines Auges. Nur wenn in den ersten zehn Lebensjahren der Funktionsmangel erkannt und durch Zukleben des sehenden Auges behandelt wird, lernt das behinderte Auge das Sehen nach, andernfalls bleibt es irreversibel lebenslänglich sehunfähig.

Die Hirnforschung bestätigt die synaptische Plastizität des kindlichen Gehirns ebenso wie die zeitliche Begrenztheit der Nachholbarkeit von Funktionsmangel. Der Neurophysiologe Nelsen F. Annuciato schreibt: »Es ist logisch, dass therapeutische Maßnahmen frühzeitig beginnen sollten, um zu versuchen, größere Fehler bei der Entwicklung zu verhindern und Stabilisierung der neuralen Kreisläufe zu erreichen. Frühdiagnostik, Frühtherapie, frühe Integration des Kindes ... sind Faktoren, die aus der Umgebung auf das Zentralnervensystem wirken.«[10]

Von der Notwendigkeit, den Funktionsmangel bei der Nahrungsaufnahme von Säuglingen, die nicht in natürlicher Weise saugen konnten, nachzuüben, um späteren Behinderungen vorzubeugen, sind wir noch weit entfernt.

Inadäquate Nahrungszufuhr

Es darf deshalb dieses Gebiet nicht abgeschlossen werden, ohne auf Folgen solcher Triebstörungen hinzuweisen. Die spätere Faulheit der kleinen Sondenkinder beruht also darauf, dass sie als Säuglinge nicht die Arbeit zu verrichten brauchten, die ihrem Lebensalter entsprochen hätte: den Saugvorgang, täglich mindestens fünfmal für ca. 20 bis 30 Minuten.

Was passiert nun, wenn es einem am Lebensanfang zu leicht gemacht wird? Muss dann nicht sehr Ähnliches in Erscheinung treten? Ein Kind, dem die Nahrung so leicht zufließt, dass es nicht zu saugen, sondern nur zu schlucken braucht – dem wie im Schlaraffenland die Tauben in den Mund fliegen –, ein Kind, das in fünf Minuten das Quantum verputzt, im Vergleich zu jenem anderen, das die fünffache Zeit braucht, steht so ein Säugling nicht auch in der Gefahr, später inaktiv zu sein? Und in was für einem Fall geschieht das? Nicht häufig ist über die ganze Stillperiode einer Frau hinweg das Faktum der »zu leicht gehenden Brust« gegeben. Aber der weite Flaschensauger bietet diese Gegebenheit leicht!

An dieser Stelle zeigt sich neu, wie fragwürdig es ist, Natürliches durch Künstliches zu ersetzen, ohne hinreichende Kenntnisse über die Struktur der Handlungsabläufe zu besitzen. Ohne ein solches Wissen, ohne Not die Instinkthandlung der Stilltätigkeit zugunsten der Flaschenernährung aufzugeben, ist eine fragwürdige Empfehlung. Denn ein Kind, dessen orale Funktion nicht genügend getätigt ist, wird nicht nur faul, sondern gleichzeitig auch noch oral triebgespannt, eben weil die Gelegenheit fehlte, dass sich die Spannung in der Saughandlung verzehren konnte.

Folgen der Denaturierung

Auf diese Weise wird es auch einsichtig, warum es zu einem sehr häufig gesehenen Erscheinungsbild heutiger Kinder und Jugendlicher gehört, dass sie sowohl träge als auch gespanntgierig wirken und sich so suchtartig oraler Tröstungen bedienen. Dass in unserer Gesellschaft so viele Kinder Übergewicht haben, entsteht gewiss einerseits dadurch, dass sie sich nicht genug bewegen. Aber sie bewegen sich nicht genug, weil es für sie zu anstrengend ist, sich zu bewegen. Und das zu viele, unmäßig verschlungene, ungesunde Essen fungiert als ein blinder Selbstheilungsversuch; denn mit dem Verpassen einer adäquaten Nahrungsvermittlung in der sensiblen Phase, nämlich am Lebensanfang, hat es eben in der Tat etwas zu tun!

Aber nicht nur das Leben des Einzelnen kann dadurch freudloser und unerfüllter werden: Die Gefahr für die Allgemeinheit ist unübersehbar. Denn die Konsequenz heißt: Die Menschen werden lahmer als ihre im Allgemeinen gestillten Vorfahren, ja, nicht nur untätiger, sondern auch gefährdeter. Dieses Heer der inadäquat ernährten Säuglinge der siebziger- und achtziger Jahre war zudem – wie ich noch zeigen werde – allen sekundären Behinderungen ausgesetzt – nicht zuletzt durch den Mangel an Erfolgserlebnissen. Ein Kind, das nicht recht etwas anfangen mag, lernt auch schwerer zu erobern, schwerer, sich zu verteidigen, hat nicht den Ansatz der Neugier, Unbekanntes zu ergründen. Manche dieser Kinder verharren deshalb lieber am Futtertrog, weil alles andere für sie zu schwer ist.

Untersuchungen über diese Zusammenhänge waren früh schon vorhanden: 1952 beschrieb Kujatt, dass bei sechs adipösen Kindern, die er untersuchte, die Stillperiode nie ungestört verlaufen war. Und auch Maisch weist 1965 auf verwöhnende Faktoren in der Ätiologie der Adipositas hin.

Auch Scott[11] hat bei Hunden aufgezeigt, dass die fetten, überfütterten inaktiver sind. Dennoch ist damit keineswegs gesagt, dass mit der zu raschen und überreichlichen Fütterung wenigstens ein höherer Sättigungsgrad – und damit doch teilweise die so erwünschte Grundstimmung der Zufriedenheit erreicht wird. Bei einer zu raschen Fütterung sind auch von der physiologischen Seite her die Bedingungen nicht erfüllt, die zur Sättigung führen. Daran liegt es, dass solche Kinder, die zu schnell gefüttert werden, häufig sofort danach wieder zu schreien beginnen. Aber auch wenn eine Mutter nun dieses allzu volle Kind wieder weiter nachfüttert, bleibt das eigentliche Ziel unerreicht: Der Trieb hat sich durch das Nur-Schlucken – aber Nicht-wirklich-Saugen – ja nicht getätigt! Also bleibt er in gleicher Weise unerfüllt wie bei dem Säugling, dem zu wenig Nahrung gegeben wurde.

Ich habe schon O'Connors Hundeversuch erwähnt, der ein sehr schöner Beweis für diese These ist. Auch Inhelder hat beschrieben, dass gesteigerte Lutschtätigkeit bei einem Affen in Erscheinung trat, der mit einer Flasche großgezogen wurde.[12]

Ich stelle also fest: Störungen des Triebes zur Nahrungsaufnahme entstehen bei Menschen wie bei Tieren dadurch, dass das Triebziel, die Befriedigung oder Entspannung, nicht erreicht wird. Dadurch erhöht sich die Spannung und geht, wie ich gleich ausführlich beschreiben will, »krumme Wege«. Die Voraussetzungen dazu sind dann gegeben, wenn 1. keine Sättigung eintritt und wenn 2. die Triebfunktion, hier die orale, sich nicht betätigen kann. Beim Säugling ist das am häufigsten dann der Fall, wenn er aus irgendwelchen Gründen oft und lange hungern muss (was heute meist nicht aus Not, sondern aus »Prinzip« geschieht) oder wenn die Nahrungsaufnahme ohne ausgedehnte Saugtätigkeit vor sich geht.

Ich will nun im Vergleich zum Tier schildern, wie die Erscheinungsbilder dieser Triebstörungen aussehen.

3. Erscheinungsformen der Triebbehinderung

Der Nahrungsvollzug beim Neugeborenen ist, wie beim Tier, eine Triebhandlung. Dieses Geschehen ist dadurch störbar, dass das Triebziel, die Entspannung durch Ersaugen der Nahrung, nicht erreicht wird. Solche Behinderungen führen bei Tieren zu einer Reihe typischer Verhaltensweisen. Denn da sich der Triebdruck mit anhaltender Behinderung erhöht, kommt es zu einer Reizschwellenerniedrigung und damit zur Triebentladung:

1. entweder am inadäquaten Objekt,
2. am Subjekt selbst,
3. in einer Handlung, die einem anderen Funktionskreis entstammt, oder
4. im Leerlauf.

Bei oft wiederholten und langüberdehnten Behinderungen pflegt die Reizschwelle sich wieder zu erhöhen und einer allgemeinen Inaktivität und Apathie Platz zu machen. Foppa betont, dass der beobachtete Aktivitätsgrad, z. B. nach tagelangem Nahrungsentzug, erheblich geringer ist als nach kurzfristigem Hunger. Er meint, dass zwischen Triebstärke und Aktivität eine Verlaufskurve in der Form eines umgekehrten U bestünde.[13]

Es bedarf keiner Experimente, um diese Abläufe am hungrigen Säugling zu studieren. Mit steigendem Triebdruck, d. h. mit einem Nichterscheinen der Mutter etwa, vollzieht er

Suchbewegungen nach der Nahrungsquelle, indem er den
Kopf mit zunehmendem Alter um so aktiver hin und her bewegt.[14]

Triebentladung am inadäquaten Objekt

Möglichkeiten der Triebentladung am inadäquaten Objekt
werden umso leichter angenommen, je niedriger die Reizschwelle ist. Ein oft hungriger Säugling findet leichter den
Daumen, den Bettzipfel, den Schnuller und ist leichter bereit,
Nahrung zu sich zu nehmen, die ihm nicht schmeckt.[15] Bei
häufig wiederholten, zu langen Durststrecken oder Mangel an
Saugtätigkeit schleifen sich die Suchbewegungen als Jactatio
capitis und das übersteigerte Lutschbedürfnis als Stereotypien
ein, die häufig langfristig erhalten bleiben.

Über die Natur der Lutschtätigkeit bei Säuglingen und
Jungtieren liegen eine Fülle von Beobachtungen auch neueren
Datums vor. Wie wir bereits hörten, stimmen die Untersuchungen an Tieren darin überein, dass das Lutschen sich steigert, wenn keine genügende Möglichkeit zur Saugtätigkeit
vorhanden ist.[16]

Diese Untersuchungen sind geeignet, Freuds Lehre vom angeborenen Autoerotismus des Säuglings zu widerlegen. Freud
hatte wohl richtig beobachtet, dass das Saugen zur Triebent-
lastung und Entspannung unumgänglich notwendig ist, aber
er hatte daraus zwei falsche Schlüsse gezogen: Der erste bestand darin, dass er meinte, diese Organlust suche der Säugling primär nicht an der Mutterbrust, sondern am eigenen
Körper. Der zweite bestand darin, dass er, durch den Lustcha-
rakter des Saugens getäuscht, wähnte, dass es sich dabei um einen Partialtrieb sexueller Libido handle.

Tierexperimentelle Untersuchungen, die nachweisen, dass
verstärktes Lutschen dann eintritt, wenn Befriedigung am eigentlichen Saugobjekt nicht hinreichend hat vollzogen werden können, widerlegen Freuds Theorie vom Autoerotismus.

Viele Autoren, die mit Tieren experimentierten, weisen nach, dass generell die Beschäftigung mit dem eigenen Körper erst dann gehäuft eintritt, wenn keine adäquate Befriedigung am entsprechenden Objekt möglich gewesen war. Langfristige Beobachtung von Säuglingen, die mehrere Monate voll und nach Bedarf gestillt wurden, haben darüber hinaus gezeigt, dass sie kein zwanghaftes Daumenlutschen entwickeln.

Die aufschlussreichste Studie über den Nahrungstrieb bei Tieren jüngeren Datums wurde von 1994 bis 1996 mit einer Dissertation von der Humboldt-Universität Berlin erstellt. Hier wurden zwei Rindergruppen von der Geburt an bis zur Phase der eigenen Reproduktion in zwei verschiedenen Aufzuchtverfahren beobachtet. Die eine Gruppe wurde von der jeweiligen Mutter gesäugt, die anderen wurden mit einem Tränkautomaten großgezogen. Der Untersucher Thomas Schleyer schildert die Entwicklungsverzögerung und die größere Unbeweglichkeit sowie die Verhaltensstörungen der mutterlosen Kälber. Er schreibt: »Während der Aufzucht an Tränkautomaten in den ersten drei Monaten (nach der Geburt der mutterlos betreuten Kälber, Verf.) war das gegenseitige Besaugen häufig zu beobachten und ist als Ersatzhandlung für ein nicht vollständig gestilltes Saugbedürfnis einzuschätzen *(s. Abb. 2)*.

Monat	Lebensmonat	Saugkälber	Tränkkälber
Juni	1. LM	0	17
Juli	2. LM	6	110
August	3. LM	0	29
Oktober	5. LM	0	20
November	6. LM	0	0
Januar	8. LM	0	12

Abb.2: Anzahl der gegenseitigen Besaugungsakte bei den Kälbern
(Schleyer, T.: Untersuchungen zum Einfluss des Kälberaufzuchtverfahrens auf die Ontogenese des Sozialverhaltens heranwachsender Rinder. [17])

Übersprungschlafen

Genau wie die Zootiere, die unnatürlich aufgezogen werden, kann der unbefriedigte Säugling von einer beängstigenden Artigkeit sein. Sie besteht entweder darin, dass er überhaupt weniger schläft, aber auch wachend nicht mehr schreit, oder darin, dass er einen merkwürdig tiefen Schlaf entwickelt. Dass dieser Tiefschlaf meist schon in der sehr frühen Säuglingszeit entstanden sein muss, kann man in den psychologischen Untersuchungen immer wieder daraus erschließen, dass Kinder, von denen die Eltern berichten, dass sie bleierntief schlafen, meist ein übersteigertes Trink- oder Saugbedürfnis haben und auch alle anderen Anzeichen einer oralen Triebbehinderung.

Auf das sog. Übersprungschlafen – im Konflikt zwischen Angriff und Flucht – ist in der Literatur verschiedentlich hingewiesen worden. Ribble erklärt, dass Säuglinge von Müttern, die zurückweisend, indifferent oder strafend waren, in einen traumatischen Zustand verfallen können, aus dem sie nur schwer zu wecken sind. Tinbergen bringt als Übersprungschlafen das Beispiel jener Infanteristen, die vor dem Angriff von unüberwindlicher Schlafsucht befallen wurden. Dührssen weist auf den Tiefschlaf bei bettnässenden Kindern hin. Spitz beschreibt das Einschlafen eines oral behinderten Kindes als Regression angesichts einer Situation, der es sich nicht gewachsen fühlte.[19]

Werden die Triebbehinderungen über lange Zeit fortgesetzt, so kann der Zustand eintreten, dass der Säugling matt wirkt, nicht lächelt und sich nur zögernd entwickelt.

Unschwer lassen sich an diesen Geschehnissen die Gesetze der Triebbehinderung wieder erkennen: Steigerung des reizauslösenden Verhaltens, hier das Schreien; Steigerung der Suchbewegungen, sprich Jactationen; Triebverzehr am Ersatzobjekt – hier Schnuller oder inadäquate Nahrung; oder Ausweichen in ein Verhalten, das einem anderen Funktionskreis entstammt, hier dem Tiefschlaf. Alle diese Erscheinungsweisen gibt es homolog bei Tieren, die hungern mussten.

Eingebahnte Sucht

Dabei kann uns das Nachdenken über das Wesen der Stereotypie Aussagen ermöglichen über das spätere Schicksal von Menschen, die eine Störung des Nahrungstriebes erworben haben. Wie wir hörten, entstehen Stereotypien entweder dadurch, dass immer wieder keine hinreichende Sättigung erreicht wird – wie bei Pawlows Hunden –, oder dadurch, dass die orale Funktion nicht getätigt wird. Die Triebspannung bleibt in diesen Fällen chronisch erhalten, und zwar auch dann, wenn der Mensch später die Möglichkeit hat, sich befriedigend zu ernähren. Ja, er »bleibt an die orale Stufe fixiert«, wie es in der Sprache der Psychoanalyse heißt.

Aber auch die negativen Gefühlserlebnisse, die bei Triebbehinderungen entstehen, tragen zur Chronifizierung bei. Ich sagte bereits: Das Triebziel heißt objektiv Entspannung, subjektiv Befriedigung. Ich werde am Fall Peter zu schildern versuchen, dass Unbefriedigtsein durch unerreichte Entspannung beim Kind zu Angst und Vermeidungsreaktionen führt, die geeignet sind, die Triebspannung weiterhin zu erhöhen und zu chronifizieren.

Annemarie Dührssen schreibt: »Wird ein Kind in früher Entwicklungsepoche übertrieben geängstigt, beunruhigt oder – was das gleiche Resultat hat – allein gelassen, so schieben sich notgedrungen noch lange Zeit später immer wieder die alten, die beunruhigenden Affektwallungen in den Vordergrund, selbst dann, wenn die Gegenwart inzwischen heiter, wohlwollend und freundlicher geworden ist. Das Lebensgefühl eines in den frühen Entwicklungsphasen nachhaltig geängstigten Kindes bleibt lange und hartnäckig getönt von allgemeiner Ängstlichkeit und Unruhe. Sind doch die Kinder in früher Reifungsstufe ausgeliefert an die Gefühlserlebnisse, die ihnen vermittelt werden, und tragen diese Erfahrungseindrücke ganz offenkundig länger mit sich herum, als wir früher je vermutet hätten.«[18]

Dieser Sachverhalt trifft auch für die ungelöste Triebspannung zu. Das Bestehenbleiben der Spannung zeigt sich z. B. später darin, dass so ein Mensch einerseits voller Gier, voller Ansprüche, voller Ungeduld und Hast ist und dass er dazu neigt, an den ursprünglich gedrosselten Trieb fixiert zu bleiben, indem er ein süchtig Essender, Trinkender, Rauchender und allgemein Verkonsumierender wird. Er möchte alles haben und fühlt sich dennoch immer als Habenichts.

Ein ähnliches Erhaltenbleiben der Triebspannung gibt es auch bei Ratten. Müssen sie als Jungtiere hungern, so erhöht sich ein gierig-übersteigerter Drang zu horten, eine Eigenschaft, die bei diesen Tieren lebenslänglich erhalten bleibt. In einer typischen Weise kommt es auf dem Boden einer solchen Schädigung beim Menschen häufig zu späten Triebdurchbrüchen: nämlich zu diebischen Handlungen. Umgekehrt bestätigt sich in der Praxis, dass in der Anamnese jugendlicher Diebe oft lang anhaltende Behinderungen des Nahrungstriebes in den ersten Monaten nach der Geburt nachweisbar sind.

Wir wollen uns nun anhand dieses Wissens Peters Lebensgeschichte noch einmal anschauen. In Bezug auf sein Schicksal ist es durchaus berechtigt zu fragen, ob alle seine Leiden und seine gefährliche Fehlentwicklung vermeidbar gewesen wären, wenn die Mutter von der unumstößlichen Notwendigkeit, ihr Kind zu stillen, überzeugt gewesen wäre.

N. R. Newton, M. Newton und Spitz beschreiben den Einfluss der positiven Einstellung der Mutter zur Stilltätigkeit auf die Laktation. N. R. Newton und M. Newton verfolgten die Stillfähigkeit von Müttern, die sie nach der Geburt ihrer Kinder nach ihrer Einstellung befragt hatten. Später korrelierten Stillfähigkeit und positive Einstellung. Spitz berichtet die Mitteilung der Insassin eines Konzentrationslagers. »Es habe dort

keine Stillprobleme gegeben. Alle Mütter hätten Milch gehabt. Das käme daher, dass die Lagerleitung die Kinder ohne
weiteres verhungern ließ, wenn die Muttermilch versiegte.«[19]

Wir können heute im Fall Peter nicht mehr und auch
grundsätzlich noch nicht sagen, ob der Milchschorf durch die
Unverträglichkeit der Ersatznahrung oder dadurch hervorgerufen wurde, dass das Kind den von ihm erwarteten Hautkontakt entbehrte. Hautaffektionen als Ausdruck einer Hemmung des Bedürfnisses nach Zärtlichkeit sind ein häufiges
psychosomatisches Symptom.

Gewiss aber ist, dass der kleine Peter durch seine Erkrankung
nicht zu seinem Naturrecht kam, von der Mutter satt gemacht
zu werden. Der Mangel an Gewichtszunahme, das viele
Schreien, die Jactationen bestätigen das. Da wir nun bereits
wissen, dass Jactationen, Lutschen und Kratzen zur Beschwichtigung der übersteigerten Triebspannung führen, bleibt es bedenklich, dass Peter bis in sein zweites Lebensjahr hinein Papp-
manschetten an den Armen trug, wie die Mutter berichtete. Sie
hinderten ihn, mit den Händen zu spielen, zuzugreifen, sie in
den Mund zu stecken und damit Triebspannung abzuführen.

Gewiss, Stereotypien wie das Daumenlutschen, die Jactationen, das Kratzen und Reißen sind Symptome, ein Anzeichen
dafür, dass ein Trieb behindert ist und sich ein Ersatzventil ge-
sucht hat. Gewiss, sie sind ein Zeichen dafür, dass eine chroni-
fizierte Dauerspannung besteht, dass die Entwicklung emp-
findlich gestört ist. Aber wie ich in vielen Fällen beobachten
konnte, sind sie auch ein Schutz dagegen, dass Schlimmeres
geschieht, nämlich dass der gestaute Trieb zu unmotivierten
und nicht mehr kontrollierbaren Leerlaufhandlungen durchbricht oder in ein apathisches Versagen einmündet.

»Bei sehr jungen Makaken, die zu Versuchszwecken im La-
bor gehalten wurden,« berichtet Nora Philbin, »geht das
Schaukeln des Tieres in einen trance-ähnlichen Zustand über.
Das Tier wirkt von seiner Umgebung abgeschaltet oder abge-

koppelt. Andere Tiere schlagen einen vitaleren Versuch blinder Selbstbeschwichtigung ein.[20]

Bei Kindern, die sich durch Jactationen zu beruhigen suchen, wird Gleichartiges berichtet:

Peter schlägt zunächst einen vitaleren Versuch blinder Selbstbeschwichtigung ein. In seiner Entwicklung sah das folgendermaßen aus: Er bekommt schon in frühen Kinderjahren eine Tendenz zum Wegreißen, ja zum Stehlen, die ihm die Menschen in seiner Umgebung zu Feinden macht. Er wird für sein asoziales Verhalten beschimpft, geschlagen und gemieden. Ein Teufelskreis setzt ein. Denn durch ein solches Verstoßenwerden durch seine Kinderjahre hindurch staut sich nicht nur der Trieb zum Habenwollen weiter an, sondern zusätzlich eine reaktive Aggressivität gegen seine sich ihm versagende Umwelt. Dass Peter schließlich nicht nur Essbares stiehlt, sondern einbricht und sich bis an die Zähne bewaffnet, bestätigt die Gefährlichkeit dieses Teufelskreises.

Denn solche übersteigerten Handlungen, die bei den Tieren vielleicht dennoch zum Erreichen des Triebziels führen mögen, sind bei einem Kind in einer folgenschweren Weise geeignet, die Chronifizierung der Störung heraufzubeschwören.

In Peters Schicksal wird das deutlich: Immer wenn er seinen Spielkameraden den Lutscher oder das Butterbrot entriss, immer wenn er später Süßigkeiten stahl, oder wenn er unverschämt und gierig zu viel nahm, stieß er auf die Strafen und Einschränkungen seiner Umwelt, die begreiflicherweise und nichtverstehend auf soziale Anpassung des Kindes bedacht sein musste. Vorgänge im Triebbereich zur Nahrungsaufnahme wurden auf diese Weise immer neu verunsichert, Erlebnisse der Triebbefriedigung immer weniger vollzogen, der Trieb selbst immer neu gestaut.

Zusammenfassend lässt sich sagen: Peter zeigt also eine sehr typische Lebenslinie, wie sie sich geradezu folgerichtig aus einer frühen Triebstörung und Triebstauung entwickelt. Der Nahrungstrieb ist durch die unzureichende Versorgung gestört worden. Das Kind hat zu oft und zu lange angstvoll nach seiner Mutter schreien müssen, ohne dass diese kam. Das in der

Säuglingszeit auftretende und sich zur Stereotypie einschleifende Symptom der Jactatio ist ein Zeichen dafür, dass der
Drang, die Spannung übersteigert vorhanden ist; denn das
Hin- und Herbewegen des Kopfes gehört zu den primären, instinktiven Bewegungen, die der Säugling durchführt, wenn er
nach der Mutterbrust sucht.

Im Symptom der Jactatio zeigt sich also, dass Triebspannung durch einen Mangel an Befriedigung gesteigert und in
der Stereotypie des Schaukelns eine Scheinbeschwichtigung,
eine, wenn auch unzureichende, Spannungsentlastung erfahren kann. Dass sie in der Tat unzureichend ist, zeigt sich im
Stehldrang des Jungen; denn überschießend kommt darin der
Drang, gierig und unangemessen Dinge, meist Essbares, an
sich zu bringen, zum Ausdruck. Hingegen sind die Fähigkeiten, geduldig bei einer Arbeit auszuharren, sich für Neues zu
interessieren und an der richtigen Stelle in angemessener
Weise zu bitten, so unzureichend entwickelt, dass das Leben
des Jungen bald mit Misserfolgen gespickt ist.

Freilich heischt in diesem Zusammenhang noch ein anderes
Phänomen nach Erklärung: Warum bezog sich Peters Gier
schließlich nicht nur auf Objekte aus dem Nahrungsbereich?
Warum musste er schließlich alles haben? Die Bauklötze, die
Bälle, die Spielzeugautos zuerst, warum ließ er schließlich
wahllos die Dinge »mitgehen«, die ihm greifbar erschienen,
warum wurde seine Haltung insgesamt so ansprüchlerisch?
Lässt sich auch hier mit Hilfe der biologischen Gesetze eine
Erklärung finden?

Leerlaufhandlungen

Beim Tier erfolgt die Einschränkung der adäquaten Auswahl
des Triebobjektes zugunsten einer inadäquaten, wenn man es
behindert, das adäquate Triebobjekt zu erreichen, so dass dadurch eine erhöhte Triebspannung und Reizschwellenerniedrigung hervorgerufen wurde. Nach dem Motto: in der Not frisst

der Teufel Fliegen, wird auch ein Kind zunächst weniger wählerisch in der Auswahl der Speisen, kaut schließlich auch an Grashalmen, Streichhölzern und Bleistiften und dehnt seine Erwerbswünsche auch auf Objekte aus, die über den oralen Bereich wahllos hinausgehen. Außerdem haben uns die Verhaltensforscher mit der Beschreibung der »Leerlaufhandlung« einen Schlüssel dafür in die Hand gegeben, dass mit steigendem Triebdruck auch beim Menschen die Triebhandlung an sich immer mehr in den Vordergrund rückt und damit der Realitätsbezug zu adäquaten Objektbeziehungen immer geringfügiger wird.

Konrad Lorenz weist bei seiner Beschreibung des beuteschnappenden Kolkraben auf den Bezug zur Halluzination hin. Gibt es solche Leerlaufhalluzinationen auch beim Menschen in Bezug auf das Nahrungsverhalten? Bei aktiven Triebdurchbrüchen pflegt in diesem Bereich wohl immer ein Rest von Objektbezogenheit erhalten zu bleiben. Eine Handlung dieser Art ist z. B. das Kaugummikauen. Aber es gibt eine Fülle von »überflüssigen« Mundbewegungen, Lippeneinziehen, -vorstülpen und Belecken, die im Grunde Leerlaufhandlungen des Saugtriebs sind. Bei Heimkindern und Zootieren gibt es solche Stereotypien in großer Zahl. Der Endzustand einer solchen sich verselbständigenden Handlungsbereitschaft ist der kleptomane Rückfalldieb und Gewohnheitseinbrecher, dessen Schicksal sich im Teufelskreis schließlich lebenslänglich hinter Gefängnismauern besiegeln kann.

Psychosomatische Symptome

Ergänzend muss noch darauf hingewiesen werden, dass viele der frühen Triebstörungen aus dem Bereich der Nahrungsaufnahme Magenerkrankungen zur Folge haben. Es besteht eine umfängliche Literatur, die nachweist, dass bei Magenkranken die Primärschädigungen im Säuglingsalter erfolgten, in der Art, wie ich sie beschrieb.

»Alle Beobachtungen sprechen dafür«, schreibt Schwidder in seiner Arbeit über die Psychosomatik und Psychotherapie bei Störungen und Erkrankungen des Verdauungstraktes, »dass die Einschränkung der Bedürfnisbefriedigung im ersten Lebensjahr ungünstige Folgen hat.« Und weiter: »Die Appetit-, Hunger- und Essstörungen sind meist die ersten Anzeichen und Signale für neurotische Fehlentwicklung mit Beteiligung des Verdauungstraktes.«[21]

Beobachtungen und Experimente mit Tieren können diese klinischen Erfahrungen stützen. Ader z. B. stellte fest, dass bei Laborratten, die man 48 Stunden ohne Futter und Wasser gelassen und mit einer Gazebinde unbeweglich gemacht hatte, im Vergleich zu einer Kontrollgruppe Organveränderungen nachweisbar waren.

Depressionen

Letztlich soll in diesem Zusammenhang noch einmal erwähnt werden, dass auch der Mensch wie das Tier apathisch-depressiv wird, wenn der orale Trieb zu stark eingeengt ist. In diesem Sinne schreibt auch Schwidder: »Oft sind die nach außen unauffälligen Kinder, die normal-angepasst, still und zurückgezogen sind, viel schwerer gestört, als solche mit lärmenden Symptomen.[22] «

In jenen Fällen aber, in denen der orale Trieb und außerdem der Trieb zur Selbstbehauptung – wie ich später noch aufzeigen werde – behindert und gestaut ist, entsteht eine erhöhte Gefahr zum Selbstmord.

Dazu noch ein Beispiel: Der dreizehnjährige Hartmut wurde als ältester Sohn eines Kaufmanns mit Kaiserschnitt geboren. Er war in seinen ersten beiden Lebensjahren nicht von seinen Eltern getrennt worden. Die Mutter sagte aber wörtlich mit Stolz: »Ich habe ihn von Anfang an viel schreien lassen. Ich war absolut dagegen, ihn zu verwöhnen.« Bis zum zehnten Lebensjahr lebte der Junge bei der Großmutter, weil die Mutter sich scheiden ließ und eine neue Ehe einging.

*Als er zur Mutter zurückkam, zeigte sich, dass er gelegentlich kleine
Geldbeträge entwendete. Er äußerte den Wunsch, Konditor zu werden
– bezeichnenderweise. Er war im Allgemeinen still und gedrückt und
schwänzte ein paar Mal die Schule, was aber erst später herauskam.
Eines Tages nahm er eine so hohe Dosis Schlaftabletten, dass er drei
Tage lang bewusstlos im Krankenhaus lag. Dann wurde er nach einigen Tagen »geheilt« entlassen. Wann wird Hartmut den nächsten Versuch machen, sich leise von dieser Welt »hinwegzustehlen«, die ihm
nichts zu »geben« hatte?*

Es darf nicht unerwähnt bleiben, dass auch die kaum brech-
baren Hungerfeldzüge vieler Mädchen und Frauen als Impulse
zum schleichenden Selbstmord zu verstehen sind. Auch die
Millionen von Magersüchtigen in unserem Land haben als
Hintergrund eine im Säuglingsalter erworbene Störung des
Nahrungstriebes. Sie sind in der Tiefe Ungesättigte mit einem
Riesenhunger, was spätestens im Grundschulalter zu einem
übermäßigen Konsum meist von Süßigkeiten und infolgedessen hier oft zu einem leichten Übergewicht führt. In der Pubertät wird das als eine vernichtende Einbuße des schwankenden
Selbstwertgefühls erlebt. Unter dem Diktat des Schlankheits-
wahns der Mode wird das kompensatorische Viel-Essen blockiert und leitet unter Angst die Perversion der Gefühle ein:
Gewichtsabnahme wird als Erfolg erlebt und verselbständigt
sich zur Sucht, weil das Belohnungszentrum des Gehirns so
ständig neu aktiviert wird.[23] Die orale Depression wird so manifest. 16 Prozent der anorektischen Frauen sterben in
Deutschland vor den Fleischtöpfen Ägyptens den Hungertod.

Auch die Fress-Brech-Sucht (Bulimie) hat in der Mehrzahl
der Fälle diesen Hintergrund. Die pathologisch gewordene Unersättlichkeit und die Furcht vor dem Übergewicht wird hier lediglich mit dem Erbrechen der meist überreichen Nahrungszufuhr, oft in Form von Fressanfällen, begegnet. Das leitet meist
eine jahrzehntelange Abhängigkeit davon ein. Da Untergewicht generell Amenorrhöe, das Versiegen des Monatszyklus

verursacht, ist hier auch einer der Gründe für den existentiell
gefährdenden Geburtenschwund in Deutschland zu sehen.[24]

4. Unterschiede zwischen Menschen und Tieren in Bezug auf den Trieb zur Nahrungsaufnahme

Ein Tier, dessen Triebspannung chronisch nicht gelöst wird,
entwickelt eine Reihe starrer Fehlverhaltensweisen, Stereotypien. Oft verkümmert das Tier und stirbt. Spielen sich hingegen die Instinkthandlungen ungehindert ab, kommt es immer
wieder zu den gleichen Handlungsvollzügen der Nahrungsaufnahme. Hier nun zeigt sich im Vergleich zum Menschen
ein sehr fundamentaler Unterschied: Wird ein Säugling oft
ausreichend und lange genug saugend satt, so erwirbt er eine
generelle Funktionstüchtigkeit, die Fähigkeit, erweiterte Lebensaufgaben anzupacken.

Die sich erweiternde Funktionsfähigkeit beim Menschen

Während bei einer gestörten Triebhandlung der Trieb gestaut
und an das ursprüngliche Triebobjekt starr fixiert wird, so dass
es nur als Folgeerscheinung weiterer Behinderung auf andere
Triebobjekte übergehen kann – wobei alle Handlungen dennoch niemals den Charakter einer übersteigerten oralen Tönung verlieren –, weitet sich die Möglichkeit des gesunden
Säuglings zu einer größeren Funktionsfreiheit aus, die eine
weitere Entfaltung überhaupt erst möglich macht. Das heißt:
die orale Triebfunktion bleibt nicht immer nur an Triebobjekte gebunden, die der Absättigung des Nahrungsbedürfnisses
dienen. Sie kann sich auf andere Objekte richten, die nicht
aus dem Nahrungsbereich stammen.

Es wird später noch zu zeigen sein, wie verschiedene Funktionen zusammenfließen zu neuen Handlungen und höheren
Lernvorgängen, ja, dass sogar voll ausgebildete Funktionsfä-

higkeit ursprünglicher Triebhandlungen als Voraussetzung nötig ist, um solche Lernvorgänge vollziehen zu können. Diese Tatsache macht es aus, dass grundsätzlich die Störungen am Lebensanfang die schwersten sind, weil sie zusätzlich weitere schwerere Behinderungen zur Folge haben.

Hieraus wird auch die Beobachtung verständlich, warum ein Kind, das im Nahrungstrieb gestört ist, auch die späteren Entwicklungsphasen, in denen Triebhandlungen anderer Art zur Entfaltung kommen, nicht ausreichend absolviert. Um in der Sprache der Antriebslehre zu sprechen: Ein oral geschädigtes Kind hat meist auch Behinderungen in weiteren Triebbereichen. Auch Schwidder macht in einer statistischen Studie über den Beginn von Neurosenmanifestationen die Aussage, dass unvermischte Neurosenstrukturen selten sind.[22]

5. Probleme der Therapie

Ist so eine schwere Fehlverhaltensweise, wie z. B. Peter sie zeigt, überhaupt reversibel? Eine Störung des Nahrungstriebes bedeutet immer, dass eine Fülle von Funktionen nicht ausreichend getätigt, dass die Krankheit so alt ist wie der Patient selbst – genauer: einige Tage, Wochen oder Monate jünger. Sie bedeutet, dass der Mensch in einer starren, mechanisch-eingefahrenen Weise falsch reagiert. Jeder Mensch, der je versucht hat, umzulernen – nämlich eine oft geübte mechanisierte Handlung in einer anderen Weise zu vollziehen, wie etwa die Bedienung eines neuen Autos –, weiß, was für ein mühseliges Unterfangen das ist, und zwar dadurch, dass jedes Mal ein kontrollierender, bewusster Denkvorgang in den Umerziehungsprozess eingeschaltet werden muss.

Außerdem gehört es zum Wesen dieser Störung, dass sie mit der Außenwelt, unter Umständen sogar mit dem Gesetzbuch in Konflikt gerät, eine Gegebenheit, die das mühselig begonnene Heilungswerk täglich und stündlich gefährdet. Ja,

wenn man den Kranken wie einen Menschen mit zerbroche-
nen Gliedern in ein Schonbett packen könnte! Aber Störungen dieser Art sind so, dass sie auch dort nur heilen können,
wo sie entstanden sind: mit und an der Auseinandersetzung
mit der Umwelt. Außerdem sind sie langwierig, wie jeder Um-
gewöhnungsprozess. Im Mittelpunkt therapeutischer Bemühungen stehen drei Vorgänge, die sich aus dem Wissen über
die Entstehung der Störungen ableiten:

1. angstfreies Erleben oraler Impulse;
2. Abbau der Abwehr;
3. Üben der Funktion des Zugreifens und Habenwollens,
   falls sie atrophiert oder verdrängt ist, und zwar am besten in Verbindung mit Handlungen der Nahrungsaufnahme. (Deshalb kochen, backen und essen wir häufig
   zusammen mit Kindern, die in dieser Weise ein Defizit
   haben. Dazu brauchen sie auch gar nicht erst genötigt zu
   werden. Oral Beschädigte haben hier ohnehin Präferen-
   zen. Das Hirn, das heißt das limbische System, aktiviert
   Belohnungsgefühle.[23] Das signalisiert die Chance zur
   Selbstheilung und bewirkt die gesteigerte Appetenz des
   Kindes. Bei unzureichendem Nachholen im Kindesalter
   bleibt sie lebenslänglich erhalten und führt häufig dazu,
   dass Berufe im Lebensmittelgewerbe, Bäcker oder Koch
   ergriffen werden, oder – bei elitärer Intellektualisierung
   Ökotrophologie studiert wird.)

Solche therapeutischen Bemühungen des Nachübens und
Nachholens bei Kindern unterscheiden sich in ihrer Zielrich-
tung nicht von therapeutischen Bemühungen mit kranken
Zootieren. Beim Menschen ist nun aber noch ein viertes Mo-
ment für das Gelingen der Therapie entscheidend, und zwar
in einer komplizierteren Weise als bei Tieren. Das liegt daran,
dass wir beim Menschen niemals die Verknüpfung negativer
Gefühlserlebnisse mit den Triebstörungen außer acht lassen
dürfen, ja, dass diese negativen Erlebnisse dominierender als

beim Tier an eine Person geknüpft sind und infolgedessen auch an der Person und durch sie gelöscht werden können.

Ein Beispiel mag das verdeutlichen: Wenn man vor einer Katze eine Klappe herabfallen lässt in dem Augenblick, in dem sie die Nahrung packen will, die hinter der Öffnung des Gefäßes bereit lag, so bekommt die Katze Angst und unterlässt die Handlung, nachdem sie einige Male den Schlag erfahren hat. Der Eindruck solch einer bösen Erfahrung lässt sich nun löschen, indem man das Tier, das allmählich generell bei der Nahrungsaufnahme Furcht zeigt, in einer anderen Umgebung viele Male die Erfahrung machen lässt, dass der ängstigende Reiz unterbleibt.

Allmählich kann man dann auch ähnliche Fütterungsgegebenheiten herstellen wie jene, in der die Katze damals geängstigt wurde. Schließlich können auch der Raum und der Behälter wieder benutzt werden, die früher mit dem ängstigenden Eindruck verknüpft waren. Die negative Erfahrung ist durch eine positive überdeckt, der böse Eindruck dadurch vergessen worden.

Wird nun aber so ein Schlag, der das Tier hindert, sein Triebobjekt – hier die Nahrung – zu erreichen, nicht durch eine Klappe, sondern direkt von einem Menschen ausgeführt, so passiert etwas, das alle Tierhalter kennen, wenn sie das Tier zu oft bestrafen: Es wird handscheu, und zwar nicht nur gegen die eine Person, die strafte, sondern gegen die Spezies. (Hier hat – nebenbei bemerkt – das Phänomen der von Freud entdeckten sog. Übertragung seine Wurzel, die Beobachtung nämlich, dass der neurotische Mensch sich seinem Analytiker gegenüber genauso benimmt – und mit denselben Reaktionen antwortet – wie gegenüber der Person, die die Schädigung einst hervorrief.)

Bei Menschen, die Triebstörungen haben, ist die Verknüpfung von negativen und ängstigenden Gefühlstönungen mit einer Person, die behindernd erlebt wurde, meist in einer bestimmenden Weise ebenso nachweisbar, wie die Generalisationstendenz dieser Vorstellungen. Ja, das ist merkwürdigerweise auch dann der Fall, wenn die Mutter tatsächlich keine Schuld an der Behinderung trägt, wie etwa bei den Sondenkindern. An das Gefühl der Spannung und Unlust knüpft sich die Vorstellung einer behindernden, gefährlichen Mutter, die nicht birgt, sondern die das Kind hungern lässt, im übelsten Fall die unbewusste Vorstellung, dass die Mutter das Kind fressen und vergiften will. Das löst dann häufig scheinbar unmotivierte Aggressionen gegen sie aus.

In diesem Zusammenhang ist es wichtig zu erkennen: Man kann in der Psychotherapie von Kindern im Allgemeinen nicht einfach die Störung »abkonditionieren«. Um das an unserem Fall Peter zu erhellen: Man kann dem Jungen jetzt nicht unentwegt gutes Essen in großen Mengen vorsetzen lassen, am Fließband, durch die Klappe aus der Küche – dann wäre es einfach, mit Hilfe von Verhaltenstherapie viele Kinder gesund zu machen und sie zu der nachholenden Erfahrung kommen zu lassen, dass man in Ruhe sein gutes Essen verzehren darf. Das ist übrigens genau der Effekt, den ein Gasthaus für einen oral geschädigten Menschen hat, und deshalb zieht es ihn auch suchtartig dorthin, ohne in der Tiefe seiner Seele abgesättigt zu werden und damit umzulernen. Denn er bedarf nicht nur der Handlung des Essens, er bedarf nicht nur des Gefühls der Sättigung, er bedarf dazu auch noch der spendenden Person.

Die subtilen Kenntnisse um die biologischen Gesetze der Triebbehinderung, die für den Menschen zum Teil in gleicher Weise gelten wie für das Tier, lassen also keineswegs den Schluss zu, es reiche bei den therapeutischen oder pädagogischen Beeinflussungen von Menschen aus, allein mechanistische Techniken oder Praktiken anzuwenden. Im Gegenteil: Die biologischen Zusammenhänge können uns verdeutlichen, dass der Mensch, um geheilt zu werden, fast immer des Menschen bedarf.

Dieser Gesichtspunkt erhellt auch, warum der Akzent in einer Psychotherapie bei Kindern nicht auf dem Abreagieren am Ersatzobjekt liegen kann. Dieses macht den heilenden Wert nicht aus, es heilt nicht, sondern stellt eine Ersatzbefriedigung her mit allen positiven, aber auch fragwürdigen Aspekten, die ich bereits dargestellt habe.

Das zentrale Geschehen in der Therapie des Menschen ist die wissende, behutsame, aber doch gezielte und sich-selbstspendende Hinwendung des Therapeuten zum Kind. Sie allein ist in der Lage, dazu zu führen, dass es seine falschen Vorstellungen begraben kann und seine Handlungsweise ändert. Diese Haltung des Schenkens im freien Bezug ist eine spezifische Domäne des Menschen, eine Folge seiner Differenziertheit, die über das Tier weit hinausgeht. Sie erst lässt das Kind wahrhaft zum Menschen werden. Die Triebbefriedigung, die auf diese Weise entsteht, hat eine Stimmung der friedvollen Gelassenheit in Bezug auf orale Wünsche zur Folge. Auf diese Weise nur wird die Voraussetzung geschaffen, maßvolle Befriedigung, aber auch Aufschub und Verzicht ertragen und einüben zu können, Leistungen, ohne die eine differenzierte kulturelle Entwicklung nicht möglich ist.

6. Schlussbemerkung

Die Störung des Nahrungstriebes ist die häufigste unter den Triebstörungen, weil sie bereits am Lebensanfang, im frühen Säuglingsalter entstand und der Nahrungstrieb dort seine sensible Phase hat. Dadurch ist er hier also besonders störanfällig. Und zwar hat sie immer ihre Ursache in einem fehlerhaften Vollzug jener Instinkthandlung, in die Mutter und Kind zum Zwecke der Lebenserhaltung des hilflosen Säuglings eingespannt sind.

Diese Fehlerhaftigkeit kann verschiedenartig sein: Sie kann darin bestehen, dass

1. der Säugling über lange Zeit nicht genug Nahrung bekommt, oder dass

2. die Nahrung oft nach zu lang überdehnten Durststrecken angeboten wird, die deshalb für den Säugling unzumutbar sind, weil sie in ihm chronische Existenzängste des Verhungerns mobilisieren.

3. Die Fehlerhaftigkeit jener Instinkthandlung kann auch darauf beruhen, dass das Triebobjekt, hier die Mutterbrust, durch eine Attrappe – hier meist die Flasche – ersetzt wird. Dadurch müssen freilich keineswegs unabwendbar Störungen hervorgerufen werden, aber die Möglichkeiten dazu werden auf verschiedene Weise beträchtlich erhöht.

Es wird ein wesenhafter natürlicher Bezug zwischen Mutter und Säugling künstlich unterbrochen, so dass die gute Mutter-Kind-Beziehung ihrer biologischen Handfestigkeit beraubt ist. Darüber hinaus bietet die Flasche eine Fülle der Fehlerquellen mehr, die zum Einschleifen eines Teufelskreises in der seelischen Entwicklung geeignet ist. Sie erhöht z. B. die Krankheitsgefahr. Damit wohnt ihr mehr die Gefahr einer Hospitalisierung, d. h. einer langfristigen Trennung von Mutter und Säugling inne, die – wie ich noch zeigen werde – in einem bestimmten Zeitraum ebenfalls Schäden vorbereiten kann. Die Flasche kann dem Kind aber auch durch die Art und Weise der Nahrungsübermittlung schaden. Vor allem kann dem Kind die Nahrung mit Hilfe eines zu weiten Flaschensaugers zu mühelos, zu anstrengungslos zugeführt werden. Selbst ein enger Flaschensauger, so hat eine neue Studie erwiesen, nötigt dem Kind nicht die Arbeitsleistung ab, die es beim Gestilltwerden zu vollziehen hat.

Aus der Erfahrung mit Sondenkindern wissen wir, dass in Fällen von Kunsternährung später die Funktion des Zupackens und Sich-Anstrengens unzureichend vorhanden sein kann. Das ist vor allem dadurch erklärbar, dass die Tätigkeit

des Saugens eine wesentliche Funktion hat, die mit zur Triebbefriedigung führt. Werden Saugvorgänge nicht vollzogen,
atrophiert diese Funktion (die entsprechenden Synapsen verwelken, nennen das die Hirnforscher). Deshalb kann sie sich
später nicht so generalisieren, wie das bei natürlicher Befriedigung des Nahrungstriebes in statu nascendi geschieht.

Typische Formen von Triebstörungen im Nahrungsbereich

Die Folgeerscheinungen sind den Anzeichen von Triebbehinderungen bei Tieren zum Teil homolog: Bewegungsunruhe,
Hast und Gier kennzeichnen

1. das diffuse *Appetenzverhalten* höher entwickelter Tiere, die
   extrem hungrig oder durstig sind. Boccia et al beobachteten z. B. bei Schweinmakaken nach einem 24-stündigen
   Wasserentzug an der Tränke ein extremes »Gerangel und
   Geschubse«, ein aggressives Konkurrieren unter Missachtung der Rangfolge, die sonst bei solchen Vorgängen strikt
   eingehalten wird.[25] Jactationen als ein Suchen nach der
   Mutterbrust sind bei Affenbabys beschrieben worden, die
   man ihren Müttern geraubt hat. Das Daumenlutschen ist
   auch bei Affen, die in dieser Weise frustriert sind, die Domäne oraler Ersatzbefriedigung am eigenen Körper. Auch
   das Lutschen und Lecken an fremden Objekten trägt den
   Charakter der Entlastung einer zu hohen Triebspannung.
2. Es treten vermehrt *Befriedigungen am Ersatzobjekt* ein. Sie haben die Neigung, zu einer eingefahrenen Gewohnheit zu
   werden, weil der Triebdruck sich durch den Mangel an echter Befriedigung sehr schnell wieder erneuert. Diese sog.
   Stereotypien haben zwar einen entlastenden, aber keinen
   heilenden Wert, im Gegenteil! Suchtgefahren aller Art im
   Erwachsenenalter können so vorgebahnt werden.
3. Oft kommt es zu *Leerlaufhandlungen*. Für Menschen und
   Tiere gilt gleichermaßen, dass sich die Intention zur Auswahl der Nahrung mit der Reizschwellenerniedrigung

durch den höheren Triebdruck zugunsten einer Gleichgültigkeit einschränkt. Ja, es gibt bei Tieren *Leerlaufhandlungen* des Beuteschnappens, während der Mensch bei extremem Triebstau zu stereotypen Mundbewegungen und im übelsten Fall zum diebischen Übergriff neigt. Außerdem kennen wir sowohl bei Menschen wie bei Tieren die Apathie der Hoffnungslosigkeit.

4. Auch *funktionelle Störungen im körperlichen Bereich* sind nicht selten. Sie entziehen sich zwar innerhalb der Zoologie meist noch der Erforschung; aber beim Menschen dominieren in diesem Triebbereich die Funktionsstörungen der Blase und des Magen-Darm-Traktes. Sie entstehen aber auf verschiedene Weise: Zum Einschleifen eines Bettnässerleidens ist die Stimmung resignierter Apathie Voraussetzung. Die Störungen des Verdauungstraktes sind dagegen meist auf eine inadäquate Sekretion zurückzuführen, die dadurch hervorgerufen wird, dass orale Wünsche nicht gewagt werden und unbewusst bleiben.

5. Spätfolge ist die *depressive Charakterstruktur.*

Insgesamt lässt sich konstatieren, dass die oralen Störungen des Menschen eine ebenso typische wie konsequente Entwicklungsgeschichte haben. Sie führen in die sog. depressive Charakterstruktur, die generell durch die Erschwerung der Fähigkeit, sich anzustrengen und aktiv zu sein, gekennzeichnet ist. Sie kann vom ersten Lebenstag des Menschen an entstehen, bedarf aber – um sich einzuschleifen – vieler wiederholter Behinderungen. Die Möglichkeit, eine solche Beeinträchtigung zu erwerben, nimmt mit der wachsenden Verselbständigung eines Kindes ab, so dass gleichartige Triebstörungen im Erwachsenenalter lediglich in Hungersnöten neu entstehen können.

Störungen im oralen Bereich beim Menschen haben zur Folge, dass auch die folgenden Reifestadien nicht voll befriedigend vollzogen werden, weil die Funktion des Zupackens und Sich-Anstrengens in vielen anderen Lebensvollzügen, die von der Nahrungsaufnahme abgelöst sind, ebenfalls benötigt wird.

In der kinderpsychotherapeutischen Praxis hat der größere Teil der vorgestellten Kinder eine Störung des Nahrungstriebes mit ihren vielfältigen, im Allgemeinen aber höchst anstößigen Fehlverhaltensweisen. Es darf vermutet werden, dass das Ansteigen der Diebstahlsdelikte sowie die epidemische Zunahme der Süchte – der Alkohol- und Rauschgiftabhängigkeit ebenso wie die Fress-, Kauf-, Nikotin- und Spielautomatensucht – ihre primäre Ursache darin haben, dass Triebstörungen dieser Art in der oben beschriebenen Weise leider immer noch häufig entstehen, weil der Umgang mit den Neugeborenen in den zivilisierten Ländern denaturiert ist und in der Bevölkerung kein Bewusstsein über die Unabdingbarkeit der natürlichen Bedürfnisbefriedigung des Neugeborenen existiert. Es ist aber zu hoffen, dass die Hirnforschung mit ihrer Erkenntnis über die hochgradige Bedeutung der Säuglingszeit helfen kann, dieses Informationsdefizit zu beseitigen.

Erste Vorstöße haben (außer der bereits erwähnten Forschergruppe an der Universität Magdeburg ebenfalls an Ratten) Bruce McEwen von der Rockefeller University und Michael Meaney von der McGill University in Montreal gemacht. Meaney konnte nachweisen, dass die Stressresistenz der neugeborenen Tiere sehr niedrig ist und dass dieser Pegel fortgesetzt erhalten bleibt, wenn man die Tierbabys isoliert. Nur wenn man sie bei dem nahrungspendenden Muttertier belässt, pendeln sich die Stressmerkmale wieder auf ein normales Maß ein. Noch im Erwachsenenalter erweisen sich die in natürlicher Weise gehaltenen Jungtiere als wesentlich weniger stressanfällig im Gegensatz zu den an ihrem Lebensanfang isolierten Tiere.[25)] Bruce McEwen hat in jüngster Zeit diese Erkenntnisse weiter geführt, indem er sie sogar in Beziehung zu den Depressionen gesetzt hat, die auch in den USA in den vergangenen Jahrzehnten eine epidemische Zunahme erfahren haben: Stress, wie er durch unnatürlichen Umgang mit den Neugeborenen nicht abgebaut wird, blockiere eben auch beim Menschen diejenigen Rezeptoren, die im Hippocampus normalerweise neue Neurozellen bilden, lasse dort viele Neurone schrumpfen und begünstige durch das auf diese Weise entstehende Ungleichgewicht der Hirnsysteme die Manifestation von Depressionen.[26]

Dem fügt sich ein, was Judy Cammeron und ihre Kollegen von der University Pittsburgh kürzlich auf einer Tagung der Society for Neuroscience in San Diego berichteten: Sie trennten verschiedene Gruppen junger Affen jeweils eine Woche, einen Monat und sechs Monate nach der Geburt von ihren Müttern. Die von der Mutter bereits nach einem Monat getrennten Tiere zeigten im Erwachsenenalter ein auffälliges Sozialverhalten. Sie isolierten sich selbst und waren aggressiv. Bei den beiden später getrennten Affen war diese Verhaltensauffälligkeit später deutlich geringer.[27]

Zwar bestätigt dieses letzte Forschungsergebnis die längst bekannten Studien des Affenforschers Harlow, der die Bindungsforschung einleitete. Sie soll im folgenden Kapitel referiert werden. Im Zusammenhang mit der Konstituierung des Nahrungstriebes unmittelbar nach der Geburt und dem besonders hier liegenden »Zeitfenster« für die Ausbildung einer depressiven Charakterstruktur im Erwachsenenalter, sind diese Forschungsansätze von erheblicher Relevanz – beruht die chronisch werdende erhöhte Anfälligkeit für Stress und damit eine chronische, am Lebensanfang erworbene geringere Belastbarkeit doch nicht am Körperkontakt mit der Mutter allein, sondern auch daran, dass die Jungtiere ohne ihre natürliche Nahrungsspenderin tödlicher Lebensbedrohung ausgesetzt wären.[28]

Epidemische Beeinträchtigungen als Folge der Denaturierung

Die Denaturierung der Menschen in den zivilisierten Ländern bei ihrem Umgang mit den Neugeborenen und die Unwissenheit meist auch der entsprechenden Fachleute über die Wichtigkeit der Herstellung oder der möglichst raschen Wiederherstellung des natürlichen Vorgangs der Nahrungsaufnahme im ersten Lebensjahr, hat die neurotische Depression millionenfach vermehrt und sie weltweit zur häufigsten seelischen Erkrankung werden lassen. Zwar ist seit kurzem – besonders durch den Einfluss der Hirnforschung – einsichtig geworden, dass eine der wichtigsten Voraussetzungen zur Gewinnung einer stabilen seelischen Gesundheit im Jugend- und Erwachsenenalter darin besteht, dass ein Kind im ersten halben Jahr voll und zwar nach Bedarf gestillt wird und erst nach den folgenden 12 Monaten der Stillvorgang in natürlicher Weise zum Versiegen gebracht wird. Es bedarf keines Nachdenkens, dass deshalb die tägliche volle Anwesenheit der Mutter bis zum Beginn des 3. Lebensjahres bei ihrem Kind schon allein aus diesem gewichtigen Grund für alle verantwortungsbewussten Eltern obligatorisch sein müsste. Und in Anbetracht der Tatsache, dass gesellschaftliche Gedeihlichkeit hier eine Hauptwurzel hat, sollten auch die Gesundheits- und Sozialsysteme der Staaten so greifen, dass diese wichtigen Vorbedingungen realisiert werden könnten.

V. Der Bindungstrieb und seine Störungen

Hospitalschäden

Kinder, die die ersten Lebensjahre in einem Heim verbrachten, zeigen merkwürdig gleichartige Verhaltensweisen: Sie sind gekennzeichnet durch eine planlos-fluktuierende Unkonzentriertheit, durch ein unmotiviertes Aggressivsein, durch ein Unvermögen, genau zu beobachten. Berührungs-, Frage- und Zerstörungsdränge stehen im Vordergrund. Aber diese Impulse sind von einer diffusen, hastigen Flüchtigkeit, von einem Überrennen charakterisiert. Kommen Heimkinder zur Untersuchung, so fragen viele von ihnen in den verschiedensten Altersgruppen fortgesetzt: »Was ist das? « Aber die Antwort bleibt unfruchtbar für sie, weil sie mit dem neuen Wortsymbol nicht zu dem erfragten Gegenstand zurückkehren und es in beschaulicher Betrachtung mit ihm verbinden. Meist haben sie in einer überhasteten, taktlosen Weise bereits neue Schubläden aufgerissen. Die Möglichkeit zu einer beschaulichen Beobachtung, zum Erforschen, zum gründlichen Betrachten und damit zum Lernen steht vielen dieser Kinder nicht zur Verfügung.

Unübersehbar werden bei solcher Vorgeschichte auch meist die intellektuellen Schwierigkeiten der Kinder bereits vom ersten Schultag an. Die amerikanische Hirnforschung hat diese Beobachtung durch eine markante Studie unterlegt: O'Connor und Rutter gelang es, Computertomographien von Kindern aus rumänischen Waisenhäusern herzustellen und mit Hirnen von gleichaltrigen Kindern zu vergleichen, die ihre erste Lebenszeit in der Familie verbracht hatten. Der Entwicklungsrückstand der Waisenkinder wurde so in einer eklatanten Weise sichtbar.[1] *(s. Abb. 3 und 4)*

Die Fehlverhaltensweisen von Heimkindern treten umso charakteristischer in Erscheinung, je länger solche Kinder während ihrer ersten beiden Lebensjahre von verschiedenen und häufig wechselnden Bezugspersonen versorgt worden sind, also auch bei Kindern, die in Krankenhäusern waren, die von ihren Müttern vernachlässigt oder aus irgendwelchen Gründen in ihrer frühen Kindheit »herumgereicht« wurden.

Ein charakteristisches Beispiel soll diese Zusammenhänge veranschaulichen: Jürgen ist unmittelbar nach seiner Geburt zusammen mit seinen beiden älteren Schwestern, mit der zweijährigen Ursula und der dreijährigen Sabine, von der Mutter in ein Säuglingsheim gegeben worden, weil die Ehe der Mutter zerbrach und sie sich eine neue Existenz aufbauen wollte. Nach ihrer Kleinkinderzeit wechselten die Geschwister in ein Heim für ältere Kinder über. Ich habe diese drei Kinder untersucht, als sie acht, zehn und elf Jahre alt waren. Es zeigte sich, dass die Schwestern wesentlich geringfügigere Verhaltensstörungen hatten als ihr Bruder.

Als der Junge acht Jahre alt war, schrieb die Heimleiterin folgenden Bericht: »Das Kind Jürgen P. wurde im Herbst aus der Hauptschule M. ausgeschult, weil die Leistungen sehr schlecht sind. Er stört fortgesetzt und stellt die komischsten Dinge an. Da er groß und sehr kräftig ist, aber auch feige, belästigt er sehr die schwächeren und kleineren Kinder. Der weite Schulweg hat für dieses unberechenbare Kind viele Gefahren. Das Üben der Hausaufgaben ist derart schwierig, dass wir oft vergeblich mit dem Kind üben. Jürgen kann sich überhaupt nicht beschäftigen, nichts interessiert ihn, aber desto mehr zerstört und zankt er. Besonders bemerkenswert ist die krankhafte Nervosität Jürgens, die ihn auch nachts nicht ruhig schlafen, sondern viel singen und schaukeln lässt. «

Drei charakteristische Merkmale werden bei Kindern, die in solcher Weise gestört sind, immer wieder beobachtet: Erstens das Unvermögen, sich für einen Lernstoff zu interessieren, zweitens überschießende, wuchernde, unmotivierte Aggressionen und drittens ein Unvermögen, sich an eine Ordnung zu halten, sich zu binden. Ich hoffe, im Vergleich mit Tierexperimenten später hinreichend deutlich zu machen, inwiefern der Erwerb solcher traurigen und gefährlich-negativen Charaktereigenschaften auf der Störung des Triebes beruht, dessen Ent-

faltung für den Menschen von entscheidender Wichtigkeit ist:
Der Bindungstrieb.

Ein weiterer Heimbericht über den elfjährigen Jochen, der
seit seiner Geburt im Heim ist, mag das eben Gesagte erhärten:
»*Jochen besucht die vierte Klasse der Sonderschule*«, schreibt die
Heimleiterin. »*Die Anforderungen dort sind für ihn viel zu hoch. Mit
den Aufgaben in Deutsch kann er überhaupt nichts anfangen, dann
weint er vor Angst, nachsitzen zu müssen, und wird aus dieser inneren
Unsicherheit heraus ein immer schwierigeres Kind. Periodenweise
bricht es dann bei ihm durch. In dieser Zeit schlägt er bei der geringsten
Kleinigkeit blindlings um sich. Oft fließt Blut, so richtet er andere Kinder zu, was mit zunehmender Körperkraft eine echte Gefahr wird.*«

Jochen leidet an den Folgen des Heimaufenthalts in seiner
Säuglingszeit. Er hat einen Hospitalschaden. Über den Hospitalismus liegt, vor allem aus den letzten Jahren, ein umfängli-
ches Untersuchungsmaterial vor. Freilich sind die Autoren
meist Engländer, Amerikaner und neuerdings Tschechen. Auf
deutschem Boden ist der Hospitalismus vor allem von A.
Dührssen in ihrer Untersuchung »Heimkinder und Pflegekinder in ihrer Entwicklung« mit statistischem Material untersucht worden. Dennoch sind Heimschäden in Deutschland
immer noch nicht hinreichend bekannt, vor allen Dingen in
Bezug auf seine Folgen. Annemarie Dührssen schreibt:

»Es ist eine Feststellung der erfahrenen Kinderärzte aller
Länder, dass ein Säugling, der in hygienisch einwandfreier,
aber gefühlsmäßig kalter Umgebung aufwächst, nicht richtig
gedeiht. Immer wieder ist dabei das Verhalten eines Säuglings,
der plötzlich von der Mutter getrennt und ins Hospital versetzt wird, mit dem Zustand der Depression beim Erwachsenen verglichen worden. Das Kind wird matt, lahm und gedrückt, es antwortet nicht mehr auf ein Lächeln oder einen
zärtlichen Laut, die Spontaneität sinkt herab und der Ent-
wicklungsquotient fällt rapide. Körperliche Erkrankungen,
insbesondere Dyspepsien, werden häufig. *(s. Abb. 5)*

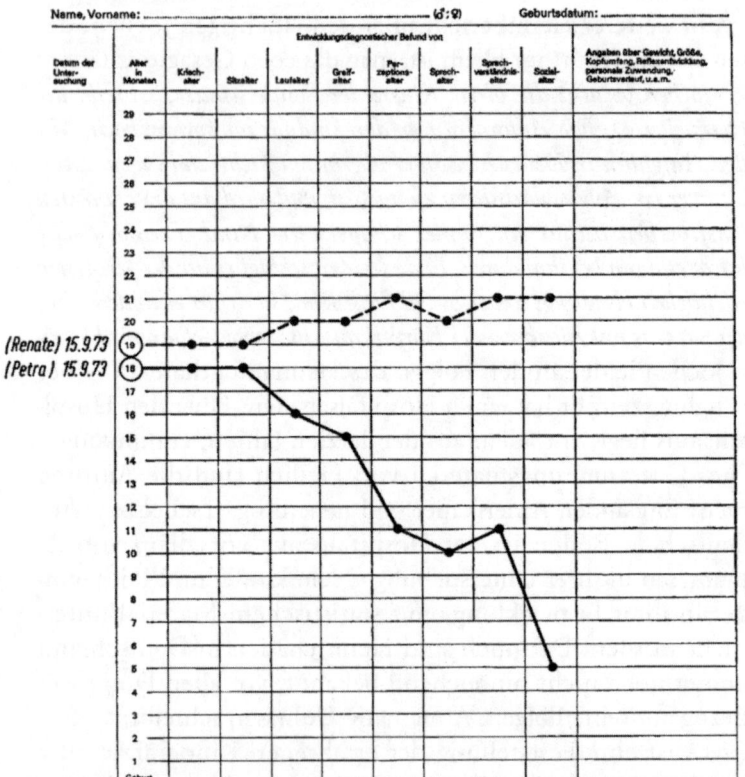

*Abb. 5: Unterschiedliche Entwicklung eines gesunden Familienkindes und eines »gesunden«
Kindes aus der Massenpflege, gemessen mit Hilfe der »Funktionellen Entwicklungsdiagnos-
tik« von Hellbrügge u. Mitarb.*

*Im Alter von 19 Monaten liegt das in der Familie aufgewachsene Kind Renate in allen
psychomotorischen Funktionsbereichen auf bzw. über der Altersnorm. Die Altersnorm ist
dadurch gekennzeichnet, dass ein bestimmtes Verhalten bei mindestens 90% gesunder Kinder in einem bestimmten Alter beobachtet wurde. – Siehe dazu: Fortschritte der Sozialpädiatrie, Bd. 3).*

*Demgegenüber weist das ebenfalls organisch und neurologisch gesunde, 18 Monate alte
Kind Petra eine schweres Deprivationssyndrom auf. Es hat im Lauf- und Greifalter, noch
mehr im Perzeptions-, Sprech- und Sprachverständnisalter, besonders aber im Sozialalter einen schweren Entwicklungsrückstand.*

Aus: Fortschrittte der Sozialpädiatrie, Bd. 2 (Hrsg.: Hellbrügge, Th., S. 212).

Aus sorgfältigen Studien, die die Entwicklung jener Kinder weiter verfolgten, die in sehr früher Zeit in diesem Sinne gestört
wurden, hat sich ergeben, dass nur mit Mühe so gesetzte Ent-
wicklungsschäden repariert werden können. Man meint sogar,
dass eine Entwicklungsstörung, die in früher Zeit für mehr als
zwölf Monate wirksam war, fast überhaupt nicht mehr voll aus-
geglichen werden könne. Adoptiveltern, die so geschädigte Kinder zur Adoption erhalten, klagen oft, dass sie keinen Zugang
erhalten zum Erleben des kleinen Wesens. Die Kinder werden
kontaktarm, kontaktscheu, evtl. sogar gemütlos. Ihr Verhalten
zeigt Lücken der Gefühlsbewegtheit und ihre Kontaktnahme
macht den Eindruck eines oberflächlichen Scheinkontaktes, der
auf den Partner uneinfühlbar und unverständlich wirkt.

Was anderen Kindern Freude macht, scheint den so gestörten Kindern kaum etwas zu bedeuten. Der lebhafte Reichtum
von Wünschen und Plänen, der sonst ein Kinderleben auszeichnet, scheint hier zu fehlen. Der Aufforderungscharakter
der Welt ist herabgesetzt. Sofern es möglich ist, den Entwick-
lungsgang eines Kindes mit solcher Vorgeschichte bis ins spätere Erwachsenenalter hinein zu verfolgen und den dann heran-
reifenden Erwachsenen über sein eigenes Erleben zu befragen,
so bieten sich hier die typischen zugehörigen Berichte an. Solche Menschen erleben die umgebende Welt zwar formal und
hinsichtlich der sinnlichen Wahrnehmungen ebenso wie der
nicht-neurotische Nachbar, aber dem Sinneseindruck fehlt der
volle, warme, bewegende, auffordernde Bedeutungsgehalt
oder – wenn überhaupt – ist er mit negativen Gefühlstönen
besetzt. Insbesondere macht sich das bemerkbar beim effekti-
ven zwischenmenschlichen Kontakt. Auch der Erwachsene
bietet genau wie in seiner kindlichen Entwicklungsperiode ein
sonderbares, uneinfühlbares Verhalten. Er wird sprunghaft,
fremdartig, er ist abweisend, wo ein anderer sich freundlich
gibt. Er verhält sich kalt und scheinbar gefühllos, wo warme
menschliche Zugewandtheit erwartet wird.

Für diese Kinder ist die Welt der Gegenstände eher beunruhigend oder scheinbar bedeutungsleer und gleichgültig. Kinder dieser Art können unter Umständen deshalb nicht spielen, weil die Gegenstände, die sich vor ihnen ausbreiten, ihnen nichts bedeuten. Im Verhalten wirken sie oft genug lahm, langweilig und einfallslos. Oft sind sie ganz isoliert und nur mit besonderer Erregung an einen schmalen Sektor der Betätigung fixiert, der für sie aus den vielen Möglichkeiten der Betätigungen noch ausgespart blieb. Sie werden nicht nur wegen ihrer zwischenmenschlichen Schwierigkeiten zum Einzelgänger und Eigenbrötler, sondern sie werden es auch, weil sie ihre isolierten sachlichen Interessen in kaum einzufühlender Weise, abgekapselt von anderen pflegen und keine Möglichkeit haben, die sachlichen Interessen anderer Kinder zu teilen.«[2]

Dass Annemarie Dührssen Recht hat, wenn sie nicht nur die ererbten Anlagen, sondern zu einem hohen Teil auch einen Umwelteinfluss für diese Verhaltensstörungen verantwortlich macht, hat sich in den letzten Jahren durch zahlreiche Kaspar-Hauser-Versuche mit Tieren bestätigt. Wie kürzlich erneut eine Studie der Universität Pittsburgh belegt, (s. S. 86 f) bekommen auch die kleinen Affen einen ähnlichen Charakter und sehr ähnliche Stereotypien, wie wir sie eben bei jenen hospitalisierten Kindern beschrieben.

Es bedarf nun zunächst wieder einiger theoretischer Vorbemerkungen, die die Frage klären sollen, was für eine – jenen Kindern und Tieren gemeinsame – Triebstörung in diesen Fällen vorliegen mag.

1. Über die Struktur der Mutter-Kind-Bindung

Wir hatten festgestellt, dass es ein typisches Charakteristikum jener Kinder mit einem Hospitalschaden ist, dass sie nicht die Gegenstände mit ruhigem Interesse anzuschauen, zu erfassen und wieder zu erkennen vermögen. Später zeigt sich, dass die Kinder keine Bindung an andere Menschen haben und zudem ihre Aggressionen nicht steuern können. Das alles geschieht außerordentlich gehäuft dann, wenn ein Kind bis zu seinem 18. Lebensmonat nicht von derselben Pflegerin versorgt wird.

Nachfolgeprägung

An dieser Stelle des Berichtens drängt sich bei nachdenklichen Beobachtern immer wieder die Parallele zu einer von den Verhaltensforschern gemachten Entdeckung auf: die Nachfolgeprägung bei den jungen Nestflüchtern. Jene Vögel haben kurz nach ihrer Geburt eine Phase, in der sie den Pflegenden, der sie versorgt, erkennen. Das führt dazu, dass sie sich an diese Person »binden«, dass sie ihr nachfolgen, erwarten, von ihr versorgt zu werden, zu ihr schutzsuchend zurückfliehen, wenn sie sich bedroht fühlen. Ja, dieser Vorgang des Erkennens bewirkt gleichzeitig die Fähigkeit des individuellen Unterscheidens: Unter ähnlich aussehenden Artgenossen kann die kleine Ente die richtige Mutter wieder erkennen.

Dieser Erwerbsvorgang einer Objektbeziehung – denn dass es sich um einen solchen handelt, kann man daran erkennen, dass man eine junge Ente in der sensiblen Phase für Nachfolgeprägung zum Beispiel auf den Menschen fehlprägen kann –, dieser Vorgang, seine Mutter zu erkennen, hat den biologischen Sinn, das Aufwachsen der noch unselbständigen Enten zu garantieren. Gleichzeitig erhöhen sich die Überlebenschancen eines solchen Tieres dadurch, dass es sich auch an einen anderen Brutpfleger zu binden vermag, wenn der statt der biologischen Mutter zur rechten Zeit, und das heißt innerhalb der Prägungsphase für Bindung in Erscheinung tritt.

Diese Nachfolgeprägung geschieht bei Tieren immer dann, wenn jene wahrnehmenden Sinnes-Rezeptoren im Hirn zur Funktionsfähigkeit gereift sind, durch die das Erkennen erfolgt, bei den Vögeln vornehmlich die Seh- und Hörfunktionen. Bei den Säugern treten dabei häufig die Geruchsfunktionen in den Vordergrund. In einem endogen vorbereiteten Entwicklungsstadium tritt der Trieb also – bei fast allen mehr oder weniger hilflos zur Welt kommenden Tieren – unmittelbar nach der Geburt in Funktion. Er ist darauf gerichtet, den Brutpfleger zu erkennen, um sich schutzsuchend an ihn binden zu können.

Viele Untersucher in den letzten Jahrzehnten bestätigen, dass das auch bei Säuglingen der Fall ist. Ich selbst erinnere mich noch sehr genau, wie sich dieser erste Lernschritt bei meinen eigenen Kindern vollzog. Etwa im Alter von sechs Wochen begannen sie zunehmend mehr, mich »ins Auge zu fassen«, wenn ich stillte, vor allem gegen Ende der Nahrungsaufnahme, wenn sie schon satter waren und der Impetus zu saugen nachließ. Dann eines Tages kam jener – für eine Mutter tiefbeglückende – Augenblick, dass die Kinder, typischerweise nach dem Stillen und aus diesem großäugigen Anschauen heraus, zum ersten Mal lächelten.

René Spitz schreibt: »Lange bevor der Säugling sein Lieblingsspielzeug unter anderen heraussuchen oder auch wieder erkennen kann, ist er fähig, eine Auswahl unter Menschen zu treffen, Menschen wieder zu erkennen. Der erste solche Mensch ist begreiflicherweise die Mutter.«[3]

Die neue Hirnforschung hat uns nun auch noch zu der Erkenntnis geführt, warum der Bindungstrieb über das Anschauen des Gesichts ebenfalls so früh und intensiv ansetzt: Es soll gleichzeitig das Erlernen der Sprache vorbereitet werden. Und auch das ist zunächst unmittelbar an die Mutter gebunden; denn der Mensch lernt das Sprechen bereits viel früher, als wir bisher dachten. Die Melodie der Sprache der Mutter nimmt das Kind bereits im Mutterleib wahr. Ihre Stimme dringt durch das Fruchtwasser an das Ohr des Ungeborenen. Weil es die Sprache der Mutter bereits kennt, ist das Kind nach der Geburt auch durch die Mutter am besten zu beruhigen. Ja, mehr noch: Für diese helle Frauenstimme ist das Hirn am meisten empfänglich.[4] Sprechen – besonders der Mutter – lässt die Synapsen milliardenfach sprießen, wodurch vorbereitet wird, dass das Kind vom 2. Lebensjahr ab sich in der Muttersprache zu artikulieren beginnt. Sprachfähigkeit ist dem Menschen angeboren, weiß Lise Eliot, aber seine persönliche Sprechweise ist weitgehend ein Ergebnis der Erfahrung. Das heißt: Im Gehirn des Säuglings wird das Erlernen der Muttersprache vorrangig durch den Kontakt mit seiner ihm vom Lebensanfang an bereits vertrauten Mutter anberaumt. Auch zu diesem Zweck – außer zum Schutz- und Sicherheitfinden – band er sich mithilfe des Bindungstriebes an sie. »Frühe Konfrontation mit Sprache und frühe Sprachpraxis sind notwendig, nicht nur um eine bestimmte, sondern um überhaupt Sprache zu erlernen. Kinder, die mit keiner Sprache in Berührung kommen, werden, falls die Deprivation lange genug anhält, letztlich sogar unfähig, Sprache zu erlernen,« so Lise Eliot.[5]

Interessanterweise schildern die Untersucher von hospitalisierten Kindern, dass diese Säuglinge weniger lächeln und weniger vokalisieren.

Bindung als Triebvorgang?

Es ist im Zusammenhang mit unserer Fragestellung wichtig, darauf hinzuweisen, dass bereits Schultz-Hencke den Bindungsvorgängen Antriebscharakter zumaß und dieses sog. intentionale Antriebserlebnis gleichwertig neben jene zum Teil schon geschilderten Antriebsbereiche stellte und beschrieb.

Das war deswegen möglich und berechtigt, weil sich gezeigt hatte, dass Hemmungen in diesem Triebbereich ebenfalls zu neurotischen Fehlentwicklungen führen, die zwar spezielle, charakteristische Erscheinungsbilder zeigten – eben jene bereits erwähnten schizoiden Charakterzüge –, bei denen sich aber dennoch die gleichen Grundvorgänge nachweisen ließen wie bei den Störungen in anderen Antriebsbereichen. (Heute spricht man im Fachbereich eher von »Borderline-Symptomatik«).

Der Vergleich mit Störungen bei Jungtieren, die, wie der Mensch, zunächst auf Brutpflege angewiesen sind, macht deutlich, dass es berechtigt ist, in diesem Zusammenhang von einem Triebgeschehen und Triebstörungen zu sprechen. Denn die Störungen dieses Dranges vollziehen sich, wie ich noch ausführlich darlegen werde, nach den Gesetzen der Triebbehinderung, wie sie eingangs geschildert wurden.

Handelt es sich nun bei jenen primären Vorgängen, in denen dieser Trieb sowohl bei Menschen als auch bei Jungtieren zum ersten Male in Erscheinung tritt, um eine Instinkthandlung?

Die Lorenz-Experimente

Konrad Lorenz sagt über die Natur des Prägungsvorgangs zum Nachfolgen bei Jungvögeln:

»Bei sehr vielen auf den Artgenossen gerichteten instinktmäßigen Verhaltensweisen ist zwar die Motorik, nicht aber die Kenntnis des Objektes der Handlung angeboren. Die auf den Artgenossen gemünzte, objektlos angeborene Verhaltensweise fixiert sich zu einer ganz bestimmten Zeit, in einem ganz bestimmten Entwicklungsstadium des Jungvogels an ein Objekt seiner Umgebung. Diese Festlegung des Objektes kann Hand in Hand mit dem motorischen Erwachen der Triebhandlung erfolgen, kann ihm aber auch Monate, selbst Jahre vorausgehen.«[6]

Dieser Prägungsvorgang zum Nachfolgen ist so kurz, so argumentiert Lorenz weiter, dass er mit einem Lernvorgang nicht gleichgesetzt werden kann. Das heißt also: Beim Entstehen der Nachfolgereaktion ist in den Vorgang einer Instinkthandlung ein blitzartiges Erkennen der richtigen Mutter eingeschaltet, das später nicht mehr umlernbar ist. Es wird ein Umweltbezug erworben, der in dem Augenblick, wo er erreicht ist, so starr wird wie ein unveränderbarer, angeborener Instinktmechanismus.

Diese Art, seinen Brutpfleger zu erkennen, ist bei jungen Enten offenbar anders als bei menschlichen Säuglingen. Bei den Jungvögeln ist in das Instinktgeschehen ein blitzartiger Prägungsvorgang eingeschaltet. Für den Menschen sind vor allem die Bemühungen von John Bowlby durch neue Ergebnisse der Hirnforscher differenziert worden. Danach scheint beim Menschen zwar das Erfassen der leiblichen Mutter und das Unterscheiden ihrer Nähe von anderen Personen ebenfalls wie ein Prägungsvorgang unmittelbar nach der Geburt zu geschehen, wobei ihm das Wiedererkennen der mütterlichen Stimme und sein bereits vollentwickelter Geruchssinn vermutlich behilflich sind. Aber der Vorgang einer festen Bindung an sie scheint sich erst in den folgenden Monaten zu vollenden. Im zweiten Lebensmonat fassen Säuglinge einzelne Objekte – bevorzugt das Gesicht der Mutter – wie mit einer Art »Zwangsstarre« ins Auge, das heißt, sie fixieren das Gesicht so lang anhaltend, als käme alles darauf an, es sich für alle Zeiten einzuprägen. Und sie erwidern vor allem das Wiedererscheinen der Mutter – bald aber auch anderer Personen, die ihm lächelnd das Gesicht präsentieren – spätestens mit einem Lächeln, nachdem sich das binokulare Sehen ausgebildet hat.

Überhaupt bestätigen alle Forscher die Vorliebe von Babys für Gesichter. Lise Eliot schreibt: »Diese Präferenz ist entwicklungsgeschichtlich sinnvoll, denn sie bedeutet, dass Neugeborene von Natur aus die Neigung haben, sich ihren Müttern zuzuwenden, wodurch sich die gegenseitige Bindung verstärkt. Einmonatige Babys ziehen nach wie vor das Gesicht der Mutter dem einer fremden Frau vor.«[7]

Dass sich die Bindung des Säuglings während dessen erstem Lebensjahr verfeinert, ja, dass sich sogar – je nach seinen Erfahrungen mit der Mutter eine unterschiedliche Qualität der Bindung entwickelt – ist vor allem der Forschungsarbeit des Psychologenpaares Klaus und Karin Grossmann vorbehalten geblieben.[8]

Der Bindungsvorgang im Vergleich

Die Bilanz heißt: Beide – Jungtier und Säugling – werden zunächst vermutlich endogen getrieben, nach dem Pfleger »auszuschauen« und ihn herbeizurufen. Nur in der Prägungsphase ruft der schrille Schrei des Jungen das Meerschweinchen herbei.[9] Auch das Schreien des Säuglings hat die Funktion, die Mutter herbeizurufen. Sein Lächeln ist ein Reiz, um bei der Mutter Zärtlichkeit und Körperkontakt mit ihm auszulösen. Ja, bereits die Forschungsergebnisse von Spitz sagten aus, dass bestimmte Merkmale, nämlich eine frontal anblickende Gestalt, an der Stirn- und Augenpartie sichtbar sind und die sich bewegt, als ein angeborener Auslösemechanismus wirken, um beim vier bis acht Wochen alten Säugling die Gebärde des Lächelns hervorzurufen. Ein solcher Anblick wirkt offenbar bereits von Geburt an als Reiz, um die zielgerichtete Appetenz auszulösen,[10] das Gesicht – trotz des noch unzureichenden Gesichtssinns – fest ins Auge zu fassen.

Bei Jungvögeln erfolgt die Bindung jetzt schlagartig durch jenen »Prägungsvorgang«.[11] Beim Menschen durchläuft dieser Vorgang entsprechend der geradezu aufplatzenden Zahl der Synapsen während der Hirnentwicklung weitere differenzierende Phasen. Dieser variablere Vorgang beim Menschen hat zur Folge, dass er nicht so starr und irreversibel festgelegt wird wie beim Jungvogel. Das Kind kann also immer noch wieder umlernen. Es ist nicht dem Untergang so sicher geweiht wie viele

Jungtiere, die natürlicherweise keineswegs von anderen Müttern adoptiert werden, wenn ihnen die leibliche Mutter abhanden kam. Die größere Offenheit im Bindungsgeschehen des Menschen mag infolgedessen einem mutterlosen Säugling wesentlich öfter das Überleben ermöglicht haben, indem sich fremde Mütter, Ammen und (in früheren Zeiten) noch stillende Großmütter des mutterlosen Säuglings erbarmten.

Andererseits sind dadurch, wie auch durch die Verknüpfung mit positiven oder negativen Gefühlstönungen bei diesen Vorgängen des Kennenlernens im Kindesalter größere Störungsmöglichkeiten gegeben. Wenn z. B. die Pflegerin in der Beziehung zu einem Säugling nicht spricht, nicht lächelt, nicht zärtlich ist, nicht gleichzeitig als die gute Spendende, die Sattmachende erlebt wird, kann das Kind – nach der Theorie der Antriebslehre – das Anschauen, ja selbst das Lächeln angstvoll verdrängen und dadurch quasi verlernen. Es kann aber auch der Fall eintreten, dass durch die große Zahl und Verschiedenheit der Pflegenden ein echtes Erkennen gar nicht zustande kommt. Nicht selten lässt sich ein solcher Zusammenhang bei Borderline-Fällen, bzw. bei schizoiden Fehlhaltungen erkennen, denen es unmöglich ist, sich etwas genau und interessiert anzuschauen. Die Anamnese deckt dann nicht selten ein oft langjähriges Heimschicksal vom ersten Lebensjahr ab auf.

Die Gefahr einer tief greifenden, kaum wieder löschbaren seelischen Beschädigung kann gar nicht hoch genug eingeschätzt werden, wenn durch das Fluktuieren der das Kind pflegenden Personen monatelang eine Bindungsmöglichkeit für das Kind von Anfang an unterbunden wird. Die rumänischen Heimkinder und die tschechischen Krippenkinder haben der Hirnforschung hier zu tief erschreckenden Einsichten verhelfen können. Darauf soll am Ende dieses Kapitel noch ausführlich hingewiesen werden.[12]

Bei Mutterkindern, die diese Schau-, Unterscheidungs- und Orientierungsstörungen haben, kann man in der Psychotherapie meist ein schweres angstbesetztes Mutterbild finden, das in den Träumen häufig als verfolgende Kuh auftritt, so schreck-erregend, dass einem davor wohl das »Hören und Sehen« und vielleicht auch das Lächeln vergehen kann. (Dabei können diese Frauen in Wirklichkeit bemühte Mütter sein: Die ange-borene Sensibilität des Kindes kann evtl. bereits eine schwere Geburt, orale Frustrationen, Krankenhausaufenthalte oder ähnliche Stress-Situationen nicht ertragen haben, so dass auf diese Weise eine angstbesetzte Mutter-Ablehnung heraufbe-schworen wurde. Es wäre denkbar, dass solche Vorgänge auch bei der Entstehung des frühkindlichen Autismus mit im Spiel sind.)

Übereinstimmend weisen die Untersucher, die sich mit Hospitalschäden bei Kindern befasst haben,[13] darauf hin, dass die Prozesse des ersten Kennen- und Unterscheidenler-nens auch beim Menschen nur in einer begrenzten Zeitspan-ne erfolgen. Gray nennt sie direkt die »Prägungsperiode« und meint, dass sie gegen Ende der Säuglingszeit mit der sog. Furchtperiode, in der das Kind zu fremdeln beginnt, ihren Ausklang findet.[14]

Eine ähnliche Einteilung in Stadien der Mutter-Kind-Ver-hältnisse macht auch bereits Harlow nach seinen Untersu-chungen mit Rhesusaffen. Nach den ersten fünfzehn bis zwanzig Tagen treten die Jungtiere in das sog. Stadium des Be-schütztseins ein. In dieser Phase bekommt das Junge alles zu seinem Wohlbefinden und wird vor Gefahr geschützt. Daran schließt sich das Stadium der Sicherheit. In dieser Phase untersucht das Junge auch angsterregende Objekte. Es kann das, weil es durch die Mutter hinreichend gesichert ist. Erst danach kommt es – im sog. Trennungsstadium – zur Loslö-sung des Affenkindes von seiner Mutter.[15] Eine ähnliche Pe-riodeneinteilung unternimmt auch Gray in Bezug auf den menschlichen Säugling.

Wir hatten bisher lediglich herausgestellt, dass bei Tieren und
Kindern mit Triebstörungen dieser Art eine Behinderung der
Vorgänge stattgefunden hat, ihren ersten Pfleger kennen zu
lernen. Diese Behinderung nun macht offenbar nur einen Teil
der Störung aus; denn die Handlung, die durch das Kennen
lernen ausgelöst und immer wieder neu in der frühen Kindheit vollzogen wird, ist ja das Nachfolgen, das Nachahmen,
das Zulaufen und Schutzsuchen, wenn Gefahr droht.

Die Zweiheit des Triebgeschehens

Das Bindungstriebgeschehen besteht anscheinend aus diesen
zwei Komponenten, eine Tatsache, die sich auch beim Menschen immer wieder dadurch verifizieren lässt, dass Kinder,
die nicht von einer warm-auffordernden Pflegerin versorgt
wurden, später erhebliche Schwierigkeiten haben, sich – wie
Rene Spitz sagt – »liebend an eine bestimmte Person zu binden«.[16]

So ein Kind hat eine Behinderung seines Bindungstriebes
erfahren, sich mit einer Mutter zu identifizieren, sie nachzuahmen, ihr nachzufolgen. Unter der Voraussetzung, dass wir
bei Jungtieren und Menschen unterscheiden, dass die Art des
Kennenlernens von Mutter und Kind verschieden ist, lässt
sich dennoch behaupten, dass die Struktur des Triebgeschehens auf Bindung hin bereits bei einigen Vogelarten, bei höheren Säugetieren und beim Menschen gleich ist.

Die Gleichartigkeit der Störungserscheinungen, auf die
noch ausführlich eingegangen wird, ist in der Lage, diese Behauptung zu verifizieren. Die Triebbehinderung des Ansehens
und Hinstrebens zur Mutter vollzieht sich beim Menschen –
wie bereits die Antriebslehre vermutete – zwar mehr so, dass
der Säugling sich angstvoll »vor der Welt verschließt«. Es findet auf diese Weise eine Blockade statt, die vergleichbar ist
mit Triebbehinderungen bei Jungtieren, denen man die Möglichkeit nimmt, ihren Brutpfleger kennen zu lernen und sich

an ihn zu binden. Solche Kaspar-Hauser-Versuche sind an verschiedenen Tieren bereits durchgeführt worden.

Wir wollen versuchen zusammenzufassen, was wir über die Struktur der Mutter-Kind-Bindung in Erfahrung bringen konnten.

1. Auch die Instinkthandlung des Nachfolgens hat anscheinend zwei Akte in einer ähnlichen Weise, wie wir das bereits beim Trieb zur Nahrungsaufnahme beschrieben. Wir können hier zwar nicht nachweisen, dass die Voraussetzung zum auslösenden Triebgeschehen ein endogener Reizzustand ist wie beim Hunger, aber wir dürfen das annehmen, weil auch hier ein dranghaftes Suchen und sich Bemerkbarmachen, meist ein lautstarkes Vokalisieren einsetzt. Es hat den Sinn, den Pfleger zu finden oder herbeizurufen. Sein Erscheinen löst die gezielte Triebfunktion des Ins-Auge-Fassens, des Anstarrens, des Nachfolgens und Nachahmens aus. Die Triebentspannung – so wollen wir vermuten – kommt durch diese Handlungen und durch den Schutz, den Tier- und Menschenkinder erfahren, zustande.

2. Die Triebfunktion in diesem Triebgeschehen hat also zwei Seiten: das Intendieren, Erkennen und Unterscheiden einerseits, das Nachahmen, Sich-Binden und Identifizieren andererseits. (Interessanterweise weist Ploog darauf hin, dass alle Tierarten, bei denen Prägungsvorgänge in der Kindheit stattfinden, durch die Fähigkeit gekennzeichnet sind, Artgenossen individuell zu unterscheiden – eine Tatsache, die den Zusammenhang von Prägungsvorgängen und der Fähigkeit des Unterscheidenkönnens deutlich macht.)

3. Das Triebziel heißt Schutzsuche durch die Tätigkeit des Nachahmens oder – bei Tieren – des Nachfolgens.

4. Das Triebobjekt ist die Mutter oder jenes Lebewesen, das die Aufgabe der Brutpflege übernommen hat.

5. Triebstörungen entstehen – wie beim Trieb zur Nahrungsaufnahme – dann, wenn das Triebziel nicht erreicht wird,
d. h. wenn der mütterliche Schutz nicht gefunden und jene
triebverzehrenden Handlungen des Suchens, Nachahmens,
Anklammerns, Ankuschelns und Sich-Identifizierens dabei
nicht vollzogen werden konnten. (Die Hirnforschung bestätigt: Auch die Reifung sensomotorischer Mechanismen
bedarf wie die Triebfunktion einer Tätigkeit, um nicht zu
atrophieren. Melzack und Scott haben das in Bezug auf die
Sehfunktion untersucht. Sie zogen verschiedene Tiere im
Dunkeln auf, mit dem Ergebnis, dass sich irreversible Schädigungen der Retina einstellten.)
Solche Störungen können infolgedessen entweder auftreten,
a) wenn die immer gleiche Pflegeperson fehlt. Sie kann
aber auch vorhanden sein und dennoch Schädigungen
dieser Art bewirken, indem sie
b) das Tätigen der Funktion hindert. Das kann geschehen,
wenn sie entweder kalt und abweisend ist oder den
Säugling auch in der zweiten Hälfte des ersten Lebensjahres unentwegt allein in seinem Körbchen liegen lässt.
Es kann aber
c) auch zu Schädigungen dieser Art kommen, wenn die
Pflegerin das Kind übersteigert mit Zärtlichkeit über-
schüttet und das Kind in einer unverdaubaren Fülle mit
Stimulation erdrückt. In solchen Fällen treten niemals
Triebentspannung bzw. Befriedigungserlebnisse ein. Das
Triebziel wird nicht erreicht, der Trieb staut sich, so dass
es zu übersteigerten Triebspannungen, Ersatzhandlungen und Chronifizierungen kommt.

6 Das Triebziel des Nachahmens und Nachfolgens erfolgt bei
Vögeln durch einen Prägungsvorgang.[18] Beim Menschen
und bei höheren Tieren erfolgt die Bindung durch Lernvorgänge, die sich über die ersten Lebensmonate hinziehen.
Dennoch haben diese Vorgänge noch eine spezielle Ge-

meinsamkeit: Sie sind – wie Lorenz sagt – an scharf umgrenzte Entwicklungszustände gebunden, d. h. an eine sensible Phase, die bald nach der Geburt liegt. Bei Tieren dauert sie oft nur Stunden. Die Forscher, die sich mit der Entwicklung von Säuglingen beschäftigen, meinen, dass sie mehrere Monate umfasst.[19]

Im folgenden Abschnitt soll geprüft werden, ob sich jene Fehlverhaltensweisen von Jungtieren, die daran gehindert wurden, Nachfolgereaktionen auszubilden, identisch sind mit jenen Störungen, die sich bei hospitalisierten Kindern zeigen.

2. Störungsformen des Bindungstriebes

Vergleichsmöglichkeiten mit Kindern, die eine Störung des Bindungstriebes erlitten, ergaben sich bei den Affenversuchen Harlows in Amerika. Er hat herausgefunden, dass Affen lebenslängliche Schäden und Verhaltensstörungen davontragen, wenn sie zwischen ihrem ersten und fünften Lebensmonat über längere Zeit isoliert aufgezogen werden.

Harlow machte vielerlei unterschiedliche Versuche, die ihn zu diesen Ergebnissen führten. Er zog Affen mit Mutterattrappen auf, die teils aus Draht, teils aus Fell waren, isolierte die jungen Affen in verschiedenen Phasen und in verschiedener Dauer während ihrer Kindheit. Je länger die Isolation fortdauerte und je vollständiger sie war, desto intensiver entwickelten die Rhesusaffen abnorme Verhaltensweisen. In einem zusammenfassenden Referat berichtet Schmalohr darüber:

»Eins dieser Reaktionsmuster besteht darin, dass die armen Affenwaisen Köpfe und Körper mit Armen und Beinen umfassen und vor- und rückwärts schaukeln. Ein anderes abweichendes Muster besteht im ruhelosen Hin- und Hergehen. Mit zunehmender Dauer der Isolierung ließen sich aggressive Regungen beobachten, die sich fortlaufend in Stärke und Häufigkeit steigerten. Nach drei oder vier Jahren – mit erreichter Erwachsenheit – wenden die Affen sich schließlich gegen sich selbst. Sie kauen an ihren Händen, Armen, Füßen und Beinen, manchmal bis ins Fleisch hinein. «[20]

Dass ein Großteil der Stereotypie sich nach Mutterentzug bei jungen Säugetieren einstellen, ist in einer Fülle von Studien erhärtet worden; Nora Philbin fasst zusammen: »Oralbetätigung an sich selbst bei isolierten Individuen, besonders das Saugen an Fingern bzw. Zehen, Schwänzen oder Genitalien ist analog zum Saugen an den Brustwarzen bei Kindern, die bei ihren Müttern aufgezogen wurden. Die stereotypen Selbstumarmungen stehen in Beziehung mit dem Umarmen oder Klammern an der Mutter. Eigenmissbrauch wird als das einzige Ventil für die Frustration dieser Tiere betrachtet. Stereotypien sind ein sich wiederholendes, gleich bleibendes Verhaltensmuster ohne klares Ziel, bzw. ohne zunächst einleuchtende Funktion. Das Tier wird von solchen Verhalten überwältigt.«[21] Diese Beschreibung entspricht den bei Kindern zu beobachtenden Stereotypien.

Ein weiteres abnormes Muster ist, wie Harlow sagt, schizophrenie-ähnlich, wobei die Affen dasitzen und ins Leere starren und anderen Affen kaum Aufmerksamkeit schenken.

»Affen, die von Geburt an sechs Lebensmonate isoliert waren, haben tiefe und langdauernde Schwierigkeiten. Sie sind völlig unfähig, sich an gleichaltrige, isoliert oder mit ihren Müttern aufgezogene Tiere anzupassen. In geschlechtlicher Hinsicht sind die Männchen impotent und die Weibchen paarungsunfähig, obschon es keine Anzeichen dafür gibt, dass die körperliche sexuelle Reife bei ihnen nicht zum normalen Zeitpunkt eingetreten ist. Die Tiere sind schließlich so hilflos, dass sie unter gleichaltrigen normalen Affen getötet würden. Dabei verkümmern nicht nur jede Gemeinschaftsfähigkeit und Geselligkeit, sondern bei den Tieren sind auch die primitiven Neugierreaktionen, wie das Hantieren mit Objekten und Spielsachen, ausgelöscht.«[22]

Die erhöhte Triebspannung bei Kindern und Jungtieren

Eine kleine Ente, der man die Möglichkeit nimmt, auf einen Brutpfleger geprägt zu werden, verstärkt, selbst wenn sie satt ist, ihr Piepen, mit dem sie die Mutter herbeiruft. Auch beim Säugling kennen wir diese andere Art des Schreiens, die offenbar nicht darauf aus ist, satt gemacht zu werden. Vor allem gegen Ende des sog. »dummen Vierteljahres« erleben wir, dass ein Säugling, meist von den Nachmittagsstunden ausgehend, ein neugieriges Intendieren zeigt, weniger schläft und schreiend nach »Familienanschluss« heischt.

Dieses andere Schreien, dieses Schreien mit der Aufforderung: »Komm zu mir, beschäftige dich mit mir, zeig mir, wie du aussiehst und wie die Welt ist« – dieses Schreien trägt den Charakter einer erhöhten Triebspannung. Sie bleibt, genau wie bei der oralen Spannung, erhalten, wenn die entsprechenden Triebentspannungen und Befriedigungserlebnisse am Primärobjekt, der Mutter oder einer Ersatzperson, nicht vollzogen werden.

Bei Tieren lässt sich das im Versuch nachweisen: Helga Fischer hatte als Mitarbeiterin von Konrad Lorenz im Max-Planck-Institut in Seewiesen versucht, Gänse im Kaspar-Hauser-Versuch aufzuziehen, d. h. die Gänse wurden derart isoliert gehalten, dass sie keine Möglichkeit hatten, eine sog. Nachfolgeprägung zu entwickeln, wie es normalerweise wenige Stunden nach dem Schlüpfen der Gänseküken als ein Vorgang des Erkennens und Wiedererkennens der Pflegerin geschieht.

Ein großer Teil der jungen Gänse ging bei diesen Experimenten ein. Interessanterweise hatten die überlebenden Waisen nun nicht nur ein struppiges, unansehnliches und oft krankes Federkleid. Als man sie im Erwachsenenalter den frei lebenden Gänsen im Versuchssee zugesellte, fielen sie durch eine Eigenschaft besonders auf: durch Taktlosigkeit, durch ein inadäquates, unangepasstes Verhalten, das sie rasch zu »schwarzen Schafen« in ihrer Sozietät werden ließ (persönliche Mitteilung).

Am aufschlussreichsten erscheint es in diesem Zusammenhang, dass die Tierverhaltensforscher zu dieser Bezeichnung des Fehlverhaltens der Gänse kamen, ohne zu wissen, dass der Begriff Taktlosigkeit in der Antriebslehre ein typisches Kennzeichen intentionaler Gehemmtheit ist. Wie oft erleben wir die aufdringliche Taktlosigkeit, das distanzlose Sich-Aufdrängen, das übersteigerte Zulaufen bei jenen Kindern, denen es in der Säuglingszeit versagt war, eine Mutter zu haben, die sie umfriedete und ihnen Schutz bot!

Viele Forscher haben das unabhängig von der Schultz-Hencke-Schule bestätigt. Für das Tierreich berichtet Harlow, dass Affen, die ohne Mutter aufwuchsen, zunächst aneinander, aber auch später überall Anklammerungsversuche machen, während die Affen mit einer gesunden Mutter-Kind-Beziehung davon lassen, wenn sie selbständig geworden sind.

Dass Fehlschaltungen im Gehirn entstehen, wenn man neugeborene Jungtiere von ihrer Mutter trennt, haben die Neurobiologen Jörg Bock und Katharina Braun von der Universität Magdeburg in einem eindrucksvollen Experiment bewiesen: Sie trennten junge Strauchratten während verschiedener Phasen ihrer Entwicklung entweder mehrmals für kurze Zeit oder aber dauerhaft von ihren Eltern und Geschwistern. Sie beschreiben die Ergebnisse folgendermaßen: »Als wir uns nun den Energieverbrauch im Hirn der einsamen Rattenjungen ansahen, stellten wir fest, dass das limbische System seine Aktivität auf Sparflamme setzt. Die Stoffwechselaktivität im Stirnhirn des Jungtieres ist im Familieverbund wesentlich höher. Nach der Öffnung des Ostblocks konnten Wissenschaftler stark vernachlässigte rumänische Waisenkinder untersuchen und fanden bei ihnen einen ganz ähnlichen Aktivitätsmangel im vorderen limbischen System. Und auch Patienten, die unter Aufmerksamkeitsstörungen, Schizophrenie und krankhafter Gewalttätigkeit leiden, weisen ein vergleichbares Defizit auf. Längerfristig kann sich dadurch die Balance zwischen den

limbischen Hirnregionen drastisch verändern – mit unabseh-
baren Folgen für das spätere psychische Gleichgewicht. Diese
biologischen Veränderungen im Gehirn dürften sich also tatsächlich direkt auf das spätere Lern- und Sozialverhalten aus-
wirken und vielleicht auch psychische Störungen verursachen.
Wenn die Tiere in eine fremde Umgebung gelangen, beginnen
sie diese mit ungewöhnlich hoher körperlicher Aktivität zu er-
kunden. Außerdem reagieren sie viel weniger auf mütterliche
Lockrufe.« [23)]

Folgen der Deprivation

Diese Forschungsergebnisse bestätigen die vielfältigen Erfahrungen von Adoptiveltern mit ihren Kindern: Spätere Schwierigkeiten mit diesen sind umso geringfügiger, je früher die
Kinder den Adoptiveltern übergeben wurden. Am geringsten
sind sie – so könnte man als Faustregel feststellen – wenn sie
unmittelbar nach der Geburt ein Nest mit liebevollen Eltern
bekamen.

Eltern, die Kinder jenseits der Zweijährigkeit aus dem Heim
oder aus einem erziehungsunfähigen Milieu heraus adoptiert
oder in Dauerpflege genommen haben, werden spätestens
vom Schulalter ab meistens mit so erheblichen Verhaltensstörungen konfrontiert, dass sie damit häufig total überfordert
sind.

Kürzlich wurde mir der Bericht eines ehemalige Heimkin-
des aus Rumänien zugänglich. Die Adoptivmutter schreibt:
»*Enzio erfuhr von der Geburt ab 2 ½ Jahre Kinderheimzeit in Rumänien. Dann kam er zu uns. Bis zum Kindergartenalter erlebten wir eine gute Zeit, in der sich unser Sohn erstaunlich gut und rasch entwickelte. Aber seitdem läuft eine unselige Abwärtsspirale. Auf der Schule
sank er von Stufe zu Stufe nach unten, bis von der Schule das Abbrechen der Schule unterstützt wurde. Jetzt ist er sechzehn und hat im
Laufe der Zeit immer schrecklichere Dinge angestellt. Vor drei Jahren
brannte eine große Scheune im Dorf ab. Er hatte sie angesteckt. Letztes*

Jahr brach er in unserer Abwesenheit in unser Haus ein und bedrohte meinen Mann mit einer Schlagkette. Jetzt wollte er eine Lehre machen, bedrohte aber gleich in der ersten Zeit einen Kollegen mit einem Messer. Unsere Kräfte wurden seit der Kindergartenzeit im Übermaß strapaziert und geprüft...«

Auch in dieser Hinsicht bestätigt die Hirnforschung die psychotherapeutische Erfahrung: Durch die Regenerationsfähigkeit eines sich dynamisch entfaltenden Gehirns lassen sich frühe – evtl. auch pränatale – Defizite zum Teil noch revidieren – aber keineswegs grundsätzlich, besonders nicht, wenn über eine lange erste Lebenszeit hinweg fundamentale Schädigungen eingetreten sind.

So gehört es auch zum gefährdenden Verhalten einstiger Heimkinder, mit jedem mitzulaufen, in dem sie eine Person wittern, die sich mit ihnen beschäftigen könnte. Dieses Zulaufen trägt den Charakter eines übersteigerten Suchverhaltens. In Verbindung mit Sittlichkeitsdelikten erleben wir gelegentlich, dass die Kinder, die den Männern zum Opfer fielen, Kinder mit einem übersteigerten Zulaufbedürfnis waren. Bei einigen von ihnen, gewiss nicht bei allen, ist durch die erhöhte Triebspannung die Wahlmöglichkeit generell eingeschränkt. Sie lassen sich leichter »mitschnacken«.

Wir müssen in diesem Zusammenhang noch einmal betonen: Der Trieb, mit der Mutter bekannt zu werden, hat ja einen schon bei den Enten sehr sichtbar werdenden Sinn: Er ist die Voraussetzung dafür, dass das Kind – wenn es seine ersten Schritte in die Welt hinein tut – zu ihr zurückfliehen, bei ihr Schutz suchen kann, solange seine eigenen Kräfte noch nicht groß genug sind. Dieses Gefühl der Geborgenheit, des Umhaustseins fehlt daher allen Kindern mit einer solchen Störung, und es ist nur konsequent, dass sie in extremen Fällen gekennzeichnet sind durch eine Verhaltensweise, die suchtartig nach Geborgenheit sucht. Da aber diesen Kindern die Voraussetzung dazu, Behausung beschaulich und dankbar zu genießen, fehlt, da sie keine Möglichkeit haben, sich zu binden, nützt es ihnen später nichts, wenn man ihnen noch so schöne Behausungsmöglichkeiten anbietet Der Mangel an Bindung verhindert es, sich beschützt zu fühlen. Ohne die am Lebensanfang erworbene Bindungsfähigkeit finden die Loslösungsbedürfnisse der Pubertät kein adäquates Objekt, so dass es in unangemessener Wucht zu übersteigerten Aggressionen kommen kann.

Verselbständigte Unbehaustheit

Aus dieser Sicht auch wird es verständlich, warum es nicht gelingt, die Streuner, die Vagabunden zu verwurzeln. »Gemüt«-lichkeit bleibt ihnen leer, weil sie nicht die Fähigkeit erworben haben, sie zu genießen, so dass sie sehnsüchtig-einsame Wanderer werden, auf der Suche nach der Mutter, die sie birgt.

Wenn den kleinen Enten in der Prägungsphase kein Artgenosse zur Verfügung steht, binden sie sich an den pflegenden Menschen. Auch die leibliche Mutter ist für den Säugling jenseits des ersten Vierteljahres ersetzbar, wenn diese Ersatzperson nur dem Kind die Möglichkeit bietet, an ihr, an der einen, das Bekanntwerden zu vollziehen, indem immer dieselbe Person sich mit dem Kind beschäftigt. Bis zum achten Lebensmonat nehmen Säuglinge jeden als Mutter an, der die entsprechende Pflegefunktion erfüllt. Erst dann unterscheiden sie die Mutter unverwechselbar und fremdeln Unbekannten gegenüber. Meiner Erfahrung nach sind Kinder, die in dieser »Furchtperiode« von den Müttern getrennt werden, besonders gefährdet, mutistisch zu werden, da sie ihre Vokalisation als Angstreaktion auf die fremde Umgebung einstellen können.

Solche Erfahrungen sind auch geeignet, davor zu warnen, Kinder ausgerechnet in der Phase, in der sie sich fest an ihre Mutter gebunden haben und gegen Unbekannte »fremdeln«, in Krippen zu geben, um wieder außerhäuslich erwerbstätig zu werden. Die Gefahr, dass der dauernde Wechsel als Beein-

trächtigung erlebt wird, der die Hirnentwicklung bremst und
beschädigt, ist erheblich angesichts der Studien über die Krippenkinder der Ostblockländer, wie sie vor allem von Matejcek
durchgeführt worden sind.[25]

*Vor einigen Wochen wurde mir ein siebenjähriger Junge vorgestellt,
der im Alter von acht Monaten für fünf Monate in ein Krankenhaus
eingeliefert worden war, weil er einen Abszess am Steißbein hatte.
Nach Angaben der Eltern hätte das Kind dort eine Lungenentzün-
dung und Rippenfellvereiterung hinzubekommen. Das Kind musste,
als es sechs Jahre alt war, vom Schulbesuch zurückgestellt werden, da
es extrem sprachscheu war, außerdem litt es an Bettnässen, permanen-
tem Daumenlutschen und Nägelkauen.*

Es scheint für die gesunde Entwicklung des Menschen wesentlich zu sein, dass dem Kind bis weit in das dritte Lebensjahr hinein dieselbe Pflegeperson erhalten bleibt. Dass kleine
Kinder, die in dieser Zeit ihre gewohnte Umgebung und die
Person verlieren, die sie bisher versorgte, mit schweren Angstsymptomen, vor allem mit Verstummen oder mit körperlichen Erkrankungen reagieren, zeigt sich häufig in der Vorgeschichte seelisch beeinträchtigter Erwachsener.

Was geschieht mit Tieren, die auf eine Mutter geprägt sind
und die man noch innerhalb dieser ihrer Abhängigkeitszeit zu
einer gleichaltrigen Pflegemutter versetzt? (Das ist ohnehin
ein Versuch, der nur unter der Mühewaltung eines sich intensiv darum bemühenden Menschen gelingt). Aber selbst wenn
das gelingt, ist die Bindung an die Ersatzmutter keineswegs in
dem Maße vorhanden wie an jene, auf die das Tier geprägt ist.
Reaktionen des Zufluchtsuchens bei der Ersatzmutter bleiben
z. B. unsicher. Ein sehnsuchtsvolles Auf-die-Suche-Gehen
nach dem eigentlichen Herrn ist uns auch von Haustieren,
wie Hunden und Katzen, die man in eine fremde Umgebung
versetzte, durchaus bekannt. Meyer-Holzapfel berichtet davon, wie schwer es ist, von Menschen aufgezogene Bären aus-
zusetzen, auch wenn sie bereits selbständig fressen und die

Nahrung selbst aufsuchen können. Die Bindung an ihr gewohntes Heim und an ihren Pfleger ist so stark, dass sie verzweifelt den Rückweg suchen und auch auf einige Meilen Entfernung finden.[26]

Von dieser Warte aus erscheint es bedenklich, wenn junge Mütter ihre Kinder während der Säuglings- und Kleinkinderzeit bei Großmüttern oder Pflegemüttern abgeben, während sie selbst die Kinder selten sehen. Es bedeutet später für solche Kinder häufig einen Bruch in ihrer Entwicklung, wenn sie dann etwa im Schulalter in den Haushalt der Mutter umsiedeln. Solange das Kind noch nicht »flügge« ist, also bis zur Pubertät, bleibt es in solchen Fällen meist an die erste Pflegerin gebunden.

Dazu ein Beispiel: *Ein zwölfjähriges Mädchen lief unmotiviert, zunächst wie ziellos, von ihrer Mutter fort, landete schließlich aber bei der Großmutter, die in einem anderen Ort wohnte. Die Großmutter hatte das Mädchen bis zu seinem siebenten Lebensjahr aufgezogen.*

Befriedigung an Ersatzobjekten

Stehen den Kindern keine Ersatzpersonen zur Absättigung ihres Dranges, sich zu binden und Schutz zu suchen, zur Verfügung, verstärkt sich in ihnen dieser Drang, und sie versuchen, an Sachobjekten Ventile zu finden. Diesen Sinn haben Stoff- und Felltiere, die man den Kleinkindern ins Bettchen legt – in einer ähnlichen Weise wie die Frottee-Attrappe jener Kaspar-Hauser-Affen, von denen Harlow berichtet. Die Affenbabys mit solchen »Ersatzmüttern« erwerben aber einige Eigenschaften nicht, die typischerweise mimischer oder sozialer Natur sind. Sie haben ein undifferenzierteres Mienenspiel, können z. B. nicht drohen, wie die Kontrolltiere mit leiblichen Müttern, sie sind unbeholfener im Errichten und Einhalten von Spielregeln, beim Toben und Fangspielen und dem Erkennen bestimmter sozialer Situationen.[27]

Heimkinder zeichnen sich durch die gleichen Schwierigkeiten aus. Überdies haben sie meist ein übersteigertes Zärtlichkeitsbedürfnis. Ein Heimkind band während der Spieltherapie der Kuh im Scenotest das Fell um den Bauch und steckte eine kleine Jungenfigur hinein. Kinder, die eine Bindungsstörung haben, zeigen häufig so eine betonte Vorliebe für alles Weiche. Der Antrieb nach bergender Zärtlichkeit bricht durch und nimmt sich zum Lieben, was sich ihm gerade in den Weg stellt. Es sind besonders die Heimkinder, die den fremden Therapeuten zu umarmen und zu küssen suchen.

Ich habe einmal ein Kind betreut, das von seinem ersten bis zu seinem zweiten Geburtstag in einem Tuberkulose-Sanatorium war. Dieses Mädchen strich mit allen Tüchern, mit Fellen und Kissen, derer es habhaft werden konnte, über sein Gesicht und vergrub es darin.

Werden Ersatzbefriedigungen an Objekten nicht gefunden, so gehen solche Kinder nach jener uns schon bekannten Gesetzlichkeit dazu über, bei sich selbst Schutz zu suchen. Wie die kleinen Affen neigen diese Kinder dazu, ihre Arme um ihren Kopf zu schlingen und die Augen dahinter zu verbergen. Sie kraulen und kratzen an sich herum. Harlow hat oft geschildert, wie die isolierten Affen sich das Fell zerkratzen und zerreißen, oft an die hundertmal am Tag, bis es blutig war.[27)] Ähnliches können wir auch von Kindern berichten.[28)]

Ein spezifischer Versuch, den gestörten Bindungstrieb zu beschwichtigen, ist beim Kind das Lockendrehen und das Haarausreißen. Denn selten reißen sie nur; sie pflegen die Haare um den Finger zu wickeln und damit daumenlutschend über die Nase zu reiben. Typischerweise treten solche Symptome meist erst dann in Erscheinung, wenn die Mutter über Monate den Kontakt zu ihrem kleinen Kind nicht hinreichend gepflegt hat.

Ich habe einmal eine Mutter beraten, deren achtzehn Monate altes Kind exzessiv seine blonden Locken ausriss und nach langen Reibe-

prozeduren schließlich sogar verzehrte. Die Mutter war berufstätig und ließ ihr Kind über Stunden am Tag allein. Es gelang mir, die Mutter davon zu überzeugen, dass sie ihre Tätigkeit vorübergehend einstellen und sich viel mit ihrem Kind beschäftigen müsse. Mittlerweile ist der Junge ein frisches, aufgewecktes und symptomloses Schulkind geworden.

Übersprunghandlungen

Genauso wie bei den Kaspar-Hauser-Affen treten bei Kindern, deren Bindungstrieb sich nicht entfalten kann, Übersprungshandlungen auf. Dabei werden in erster Linie jene Handlungen gewählt, die zur Beschwichtigung bereits bekannt sind, die aber eigentlich in die Ersatzbefriedigung oraler Bedürfnisse gehören: das Daumenlutschen und die Jactationen. Jactationen sind bei älteren Säuglingen keineswegs allein ein Zeichen dafür, dass der orale Antrieb sich staut. Auch die »mangelnde Aufforderung zur Welt« bewirkt dieses Symptom. Dabei ist es in der Parallele zu den allein großgewordenen Affenkindern interessant, dass diese Kinder häufig beim Schaukeln vor sich hin singen und lallen.

Dass die kleinen Affen ebenfalls solche Stereotypien haben, wenn sie mutterlos aufwachsen, hörten wir schon. Aber auch sie vokalisieren stärker, wie Harlow beschreibt. Das ist ein interessantes Phänomen, scheint es doch so, als ob bei jenen Kindern und Affen, denen die Ansprache fehlt, dieses Sich-Äußern im Leerlauf durchbricht, ja vermutlich dadurch zur Stereotypie wird, dass das Hören der eigenen Laute zum Teil den gesuchten Reiz ersetzen kann. Ebenso ist es mit dem Lutschen. Auch das Lutschen ist nicht unbedingt ein Symptom dafür, dass orale Triebspannung überschießend erhalten geblieben ist. Es kann auch ein Beschwichtigungssymptom sein für den frustrierten Bindungstrieb.

Mit der wachsenden Möglichkeit, die Hände und Arme zu tätigen, kommt es bei mangelhaft aufgeforderten oder vernachlässigten Kindern auch zu Manipulationen am Geschlechtsteil. Aus diesem Blickpunkt heraus wird es einsichtig, warum so viele Heimkinder – Jungen und Mädchen – von frühester Kindheit an onanieren. Sie haben keinen gesteigerten Geschlechtstrieb, sondern sie suchen durch die Manipulation ein Ventil für die Spannung des Bindungstriebes, der nicht sein adäquates Triebobjekt hat finden können: die Mutter.[29)]

Leerlaufhandlungen

Abgesehen von den Leerlaufhandlungen des Sich-selbst-Umschlingens und der triebhaft-taktlos übersteigerten Neugierhaltung, die auch bei Tieren beschrieben worden sind, kennen wir Leerlaufhandlungen des Bindungstriebes beim Menschen vor allem im Weglaufen, das letztlich den Charakter des Zulaufens hat. Es ist kein Zufall, dass es meist unverwahrte Kinder sind, die von der Polizei in den Häfen wieder eingefangen werden, wo sie vergeblich versuchten, sich auf einem Schiff anzuheuern. Der Bindungsgestörte sucht im Grunde nicht das wilde Abenteuer, wie er meint, er sucht in dem sanft schlingernden Schiffsleib die Geborgenheit der Mutter, die ihm versagt war. Der fernwehkranke Matrose ist im Grunde heimwehkrank; denn er ist von einem Gefühl von Heimatlosigkeit erfüllt.

Funktionsschwäche

Es soll nicht vergessen werden, noch auf eine besonders tragische Folgeerscheinung von solchen Triebstörungen hinzuweisen: Kinder, die durch einen Mangel an Stimulation oder durch hektisch übersteigerte Stimulation eine solche Störung erworben haben, leiden an der Funktionsschwäche des Erkennens und Unterscheidens. Sie bleiben dümmer als ihre Artgenossen, die eine Mutter hatten, die während ihrer Säuglingszeit maßvoll mit ihnen »herumpütscherte«.

Das ist beim Menschen gleichermaßen der Fall wie bei Jungtieren, deren Prägungsphase scheiterte. Auch die Kaspar-Hauser-Affen und die Kaspar-Hauser-Enten bleiben »dümmer« als ihre Artgenossen. Heute kann die Hirnforschung ergänzen, woran das liegt: Lise Eliot schreibt:»In vielfacher Hinsicht ähneln isolierte Affen den Waisen und Findelkindern, die in Anstalten aufwachsen, so dass diese Experimente uns anschaulich vorführen, auf welche Weise der Entzug sozialer Zuwendung das reifende Gehirn beeinträchtigt: Zum Beispiel wissen wir, dass die Neurone isoliert aufgewachsener Affen weniger dentrische Verzweigungen im präfrontalen Kortex und vermutlich ein geringeres Ausmaß synaptischer Kommunikation aufweisen. Außerdem ist die Konzentration vieler Transmitter im Gehirn gestört. Am auffälligsten ist der dauerhaft reduzierte Norepinephrin-Spiegel, der vermutlich Wachstum und Stabilität der limbischen Nervenbahnen beeinträchtigt, und eine Erklärung sein könnte, weshalb die jungen Affen(wie menschliche Babys, die keine stabile Bindung an ihre Eltern haben) mit Stress jeglicher Art sehr schlecht umgehen können.«[30]

Es muss an dieser Stelle ausdrücklich betont werden, dass aus diesen Beobachtungen keineswegs der Schluss gezogen werden kann, dass die Entfaltung der Intelligenz ausschließlich durch die Erfahrungen des Kindes während der entscheidenen Aufbauphase des Gehirns erfolgt. Die Intelligenzkapazität und spezifische Begabungen sind auch abhängig von genetischen Faktoren. Ob aber Tiere und Menschen das artspezifische und individuelle Optimum ihrer intellektuellen Möglichkeiten erreichen können, ja, ob die Möglichkeit zur Entfaltung von Hirnvorgängen überhaupt gelingt, hängt weitgehend von jenen primären Vorgängen ab, die in der Säuglingszeit angeregt werden.

Thompson ließ einen Scotchterrier isoliert aufwachsen. Er erwies sich als kaum lernfähig. Interessante Untersuchungen zu dieser Frage führten Skodak und Skeels durch. Sie prüften Schulkinder, die sofort nach der Geburt adoptiert worden waren, auf ihr Intelligenzniveau. Es zeigte sich, dass diese Kinder

ein geistiges Niveau erreichten, das gleich oder über dem
Durchschnitt der Gesamtpopulation lag, und das, obgleich
die natürlichen Eltern dieser Kinder ein bekannt niedriges In-
telligenz- und Sozialniveau hatten. Das allgemein niedrige in-
tellektuelle Niveau von Kindern, die ihre ersten beiden Lebensjahre in Heimen verbrachten, haben außer Bowlby, Spitz
und Dührssen, Dennis, Goldfarb, Gesell, Langmaier, Hellbrügge und Pechstein in der ersten Generation und in jüngster
Zeit Matejcek,[31] Papousek[32] und Gundega Tomele[33] zum Teil
mit statistischem Zahlenmaterial belegt.

Ich wurde einmal im Unterricht von Krankenschwestern gefragt, ob das Faktum der Unehelichkeit eines Kindes Schwach-
sinn bewirke. Als ich verblüfft fragte, wie die Schwester zu dieser abstrusen Vorstellung käme, ergab sich, dass sie jahrelang in
einem Heim gearbeitet hatte, das vor allem elternlose Säuglinge und Kleinkinder aufzog. Der Pseudoschwachsinn dieser
Kinder, der sich im Grundschulalter herausgestellt hatte, hatte
bei den Pflegerinnen zu dieser Fehlmeinung geführt. Leider
sind manche Pflegerinnen immer noch nicht darin ausgebildet,
wie man Pseudoschwachsinn vermeiden kann.

Wir können diesen Hinweis auf die Ursachen des Pseu-
doschwachsinns nicht abschließen, ohne auf das traurige
Scheitern dieser Kinder in der Schule hinzuweisen. 45-50%
der Kinder bringen es heute in Niedersachsen und Schleswig-
Holstein nicht mehr zu einem Abschluss in der Hauptschule!
Kinder, die in ihrer Säuglings- und Kleinkinderzeit nicht die
Gelegenheit hatten, an dem einen immer wiederholten
Grundmuster die Fähigkeit zum Unterscheiden, Erkennen,
Anpacken und Sich-Anstrengen zu lernen, haben es viel
schwerer, in der Schule erfolgreich zu sein.

3. Unterschiede bei der Entfaltung des Bindungstriebes im Lebensaufbau von Menschen und Tieren

Wenn eine junge Ente Gelegenheit bekommt, sich ihren Pfleger anzuschauen, so erwirbt sie dadurch die Fähigkeit, ihm bis zu ihrem Flüggesein nachzufolgen, sich an ihn zu binden und ihn von anderen Pflegern zu unterscheiden. In dem Augenblick, wo sie erwachsen ist, erlischt diese Funktion. Der Mensch hingegen hat durch das Tätigen dieses seines Bindungstriebes eine Reihe von Funktionen erworben, die – wenn die Mutter ihre Aufgabe erfüllt und dem Kind die nötigen Befriedigungserlebnisse verschafft hat – auf andere, erweiterte Objekte angewandt werden können.

Die sich erweiternde Funktionsfähigkeit

Das Hinschauen, Beobachten und Sich-Interessieren wird zu einem generellen Lernantrieb, der es dem Menschen möglich macht, Freude daran zu haben, die Dinge seiner Umwelt zu erkennen, zu untersuchen, zu unterscheiden und einzuordnen. Aber weit darüber hinaus wächst dem Menschen die Fähigkeit zur Nachahmung, zur Einsicht, ja zur Einfühlung durch das erste anschauende, nachahmungsbereite, körpernahe Identifizieren mit der Mutter zu. Diese Identifikation mit einer Schenkenden – denn wenn die Mutter nicht opferbereit ist, kommt die Identifikation ja nicht zustande – bewirkt, dass auch das Kind ein schenkender Mensch zu werden vermag, d. h., dass er bereit werden kann, auf eigene Triebwünsche zu verzichten, um den Menschen zu erfreuen, von dem er sich geliebt weiß: er erwirbt z. B. die Möglichkeit selbst eine gute Mutter zu werden.

An dieser Stelle wird auch ersichtlich, warum Heimkinder meist aggressiv sind, warum sie sich in einer für die Umwelt gefährlichen Weise nicht steuern können: Sie haben es zwar früh gelernt, sich durchsetzen zu müssen, aber sie haben nicht die

Funktion erworben, den Eltern zuliebe eine Grenze zu wahren, zu sein wie sie. Die Gewissensfunktion erwächst dem Kind in der frühen Kindheit dann, wenn es die Möglichkeit bekommt, sich mit seiner Beziehungsperson identifizieren zu können.

Diese Zusammenhänge erhellen, warum Heimkinder so oft lernbehindert sind und ihre Affekte nicht steuern können: Sie haben die Gelegenheit dazu nicht gehabt, sie haben keine Bezugsperson zum Nachfolgen gehabt, sie haben sie auch nicht – ihr nachsprechend – nachahmen können. Deshalb können sie nicht lernen, deshalb sehen sie »den Wald vor lauter Bäumen nicht«. Aber sie können wegen ihres Mangels an Bindungsfähigkeit auch nicht steuern, was in den nächsten Lebensjahren mächtig in ihnen erwachen wird: den Selbstbehauptungstrieb und den Geschlechtstrieb. Es ist kein Wunder, dass diese Kinder gefährliche Außenseiter der Gesellschaft werden können.

Am Rande sei noch vermerkt, dass die Zunahme der Menschen mit einem gestörten Bindungstrieb heute deshalb ein kollektives Problem wird, weil es uns mit Hilfe der Medizin gelingt, diese Babys am Leben zu erhalten. Helga Fischers Enten starben zu einem hohen Prozentsatz, als sie versuchte, sie im Kaspar-Hauser-Verfahren aufzuziehen. Auch Heimkinder und unzureichend gebundene, unverwahrte Kinder sind zunächst wesentlich anfälliger, wie es René Spitz und 1990 nach umfänglichen wissenschaftlichen Untersuchungen im Kinderzentrum Miskolc der ungarische Kinderarzt Läszö Velky, an Krippenkindern nachgewiesen haben.[34]

Aus diesen Untersuchungen lässt sich die verheerende Wirkung der Kollektivierung von Säuglingen und Kleinkindern ablesen. Die unterschiedliche Krankheitshäufigkeit der Krippenkinder gegenüber Kindern, die in Familien gepflegt wurden, ließ sich hier mit folgenden Zahlen belegen, wobei jeweils die Krippenkinder an erster Stelle genannt werden:

Epidemische Erkrankungen: 83 % gegenüber   5,0 %;
Lungenerkrankungen: 11 % gegenüber   1,5 %;

Mittelohrentzündungen: 22 % gegenüber 3,6 %;
Grippe: 60 % gegenüber 20,0 %;
notwendige Krankenhausbetreuung: 15 % gegenüber 9,0 %.
Aber wenn wir dafür sorgen, dass diese Kinder mit Hilfe des
Penicillins ihre Lungenentzündungen, mit Hilfe von Infusio-
nen ihre Dyspepsien überstehen, sind wir auch verpflichtet,
uns dafür einzusetzen, dass sie zu Menschen heranwachsen,
die ein sinnvolles Leben führen können, statt die Bevölkerung
durch rachsüchtige Gewalttaten zu gefährden. Solange wir es
aber nicht schaffen, die viel zu hohe Jugendkriminalität und
den Niedergang unseres Leistungsniveaus unter dem Blick-
winkel der frühen Triebstörungen zu sehen, wird es uns nicht
gelingen, diesem Problem auch nur annähernd zu Leibe zu rücken.

Die Jugendkriminalität hat in den letzten 30 Jahren (außer
im vergangenen) permanent zugenommen. Ws eine höchst
gefährliche Selbsttäuschung, diese Zahlen auf reine Pubertätsschwierigkeiten vorübergehender Art zurückzuführen. Schon
die Tatsache, dass man Gewalt- und Sittlichkeitsverbrecher oft
nur aus der Verbrecherkartei herauszusuchen und Augenzeu-
gen zur Identifikation vorzulegen braucht, beweist, dass der
Stereotypiecharakter von Triebstörungen den Kriminalisten
durchaus bekannt ist – nur ging man diesem Faktum selten so
weit auf den Grund, dass man endlich prophylaktische Konsequenzen daraus gezogen hätte.[35]

4. Probleme der Therapie

Lassen sich Kaspar-Hauser-Affen resozialisieren? Kaum. Lassen sich Kaspar-Hauser-Enten bindungsfähig machen? Nach
den Untersuchungsergebnissen aus dem Max-Planck-Institut
Seewiesen keineswegs. Die Chancen sind beim Menschen im
höheren Alter zumindest ungewiss. Aber die größere Plastizität des Menschen spricht doch für eine größere Chance von

Therapieerfolgen bei Kindern als bei den Tieren, vor allem
wenn die Behandlung rechtzeitig, bereits im Kleinkindalter
ansetzt.

Die Voraussetzung dazu ist – das sollte nach dem eben Ge-
sagten einleuchten – eine lange, nachholende Zweisamkeit
mit einem Therapeuten oder auch mit einem Angehörigen,
möglichst unter Ausschaltung einer Umwelt, die zu viele Reize auf einmal bietet. Dass es sich bei diesen Vorgängen nicht
einfach um eine nachholende Phase allgemeiner und stärkerer
Stimulation handeln kann, könnte man auch daraus erlernen,
wie sich z. B. Nachfolgeprägungen bei Rothirschen vollziehen.

Nach einer Studie von Beach bleiben die Tiere den größten
Teil des Jahres bei der Herde, aber kurz vor dem Kalben sondern sich die weiblichen Tiere ab. Eine Zeit nach der Geburt
bleibt das Junge verborgen und wird nur von der Mutter perio-
disch aufgesucht und gesäugt. Danach gehen beide zur Herde,
und das Junge richtet seine Nachfolgereaktionen jetzt nur auf
die Mutter.[36] Ähnliches hat Klingel bei Zebras berichtet.[37]

So ein isoliertes Kennenlernen muss auch in der Therapie
von Kindern, die eine Störung des Bindungstriebes erlitten
haben, der Kernvorgang sein. Denn es handelt sich ja darum,
dass das Kennenlernen, Unterscheiden und Sich-Binden an
einen einzelnen Menschen nachvollziehend gelernt werden
muss. Solche therapeutischen Möglichkeiten gibt es bei uns
heute aber noch zu wenig. Meist gehört es zur speziellen Tra-
gödie dieser Kinder, dass sie in staatliche Spezialheime aufge-
nommen werden müssen, wenn sie in der Familie untragbar
werden. In den therapeutischen Stationen können die besten
und liebevollsten Psychologen im Einsatz sein – aber durchge-
hender Erfolg ist schwer erringbar. Die besten Therapieerfolge
sind dort zu verzeichnen, wo Heimkinder so jung wie möglich in Pflege- oder Adoptivstellen übernommen werden.
Wenn solche Kinder zu einer Mutter kommen, die es sich

nach gründlicher Information über die Natur der Störungen
zur Aufgabe macht, so ein Kind durch intensive Beschäftigung mit ihm zu heilen, kann man gelegentlich anhaltend
günstige Entwicklungen konstatieren, die auch noch jenseits
der Pupertät anhalten. Einige Beispiele sollen das beleuchten.

*Ein uneheliches Heimkind, von der Geburt an im Säuglingsheim,
wird im Alter von einem Jahr und acht Monaten von einer jungen
mütterlichen und geistig beweglichen Frau adoptiert, die wegen eines
Unterleibsleidens selbst keine Kinder austragen kann. In einem Pflege-
bericht des Heimes heißt es, dass das Kind nicht gehorcht (!). Das
Kind litt, als die Adoptivmutter es übernahm, an Jactationen in der
Nacht und am Tage, die Sprachentwicklung und auch die körperliche
Entwicklung waren retardiert. Gesine machte in diesem Alter gerade
die ersten Laufschritte, mit einem Jahr und acht Monaten!*

*Drei Jahre nach der Übernahme durch die Mutter stellte sie mir das
jetzt wesentlich veränderte Kind vor: Gesine hatte innerhalb von drei
Monaten die Jactationen völlig aufgeben können. Die Mutter berichtet: »Ich beschäftigte mich am Tage immer wieder in Abständen allein
mit ihr. Wir spielten zusammen Ball oder warfen Bautürme um, oder
wir machten einfach Fingerspiele und spielten Verstecken. Immer wenn
Gesine am Tage angefangen hat zu schaukeln, habe ich mich mit ihr beschäftigt. Als sie mich schon gut kannte, habe ich sie eine Weile nachts
in mein Bett genommen. Da hat auch dort das Schaukeln aufgehört.«*

Ähnlich berichtet eine Adoptivmutter, die ihr Adoptivkind
im Alter von drei Jahren aus dem Heim holte, in dem es bisher aufgewachsen war. Sie schreibt: *»Sobald man sich von ihr ab-
wandte, fing sie an zu schaukeln, dies auf eine sehr heftige Art. Dabei
nahm ihr Gesicht einen völlig abwesenden, leeren Ausdruck an, dass
es zum Erbarmen war. So beschäftigten wir uns so viel wie möglich
mit ihr. Das Schaukeln hatte bis zur Weihnachtszeit (im März war
das Kind in die Familie übergesiedelt) fast aufgehört. Zu Anfang war
es fast ein Dauerzustand bei Katja, es setzte ein, sobald man aufhörte,
mit ihr zu sprechen. Nun ist Katja schon 1 1/2 Jahre bei uns, und aus
dem ängstlichen, oft weinenden Schaukelkind ist ein fröhliches Mädel*

geworden. Am Anfang ihrer Zeit hier hat sie sich kaum für die Umwelt interessiert, heute ist sie sehr wissbegierig.«

Nicht nur die größere Plastizität des menschlichen Gehirns lässt therapeutische Bemühungen hier aussichtsreicher erscheinen als beim Tier: Auch das Schutzsuchen und das SichBinden kann erfolgreicher nachgeübt werden als bei Tieren, weil der Mensch eine längere Kindheit hat. Wenn wir dabei auch Gegenstände, wie z. B. Felltiere, verwenden, so kann die eigentliche Hilfe dem kleinen Patienten nur durch den Einsatz der Mutter bzw. des Therapeuten erwachsen. Denn dass sich das »ozeanische Gefühl« des Verlassenseins in das der Behausung umwandelt, kann nur am Menschen nachgeholt werden, der dem Kind über lange Zeit hinweg Bergung und Schutz vermittelt.

5. Zusammenfassung

1. Wie manches Jungtier, das auf Brutpflege angewiesen ist, hat auch der Mensch in seiner frühen Kindheit eine sensible Phase, in der er die Fähigkeit erwirbt, seine Pflegerin zu erkennen und sich in einem Identifikationsprozess an sie zu binden.

2. Das Erwerben dieser Erkennungsmerkmale ist beim Menschen und anscheinend auch bereits bei den Anthropoiden ein Lernvorgang, bei Vögeln ein Prägungsvorgang.

3. Abgesehen von diesem Unterschied in der Art, wie das Erkennen der ersten Pflegerin vollzogen wird, haben diese Vorgänge bei Jungtieren und Säuglingen dennoch die gleiche innere Struktur. Sie sind eine Instinkthandlungskette, d. h. in einem bestimmten Stadium physiologischer Organreifung, nämlich dem Funktionsfähigwerden der Sinnesorgane, tritt der Bindungstrieb als ein zunächst diffuses Appetenzverhalten in Erscheinung. Die Reize bestimmter Merkmale des Brutpflegers, die Augen und die Stirn-Nasen-

Partie, und sein Ansprechen des Kindes führen zu seinem Erkennen, Wiedererkennen und zum Unterscheiden von anderen Artgenossen. Dadurch wird die Reaktion der Nachfolge, der Nachahmung, der Identifikation, der Schutzsuche und – generalisiert – der Bindungsfähigkeit und damit die Voraussetzung zum Erlernen der Sprache möglich.

4. Dieser Drang, zu erkennen und sich zu binden, trägt den Charakter eines Triebes. Das ist daraus ersichtlich, dass er störbar ist und die dann auftretenden Fehlverhaltensweisen die gleichen Charakteristika aufweisen wie andere Verhaltensänderungen, die entstehen, wenn ein Trieb nicht das spezielle Triebobjekt fand, das der Triebbefriedigung adäquat ist.

5. Solche Behinderungen des Bindungstriebes lassen sich bei Tieren im Experiment dadurch hervorrufen, dass man die Jungtiere von der Mutter trennt, sie ohne eine adulte Bezugsperson, nur mit Gleichaltrigen aufwachsen lässt oder ihnen eine inadäquate Ersatzmutter zugesellt. Triebbehinderungen entstehen dann vor allem dadurch, dass durch ein inadäquates oder ungenügendes Anbieten des Reizes »Pflegerin« unter Angst eine Verdrängung und Unterdrückung des Triebimpulses stattfindet. Dennoch wird sowohl bei Menschen wie auch bei Tieren in solchen Fällen gleichermaßen bewirkt, dass die Nachfolgereaktion bzw. der Identifikationsvorgang dezimiert wird.

6. Das kann bei Menschen und Tieren gleichartige Verhaltensstörungen als Folge der Triebbehinderungen bewirken:
   a) durch den Mangel an Triebentspannungen oder Befriedigungserlebnissen am Primärobjekt kann eine übersteigerte Spannung chronisch werden. In solchen Fällen verhalten sich Gans, Affe und Mensch gleichermaßen unangepasst, überneugierig, taktlos und sich aufdrängend, oder in der Sprache der Hirnforscher ausgedrückt: Der Stresspegel bleibt erhöht.

b) Menschen und Tiere nehmen mit einem Ersatzobjekt vorlieb. Das kann bei Tieren sogar ein Nichtartgenosse sein. Aber auch die leibliche Mutter beim Menschen ist zur Not ersetzbar. Ja, es ist nicht einmal sicher, dass dann bleibende Schäden oder Veränderungen auftreten, vorausgesetzt freilich, dass die pflegende Person bis zum Unabhängigwerden des Individuums dieselbe bleibt.

c) Es kann zu Störungen führen, wenn die betreuenden Personen innerhalb der sensiblen Phase häufig wechseln. Aber auch bei späterem Wechsel der Pflegenden kann es zu Desorientierungen und Angstsymptomen kommen. Meist dominiert dann die Bindung an die erste Bezugsperson. Wenn den Tier- oder Menschenkindern keine Ersatzperson zur Verfügung steht, tritt das verstärkte Bedürfnis nach Befriedigungen an Ersatzobjekten auf. Das hypertrophierte Bedürfnis nach weichen Sachen gehört beim Menschen in die Reihe der Ersatzbefriedigungen.

d) Am deutlichsten wird der Charakter des Triebhaften solcher Störungen bei den zahlreichen Stereotypien, die auftreten, wenn Säuglingen und Jungtieren der Bezug zur Mutter in der Phase der Abhängigkeit fehlt. Fellreißen, Augenpieksen und Sich-selbst-Umschlingen scheinen dabei spezifisch zu diesem Funktionskreis gehörige Anomalien zu sein. Häufig werden aber auch Verhaltensweisen jetzt erst zu Stereotypien, die ursprünglich oralen Triebbereichen zuzuordnen waren: das Lutschen, das Lecken und die Jactationen.

e) Es kann aber auch in diesen Triebbereichen zu Übersprungshandlungen in andere Funktionskreise kommen. Übersteigertes Harnen, Übersprungschlafen und exzessives Onanieren ist sowohl bei Kindern als auch bei Jungtieren beobachtet worden.

f) Als Leerlaufhandlungen dieses Triebes dürfen wir das Weglaufen von Tieren und Kindern ansehen, das den Charakter des blinden Suchens nach dem bergenden Primärobjekt trägt. Bei Jungtieren und auch bei Menschen, die keine hinreichende Befriedigung des Nachfolgetriebes erfahren durften, atrophiert die Funktion, zu erkennen und beobachtend nachzuahmen. Deswegen bleiben sie stumpfer als ihre unter normalen Bedingungen aufgewachsenen Artgenossen und sind in der Fähigkeit, Kontakt aufzunehmen und sich einer Sozietät anzupassen, gemindert.

7. Während beim erwachsenen Tier die Funktionen des Erkennens und Sich-Bindens in sehr umgrenzte, starre arterhaltende Instinktmechanismen einmünden, kann sich der Mensch von vitalen Triebobjekten ablösen und mit spezifisch menschlichen »Objekten« verbinden: in wissenschaftlicher Tätigkeit und in einem überpersönlichen, letztlich religiösen Verantwortungsgefühl. Im Impuls zum wissenschaftlichen Forschen steckt als Triebfunktion das Suchen-, Erkennen- und Unterscheidenwollen. In der Übernahme kommunaler oder religiöser Aufgaben lässt sich unschwer der Drang, sich zu binden, sich zu verpflichten, Ver-»Antwortung« zu tragen, wieder erkennen.

Mit dem Blick auf den Erwerb der Identifikationsfähigkeit ist die Erklärung nicht schwer zu finden. Sie heißt: Wer sich an seine Mutter hat binden können und dürfen, kann auch später Bindungen anderer und höherer Art eingehen. Für den Menschen wird zudem ersichtlich: Moral ist nicht nur durch die Kenntnis der Gesetze, Religion nicht im Religionsunterricht in seinen Grundgesetzen lernbar. Sie haben viel ältere, emotionale Wurzeln in der frühen Kindheit des Menschen.

8. Die Möglichkeiten der Therapie scheinen abhängig zu sein von der Länge des Erwerbsvorgangs der Nachfolgereak-

tion. Dieser scheint umso länger, je höher differenziert das Lebewesen ist.

Dennoch sind solche Störungen beim Menschen nur sehr schwer reversibel, obgleich sie durch langfristigere Lernvorgänge im Säuglingsalter entstanden sind, als das bei Tieren der Fall ist. Das mag sowohl an der emotionalen Beteiligung beim Einsetzen der Störung als auch daran liegen, dass durch den Mangel an Betätigung der Triebhandlung eine Atrophie jener Funktionen bewirkt worden ist, die zur Ausübung solcher Handlungen notwendig sind. Intellektueller und moralischer Pseudoschwachsinn haben ihre Wurzeln in der frühen Kindheit des Menschen. Sie sind ein Zeichen dafür, dass der Bindungstrieb gestört worden ist.

6. Exkurs

Die Fortführung des wissenschaftlichen Ansatzes der sog. Deprivationsforschung – begonnen durch René Spitz, William Goldfarb, John Bowlby, Annemarie Dührssen und Werner Schwidder in den 50er und 60er Jahren –, die ich gegen Ende dieser Ära durch Zuhilfenahme der neu erkenntnisreich werdenden Ethologie auf dem Boden beobachtender Erfahrung an verhaltensgestörten Kindern und Jugendlichen versuchte, wurde in den 70er Jahren von dem »Marsch durch die Institutionen«, d. h. von der ideologischen Unterwanderung mit marxistischem Gedankengut in unserem Wissenschaftsbetrieb, zunehmend erschwert.[1]

Sowohl biologische Erkenntnisse (weil sie Vorgegebenes bewiesen) als auch Erfahrungen, die den Wert der als »bourgeois« abgelehnten Familie unterstrichen, hatten unterdrückt zu werden. Der dialektische Materialismus des Ostens ging in Gestalt der Frankfurter Schule eine unheilige Allianz mit dem liberalistischen Materialismus des Westens ein und zielte mit Hilfe der sog. »emanzipatorischen Pädagogik« auf eine sozialistische Verwirklichung in der Gesellschaft ab. Dieser durchschlagende Trend hat in der Bundesrepublik Deutschland (und weitgehend auch im Wissenschaftsbetrieb der westlichen Länder einschließlich der USA) den Fortgang der Deprivationsforschung durch Langzeituntersuchungen geradezu abgewürgt, obgleich die typischen Auswirkungen verkünstlichter Frühpflege als Triebstörungen in Form einer massiven Kriminalitäts- und Suchtzunahme immer verheerender in Erscheinung traten.[2]

Die ätiologische Forschung blieb deshalb in einer oberflächlichen Reduktion auf gesellschaftlich bedingte Ursachen nach dem Motto »Und so schließt man messerscharf, dass nicht sein kann, was nicht sein darf« stecken.

Erst Glasnost, die Öffnung des Ostens durch den neuen Generalsekretär der KPdSU, Michail Gorbatschow, änderte von 1985 ab zögernd diese Situation. Gorbatschows Buch »Perestroika«[3] gleicht einem Offenbarungseid. Gorbatschow gibt die Entmutterung der Mütter, den Verlust der Familie als eine Ursache des epidemischen Alkoholismus und der sozialen Probleme an. Nun wurde auch erst bekannt, dass in den mit Gewalt unter sowjetischer Herrschaft gezwungenen Ländern – z. B. in der Tschechoslowakei und Ungarn – eine umfängliche, gewissermaßen oppositionelle Deprivationsforschung, besonders durch einige Kinderkliniken, weitergeführt worden waren.

Kinderkrippenforschung

Zum Forschungsobjekt konnten hier bereits von den 50er Jahren an die Kinderkrippen werden, da sie flächendeckend als ein Kernbereich der Kindererziehung in einer sozialistischen Gesellschaft eingerichtet wurden. Prof. Jiri Dunovsky von der Universität Prag schreibt dazu 1991:

»Entsprechend den Leninschen Vorstellungen, dass öffentliche Speiseanstalten, Krippen, Kindergärten jene einfachen alltäglichen Mittel sind, die frei von allem Schwülstigen, Hochtrabenden, Feierlichen, tatsächlich geeignet sind, die Frau zu befreien, ihre Ungleichheit gegenüber dem Mann im Hinblick auf ihre Rolle in der gesellschaftlichen Produktion wie im öffentlichen Leben zu verringern und aus der Welt zu schaffen, erhielten die Kinderkrippen nunmehr eine gesellschaftliche Bedeutung.

Unter dem Einfluss der Frauenemanzipation sollte eine neue gesellschaftlich-ökonomische Lage, ein steigendes Ausbildungsniveau und insbesondere die außerhäusliche Berufstätigkeit der Frauen gefördert werden. Das dadurch entstehende ernsthafte Problem in der Fürsorge der kleinsten Kinder sollte durch die schnelle Ausbreitung der Kinderkrippen gelöst werden.

Aufgrund der damaligen kommunistischen Vorstellung, dass es infolge der Beseitigung von Not, Hunger und Arbeitslosigkeit keine sozialen Probleme in der Gesellschaft mehr geben könne, wurde das damalige Sozialfürsorgesystem aufgelöst. Wegen der erhöhten Morbidität ging außerdem die Fürsorge für Krippenkinder in den Bereich des Gesundheitswesens über. Kinderärzte und Kinderkrankenschwestern sollten die erhöhte Morbidität erfolgreich bekämpfen.

Auch im Hinblick auf die Erziehung sollten Kinderkrippen neue Akzente setzen, um auf diese Weise nicht nur die Arbeitseingliederung der Frauen und Mütter zu ermöglichen, sondern auch durch Kollektiverziehung die kleinsten Kinder in ihrer Entwicklung zu fördern. Dieses Bestreben widerspiegelte sich auch beim Aufbau von Wochenkrippen und den so genannten Dauerkrippen. In den 60er Jahren befanden sich in der Tschechoslowakei schließlich 50.257 Kinder in Kinderkrippen.

Die Entwicklung der Kinderkrippen brachte eine ganze Reihe von neuen Problemen mit sich. Von diesen Problemen stellte vor allem die hohe Morbidität der Krippenkinder eine besondere Herausforderung dar. Die Ergebnisse bei den Krippenkindern waren zum Teil so verheerend, dass etwa 3-5 %

wegen ihrer extrem hohen Morbidität aus der Krippenpflege
völlig entlassen werden mussten. Ähnliches wurde aus der
DDR von Menzel berichtet.

Die Gefahren der Morbidität im Krippenalter wurden deutlich im weiteren Verlauf dieser Studie. Im Alter von 13-15 Jahren untersuchte Samankova die Lungenfunktionen der ehemaligen Krippenkinder und verglich die gefundenen Werte
mit der Häufigkeit der Respirationserkrankungen im Säuglingsalter.

Von 51 Kindern konnten im Alter zwischen 13 und 15 Jahren die Lungenfunktionen gemessen werden. Bei 63 % wurden
ein oder mehrere pathologische Werte festgestellt. Am häufigsten war die Vitalkapazität vermindert und das Verhältnis des
Residualvolumens zur gesamten Lungenkapazität erhöht. Des
weiteren war die maximale Ausatemgeschwindigkeit betroffen.
Sie betrug nur noch 50-60 % der gesamten Lungenkapazität.
Außerdem war die Residualkapazität vermindert.

Dies ist der eigentliche Erfolg der tschechischen Psychiater,
die ihre Skepsis gegenüber der Krippenerziehung nicht nur
durch die Untersuchungen der psychischen Folgen, sondern
auch der morphologischen Folgen bestätigt sahen.

Vor allem die kollektive Lebensweise der jungen Säuglinge
in den Krippen ist gefährlich. In der Tschechoslowakei haben
wir aus diesen Tatsachen Schlussfolgerungen gezogen, nämlich das System der Familienhilfe zu stärken und die Krippenerziehung zu beseitigen, d. h. auf Notsituationen zu beschränken und den Kindern gleichzeitig eine verbesserte, komplexe
pädiatrische Betreuung angedeihen zu lassen.

Unsere Erfahrungen mit Kinderkrippen und die daraus entstehende extreme Belastung der Kinder haben das System der
Sozialhilfe in der Tschechoslowakei maßgeblich beeinflusst.
Die Familie wird in ihrem einzigartigen Wert erkannt, und die
öffentlichen Gelder fließen statt in Kinderkrippen nunmehr
in die Familien. So spielt die Familienerziehung heute in un-

serem Land eine größere Rolle, und die Familienfürsorge wird einer kollektiven Betreuung von Kleinkindern eindeutig vorgezogen.«[4)]

Folgen der Deprivation

Zu den gleichen Schlussfolgerungen auf psychischem Gebiet kommt Z. Matejcek nach langjährigen Studien:

»Eines lehren uns die Erfahrungen aus den Kinderheimen: Dass die psychische Deprivation um so schwerwiegender ist und umso mehr die psychische Gesundheit des Kindes in der Zukunft bedroht, je früher sie beginnt. Im Säuglings- und Krabbelstadium ist sie offensichtlich gefährlich. Fängt sie erst im Vorschulalter an, wird die Gefahr deutlich kleiner. Beginnt sie erst im Schulalter, verschwindet die Gefahr praktisch.

Weil es sich dabei in erster Linie um Störungen auf emotionalem Gebiet handelt, manifestieren sie sich daher auch vor allem in den Liebesbeziehungen, im Knüpfen befriedigender Partnerbeziehungen, in der Ehe und letztendlich, was besonders schwerwiegend ist, auch in der Elternschaft, also in den Beziehungen der Eltern zu ihren Kindern.

Die psychische Deprivation hat die Tendenz, von einer Generation auf die nächste übertragen zu werden. Emotional deprivierte Eltern bereiten ihren Kindern eine deprivierende Lebenssituation.

Aus unseren Erfahrungen folgt ein eindeutiger Schluss:

1. Die Krippen sollten nicht eine universale Lösung des Schicksals von Kleinkindern sein, sondern nur als Hilfe für Familien in Not aufgefasst werden.

2. Die erzieherische Wirkung der Medien und gesellschaftlichen Institutionen (Gesundheitswesen und in seinem Rahmen die Pädiatrie) sollte darauf hinzielen, jungen Eltern klarzumachen, dass nichts vom Guten, das sie ins Leben ihres Kindes einbringen, im Leben verloren geht. Ihre Erwartungen an das Leben haben Kinder einzubeziehen.

Die Entwicklung in der UdSSR weist in den letzten Jahren diese positive Tendenz auf – die Zahl der Krippenkinder sinkt ständig. Und dies wird bestimmt nicht durch ökonomische Faktoren verursacht, sondern durch zunehmende Einsicht der Eltern in die Lebens-Grundbedürfnisse ihrer Kinder.«[5]

Missachtete Forschungsergebnisse

Es ist kaum fasslich, dass aus den umfänglichen negativen Erfahrungen mit den kollektivistischen Erziehungssystemen des Ostblocks sowie aus der Fülle der Ergebnisse der neuen Hirnforschung, die die biologischen Grundlagen der Spezies Mensch in seiner ersten Lebenszeit zusätzlich absichern, keine familienpolitische Schlussfolgerungen gezogen werden. Es ist bei diesem internationalen Forschungsstand eine unverständliche Fehlentscheidung, dass die Bundesregierung einen Teil der Agenda 2010 dergestalt zu verwirklichen ansetzt, dass flächendeckend Krippenplätze installiert werden sollen, statt die Informationen der Eltern und Betreuung der Kleinkinder in der Familie nachdrücklich zu unterstützen.

Wissenschaftliche Ergebnisse und psychologische Erfahrung in dieser Weise außer Acht zu lassen, obgleich die Missstände schon auf dem Tisch liegen, ist unverantwortlich und muss zu weiteren irreversiblen Niedergangsprozessen führen. Das Nichtgreifen der von Gorbatschow eingeleiteten Perestroika in der Sowjetunion wird von sachverständigen russischen Wissenschaftlern (z. B. W. Daschitschew und anderen, in einer Fernsehsendung, 3Sat am 23.1.1991) als eine Folge der seelischen Schwäche und der Demoralisierung der Bevölkerung interpretiert, die 70 Jahre lang der Unnatur sozialistischer Egalisierung ausgesetzt war.

Diese im Charakter eingeprägte Schwäche wird beschrieben als resignative Passivität und Suchtneigung einerseits, als Anfälligkeit für Neid und aggressive Raubkriminalität andererseits – und das sind schließlich die typischen Charakteristika, die wir als psychische Folgen von Störungen des Nahrungs- und des Bindetriebes in Statu nascendi, als typische Charaktermerkmale früh deprivierter Kinder in ungezählten Einzelfällen auch hier im Westen bereits in der psychotherapeutischen Praxis vorgestellt bekommen.

Die geringe Chance der Löschbarkeit früher psychischer Störungen nach drei Generationen eingebahnter Deprivation, die im Großexperiment der Sowjetunion sichtbar geworden ist, sollte uns alarmieren und zu Schlussfolgerungen im Sinne des tschechischen Modells führen. Dass das neue Europa offenbar unbelehrt durch die Erfahrungen des Ostens in die versumpfte sozialistische Spur einschwenkt, spottet jedenfalls jeglicher Vernunft.

Den wenigen deutschen Wissenschaftlern, die hier – allem Trend zum Trotz – unbeirrt um der Wahrheit willen Pionierarbeit geleistet haben, vor allem die Kinderärzte Prof. Th. Hellbrügge und Prof. J. Pechstein, die Psychologenehepaare H. und U. Schetelig und H.[6] und M. Papousek sowie J. Langmeier,[7] sollte endlich vorrangig Gehör geschenkt werden.

Es ist zu hoffen, dass dann auch die in dieser Arbeit vorgelegte Theorie bestätigt und weiterer neurologischer Absicherung zugänglich wird.

VI. Der Selbstbehauptungstrieb und seine Störungen

1. Über den Sinn des Ungehorsams

Aus den Beobachtungen der Entwicklungspsychologen und der Kinderpsychotherapeuten wissen wir einiges über die Art der Verhaltensweisen von kleinen Kindern, wenn sie, nachdem sie sich auf die Beine gestellt haben, in die so genannte Phase der handelnden Weltbewältigung und bald darauf dann auch in das Trotzalter eintreten. Die Antriebslehre hat sich ausführlich damit beschäftigt. Annemarie Dührssen schreibt darüber:

»Die Ausreifung der motorischen Körperfunktion hat ... von der Antriebsseite her eine besondere Bedeutung. Nicht nur die Bewegung wird erstrebt, sondern zusammen mit der einübenden Handlungsfähigkeit entwickelt sich auch der Wunsch nach geformter Handlung. Handelnd wird an die Umwelt herangegangen, handelnd, prüfend, untersuchend, zerlegend, zerstörend benutzt das kleine Kind seine motorischen Fähigkeiten, um seinen Interessen an der Welt Nahrung zu geben. Wir haben unter diesen Gesichtspunkten die sich jetzt abspielende Entwicklung die Phase der ersten handelnden Weltbewältigung genannt.

Die Trotzphase

Diese Phase der handelnden Weltbewältigung hat auch vom Affekt her ihre besondere Note. Die Beherrschung des eigenen Körpers gibt dem kleinen Kind neue Möglichkeiten der Selbstbehauptung und Selbstdurchsetzung. Die Trotzphase, die ja in diese Epoche fällt, ist die Zeit, in der sich beim Kind das erste keimende Wollen entfalten will. Es ist die Zeit, in der das Kind beginnt, seine eigenen Impulse deutlich von den

Wünschen, Vorschriften und Erwartungen der Erwachsenen abzuheben.«[1]

Die Antriebslehre spricht also von einem spontanen Auftreten trotziger Impulse und meint, dass sie die Funktion haben, die »handelnde Weltbewältigung« des Kindes mit zu bewirken, wie sie im zweiten Lebensjahr einsetzt.

Es scheint wichtig, den von A. Dührssen hervorgehobenen Akzent des »Sich-abheben-wollens«, den Impuls zur Selbstbehauptung und Selbstdurchsetzung nicht zu überhören; denn er besagt, dass die ersten aggressiven Regungen eines Kindes den Zweck haben, sein Ich, sein Ego, sein Naturrecht – und wie immer wir es auch nennen mögen – zu erkämpfen, sich selbst von den anderen zu unterscheiden, sich selbst zu verteidigen.

Dieses ist der eigentliche neue Impuls, der in Erscheinung tritt, wenn der Organismus des Kindes so weit gereift ist, dass es ihn handelnd gebrauchen kann. Auch dieses Verhalten tritt phasenspezifisch auf und trägt den Charakter eines Triebes, eines weiteren lebenswichtigsten Grundtriebes des Geschöpfes Mensch, den er mit allen Mitgeschöpfen gemeinsam hat. Ich werde die eben genannten Strebungen im Folgenden unter dem Terminus Selbstbehauptungstrieb zusammenfassen.

Einige wichtige andere Funktionen liegen bei einem gesund entwickelten Kind bereits parat, wenn es in diese Phase »der handelnden Weltbewältigung« eintritt: die Fähigkeit, zuzupacken und sich anzustrengen, die Fähigkeit, etwas anzuschauen und neugierig zu untersuchen. Diese Fähigkeiten sind wesentliche Voraussetzung zu aller neu einsetzenden handelnden »Welteroberung«. Aber sie machen nicht das spezifisch Neue dieser Phase aus. Das wesentlich Neue ist das Sich-abheben, ein erstes Ich-selbst-sein. Dabei ist dieser Prozess in einer aufschlussreichen Weise zusätzlich abhängig davon, wie die Phase des Schutzfindens durchlaufen wurde. Denn nur auf dem *Boden der Bindung* kann sich beim Menschen der Selbstbehauptungstrieb gesund und nicht übersteigert entfalten.

Das Wissen um den Ort und die Person, bei der man sicher
ist, die wie der Flugzeugträger für die einmotorigen Übungs-
flieger wieder angepeilt werden kann, wenn etwas Unbekanntes, Unheimliches den Weg kreuzt, diese Sicherheitsplattform,
deren Existenz man noch braucht, an der man – manchmal
schon etwas unmutig zerrt und sich dennoch glücklich gebunden weiß, der man gelegentlich sogar schon etwas zuliebe tun
kann, auf etwas verzichten oder etwas aufschieben kann, dieses positive Lebensgefühl macht den Mut zum Erobern für
das kleine Kind erst möglich, macht andererseits den Impuls
zur Abtrennung nötig. Die Mutterbindung ist weiter wirksam,
wenn das unerfahrene und ungelenke Kind sich von ihr entfernt, um die Welt zu erforschen. Es gehört deshalb zu der typischen Spielart eines etwa dreijährigen Kindes, dass es seinen
Aktionsraum fortgesetzt erweitert, sich bei seinem Tun und
Treiben kaum noch um die Mutter kümmert – aber dennoch
in ihrer Reichweite bleibt und zwischendurch immer einmal
wieder zu ihr zurückkehrt.

Jungtierspiele

Das ist nicht nur beim Menschen so. Während bei Tieren, die
am Lebensanfang weniger der Pflege durch einen Artgenossen
bedürfen, Rivalitätskämpfe erst im Erwachsenenalter Gewicht
bekommen, gibt es bei Nesthockern und höheren Tieren mit
einer längeren Abhängigkeit vom Muttertier eine Phase, in der
es zu Balgereien zwischen Mutter und Jungtier und zu spielerischen Rivalitätskämpfen unter den Wurfgeschwistern kommt.

Diese Phase liegt immer dort in der Ontogenese dieser Tiere, in der das Junge schon selbständiger, aber noch nicht vollständig flügge ist. Sie ist eine Trennungsphase, wie Harlow sie
in Bezug auf seine Affen nennt. In dieser Phase ist die Bindung an die Mutter noch wirksam, aber mit Hilfe des Selbstbehauptungstriebes vollzieht sich allmählich zugunsten der
Selbständigkeit die Ablösung. Ja, Harlow beschreibt bei jun-

gen, schon sehr selbständigen Rhesusäffchen genau das gleiche Phänomen, das bei zwei bis vierjährigen Kindern zu beobachten ist. Auch die Affen betätigen sich in dieser Phase schon unabhängig von der Mutter, aber sie nehmen doch immer wieder einmal Kontakt zu ihr auf, indem sie zu ihr hinüberlaufen und sich kurz bei ihr ankuscheln.

Bauen sich diese Vorgänge in der Trennungsphase ebenfalls auf Instinkthandlungsketten auf? Wir können das für den Menschen nicht mit Sicherheit behaupten, dürfen es aber annehmen, weil das Grundmuster bei Kindern und höheren Säugetieren phasenspezifisch nach einem sehr überschaubaren Grundmuster abläuft.

Der Ablösungsvorgang

Die Menschenmutter hat nun zu erleben, dass ihr Kind – kaum dass es sicher laufen kann – die Hand der Mutter mit einem energischen »Alleine!« wegstößt. Die Affenmutter beobachtet mit angespanntem Blick die tollkühnen Schwünge ihres Jungen durch den Regenwald und zieht es gelegentlich sogar mit einem energischen Griff an den Schwanz zurück.

Vor allem aber die Tatsache, dass die Behinderungen solcher frühkindlichen Selbstbehauptungsaktionen zu gleichen Erscheinungen führen wie bei Tieren, deren Eroberungsfeldzüge man stört, erlaubt den Schluss, dass es sich auch bei beiden um ein Triebgeschehen handelt – wie sollte es anders sein – geht es doch bei diesen übenden Vorgängen so besonders intensiv um das Lernen der unumgänglichsten Voraussetzungen, um das Leben selbständig bestehen zu können. Dazu aber gehören Eigenschaften, die der Übung bedürfen: Eigeninitiative, Risikobereitschaft, Durchsetzungsfähigkeit und Selbstvertrauen. Diese lebenswichtigen Charakteristika wachsen weder Tieren noch Menschen mit ihrer Hirnreifung einfach so zu. Sie bedürfen vielmehr der spielerischen Einübung in Selbstverteidigung und Behauptung. Und es ist deshalb nicht im mindesten selbstverständlich, dass die sensible Phase dafür mit einer ausgereiften Motorik zusammenfällt.

Wir können nun versuchen, auf Grund dieser Gegebenheiten eine Arbeitshypothese nach dem Muster der Instinkthandlungskette zu erstellen und dann anhand der Erscheinungsbilder von Funktionshandlungen des Selbstbehauptungstriebes prüfen, ob dieses Modell zutreffend ist.

Konrad Lorenz hat bei diesen Vorgängen bereits ein endogenes Triebgeschehen vorausgesetzt, hat in diesem Zusammenhang aber von einem »Aggressionstrieb« gesprochen.[2] Doch diese Wortwahl setzt unzutreffenderweise ein negatives Vorzeichen und engt den positiven Sinn von Verhaltensweisen dieser Art unnötig ein. Immerhin hat auch er bereits den Triebcharakter aggressiv getönten Verhaltens nachdrücklich betont.

Selbstbehauptung – ein Triebvorgang?

Wir können uns den Ablauf einer Funktionshandlung des Selbstbehauptungstriebes beim Kind etwa folgendermaßen vorstellen:

Ähnlich wie das Reifen der Sinnesorgane für den Bindungstrieb bildet die Reifung des Bewegungsapparates beim kleinen Kind die Voraussetzung dafür, dass der Selbstbehauptungstrieb in Erscheinung tritt.

Auch dieses Stadium hat schon eine beachtliche Vorgeschichte der Hirnreifung hinter sich – bereits vom dritten Monat nach der Zeugung im Mutterleib an. Bis das Kind sich schließlich normalerweise um die Vollendung des ersten Lebensjahres herum auf die Beine stellt, haben sich in einer zirka 18-monatigen Übungsphase sukzessiv die Meilensteine seiner Motorik in seinem Gehirn entfaltet.

»Die Entwicklung der motorischen Fähigkeiten« schreibt Lise Eliot,« ist ein Seiltanz zwischen Genen und Umwelt – zwischen der festgelegten Abfolge neuronaler Reifung und dem konsequenten täglichen Training, das sich das Baby selbst auferlegt. Und an anderer Stelle fährt sie fort: »Extrem vernachlässigte Babys sind in jeder Hinsicht in ihrer Entwicklung beeinträchtigt, auch in der motorischen. Dass sie unter emotionalen und kognitiven Defiziten leiden, überrascht niemanden, doch die motorische Entwicklungsverzögerung – viele vernachlässigte Babys konnten mit einem Jahr noch nicht einmal sitzen und mit zwei Jahren nicht laufen – zeigt, dass auch andere Faktoren als die Reifung des Nervensystems eine Rolle spielen: Eine fördernde, liebevolle und anregende Umgebung ist ebenso wichtig. Gestillt werden ist ein weiterer Faktor; denn gestillte Babys sind in ihrer motorischen Entwicklung gegenüber den Flaschenkindern im Vorteil.«[3]

Wenn das Kind laufen kann, wird es nun bald von dem dranghaften Impuls beherrscht, die beschützenden Arme, die stützende Hand der Mutter bzw. der Hauptbezugsperson, an die es sich gebunden hat, fortzustemmen, fortzustoßen, abzuschütteln, um sich selbständig zu machen. Dabei scheinen die festhaltenden, bindenden Handlungen der Erziehungspersonen den auslösenden Reiz für trotzige Aktionen des Selbstverteidigens darzustellen.

Dass es sich dabei wirklich um ein triebhaftes Geschehen handelt, lässt sich z. B. an der Erfahrung verifizieren, dass Kinder, denen ein es festhaltender Reiz von seiten ihrer Eltern fehlt – bei einer ideologisch gefärbten sog. antiautoritären Erziehung z. B. – immer wieder versuchen, provozierend solche einschränkenden Handlungen hervorzurufen. Das ist z. B. auch die Erklärung dafür, warum Kinder, die man ohne alle Einschränkung erzieht, immer aggressiver werden, je mehr sie erleben, dass sie in Watte stoßen mit ihrem Impuls, sich von einem Widerstand abzustoßen. Es findet dann keine Möglichkeit, sich an dem dafür vorgesehenen Objekt zu betätigen. Diese Kinder »betteln dann nach Watschen,« kommentiert das der Österreicher Konrad Lorenz (persönliche Mitteilung).

Die Zweiheit des Triebgeschehens

Wenn wir unsere Muster für Triebhandlungen zu Hilfe nehmen, können wir über den Trieb zu Selbstbehauptung und zur Selbstverteidigung folgende Aussage machen:

Im Stadium der kindlichen Entwicklung, in dem der Bewegungsapparat weitgehend funktionsfähig geworden ist, erwacht vermutlich auch auf Grund eines vom Gehirn ausgehenden Anstoßes der Selbstbehauptungstrieb. Er zeigt sich zunächst in einem diffusen, u. U. bereits leicht aggressiv getönten Suchverhalten. Es ist durchaus berechtigt, dass einige Entwicklungspsychologen von dieser Zeit als von einer »Destruktionsphase« sprechen: Das Kind zeigt einen Drang zu zerreißen, zu zerteilen, schlagend mit Lust Geräusche zu erzeugen – nicht nur auf Grund eines unbeholfenen Forschens.

Die aggressive Tönung pflegt sogar in diesem Alter bei den Spielen kleiner Mädchen meist nicht ganz zu fehlen, obgleich die Östrogenauschüttung unter der Geburt sie grundsätzlich weniger ungestüm agieren lässt als die Jungen auf Grund der ersten Testosteron-Ausschüttung. Diese Aktionen des Kaputtmachens haben einen ausgesprochen lustbetonten Charakter. Das bevorzugte Triebobjekt dieser Handlungen bildet aber der Reiz des Widerstandes gegen den Willen der Erwachsenen, und meistens ist das auch hier die Mutter. Triebfunktion ist in diesem Bereich also das Angreifen. Das Triebziel ist die Triebentspannung, die Befriedigung, die in diesem Fall durch das Selbst- und Andersmachen als die Mutter entsteht – mit Hilfe von Handlungen, die von ihr nicht toleriert, oder die explizit verboten sind.[4]

Es erscheint in diesem Zusammenhang auch wichtig, abermals die Doppelnatur des Triebziels: das Erreichen der Selbstständigkeit und die sich abstoßende Handlung in den Vordergrund zu rücken. Später wird aufzuzeigen sein, dass Triebentspannung nur dann zustande kommt, wenn diese beiden Komponenten ihre Erfüllung gefunden haben.

Geht man davon aus, dass ein Mensch, der sich selbst nicht behaupten kann, lebensunfähig ist, so wird es im höchsten Maße wahrscheinlich, dass diese Selbstsicherheit auf der Basis eines Triebgeschehens in der Kindheit des Menschen eingeübt werden muss. Nur auf den ersten Blick gehört das in die Kategorie der Spiele. Es ist vielmehr eine hochernste Angelegenheit und eben daran erkennbar, dass hier ein Trieb für den Erwerb dieser lebensnotwendigen Eigenschaft bemüht wird – und die sensible Phase dafür deshalb früher in Erscheinung tritt, als er für weitere lebens- und arterhaltende Handlungen notwendig sein wird.

Das lässt sich z. B. auch daran erkennen, dass selbst die Kinder von höchst pazifistischen Eltern es sich selten nehmen lassen, während ihrer Kindheit mit Leidenschaft Indianer- und Kriegsspiele durchzuführen, sie zanken sich nach allen Regeln der Kunst mit ihren Geschwistern. Sie demonstrieren einen die Eltern erschreckenden Egoismus, indem sie sich gegenseitig das Spielzeug entreißen und sich die lächerlichsten Dinge gegenseitig streitig machen. Aber auch das hat nicht nur negativen Charakter: Die Kinder werden durch das Verhalten der kleinen Auch-Egoisten genötigt, sich ihrer Haut zu wehren und damit Selbstbehauptung zu lernen. (Dass das nicht der einzige und vielleicht dann fragwürdige Sinn von Geschwisterschaft ist, lässt sich daran erkennen, dass die gleichen kleinen Wildlinge von einer Minute zur anderen plötzlich fest zusammenhalten können, wenn etwas Unheimliches oder Bedrohliches von außen auf sie zukommt.)

Hier haben die Aggressionen also den Charakter von direkten Vorübungen. Sie bereiten auf Handlungen vor, die erst später wirklich Ernstcharakter bekommen, auf Handlungen des Verteidigens, z. B. gegen Feinde, die ihnen irgendein zu erhaltendes Gut streitig machen – angefangen von der Frau, der Familie, dem Besitz bis hin vielleicht sogar des staatlichen Lebensraumes. Aber notwendig ist die Fähigkeit, sich zu vertei-

digen auch schon früher, gegen Mobbing in der Schule oder
später im Betrieb, ja auch gegen Intrigen, die den Selbstwert dezimieren… Denn mit dem erfolgreichen Einüben von Selbstbehauptung im Trotzalter stärkt sich auch das Selbstwertgefühl.

Obgleich also der Selbstbehauptungstrieb sehr oft etwas mit
Aggressionen zu tun hat, erweist er sich auch heute noch für
den Menschen als lebensnotwendig. Deshalb ist auch das
Trotzen gegen die Bindungsperson unumgänglich und für
Mutter und Kind eine zwar bekümmernde, aber notwendige
Angelegenheit. Dieser Schluss ist berechtigt, weil wir in der
Praxis die Erfahrung machen konnten, dass Kinder, bei denen
die Trotzphase total ausfiel, später vermehrt seelisch erkran-
ken. Es kann ihnen geschehen, dass sie zu sehr an die Mutter
gebunden bleiben, so dass es ihnen unzureichend gelingt,
selbständig zu werden. Solche Kinder haben es schwer, sich
realitätsgerecht zu verteidigen, sie werden steif, duckmäuse-
risch, übergehorsam, unkritisch und einfallslos, ja, es geht
ihnen ein Teil ihrer schöpferischen Fähigkeiten verloren.

Wir dürfen aus diesen Störungen schließen, dass die aggressiven Handlungen beim kleinen Kind den Sinn haben, sich
aus dem »Uroboros«, (Erich Neumann), aus dem schützenden
Umfangensein von der Mutter zu lösen und damit die Voraussetzung zu schaffen für eine eigenständige Lebensbewältigung.

Über das Wesen und den Sinn der positiven Aggressionen
im kindlichen Entwicklungsprozess haben die Menschen unbewusst lange schon Bescheid gewusst. Im Märchen von Hän-
sel und Gretel z. B. ist der Sinn von Aggression in einem groß-
artigen Bild dargestellt:[5] Die bergende, alles spendende Mutter
wird in diesem Märchen als Hexe gezeigt, die mit ihren Schät-
zen für die Kinder furchtbar gefährlich wird: Sie will sie fressen. Gegen diesen dämonisch-urmütterlichen Anspruch hilft
nur eine Riesenaggression, die im Märchen im Verbrennungs-
tod der Hexe im Backofen dargestellt ist. Aber sie verhilft den
Kindern, frei zu werden und neue Schätze zu gewinnen.

Auch die Genesis macht dieses Motiv deutlich: Der Ungehorsam von Adam und Eva bewirkt – wie beim Kind – die Austreibung aus dem Paradies der Unschuld, dem Garten der Geborgenheit. Aber ist diese Ausstoßung nicht gleichzeitig die Voraussetzung dafür, selbständig arbeiten zu müssen, und ist diese Stunde des Ungehorsams damit nicht gleichzeitig die Geburtsstunde aller Kultur?[6]

Ich möchte damit deutlich machen: Im Leben der Menschen hat der Selbstbehauptungstrieb nicht allein den Sinn, durch Verteidigungsbereitschaft im Erwachsenenalter zur Arterhaltung beizutragen. Der Selbstbehauptungstrieb hat bereits bei seinem ersten Auftauchen in der Ontogenese, im zweiten Lebensjahr des Menschen, eine eigenständige Aufgabe: die Befreiung aus der Bindung so weit, dass eigenständige Entwicklung möglich werden kann.

Bei einem Kind ohne Trotzphase verzögert sich die Entwicklung und führt nicht selten in eine Zwangsneurose, die dadurch gekennzeichnet ist, dass die spontanen Impulse des Menschen zugunsten einer fatalen Skrupelhaftigkeit und Unselbständigkeit des Handelns eingeschränkt werden. Oft bleiben gerade solche Kinder später traurig-vertrocknete Bürokraten, die servil und geduckt, unfrei und übergefügig an eine befehlende Instanz gekettet bleiben.

Hier tritt ein zweiter Aspekt in Erscheinung, warum Heimkinder so übersteigert aggressiv sein müssen: Wenn der Selbstbehauptungstrieb dieser Kinder im zweiten Lebensjahr erwacht, haben sie keine Phase der Behütung hinter sich. Dem Trieb fehlt sein eigentliches Ziel: das partielle Loslösen von der beschützenden Mutter. Das hat zur Folge, dass es für den Trieb auch keine Triebentspannung geben kann. Andererseits fehlt dem Selbstbehauptungstrieb aber auch die Begrenzung, die bei einem Mutterkind darin besteht, dass es der Mutter etwas zuliebe tun kann, dass es den Trotz nicht auf die äußerste Spitze treibt, jedenfalls dann nicht, wenn die Mutter die Bindung durch Verwöhnung nicht überzogen hat.

Ich schildere diese Vorgänge nicht von ungefähr. Es ist eine Erkenntnis von allgemeiner Bedeutung, dass bei Entwicklungsvorgängen Ablösung geschieht, ja dass Gebundenheit und Freiheitsbestrebungen einander bedingen und dass die Gebundenheit die primäre Voraussetzung darstellt für alle Vorgänge der Verselbständigung. Denn nur die Gebundenheit fordert dazu heraus, dass Ablösung vollzogen wird. Aber mit ihrer Hilfe wird Ordnung gewahrt, indem der Verzicht geleistet werden kann, eine äußere Grenze nicht zu überschreiten, hinter der Chaos und Selbstzerstörung lauern.

Die Gebundenheit, die das kleine Kind bei seinem Schutzfinden in der Säuglingszeit erfährt oder nicht erlebt, sie entscheidet darüber, ob der Mensch in allen späteren Revolten fähig wird, die äußersten Grenzen nicht zu überschreiten, das Alte nicht vollends zu zerstören und sich nicht bedenkenlos in das Neue zu stürzen.

Bindungsfähigkeit, und das heißt in diesem Sinne moralische Verantwortung, und Selbstbehauptung bedingen einander. Sie sind die Garanten des »Fortschritts«. Ohne Bindungsfähigkeit würde sich eine Art sehr schnell selbst zerstören, ohne Selbstbehauptung würde der Mensch in Traditionalismus und Konventionalismus erstarren.

Diese Gedanken mögen zunächst noch ein wenig spekulativ erscheinen – sie lassen sich aber belegen. Zum Beispiel, dass gerade die aggressiven Tierarten in der Lage sind, Unterscheidungsvorgänge individueller Art zu vollziehen, dass gerade sie bindungsfähig sind, wie z. B. die Ratten, scheint das nicht darauf hinzudeuten, dass nur so die Aggressivität gezügelt werden konnte, um eine Selbstgefährdung der Sozietät zu minimieren? Jedenfalls zeigt das Hinsehen auf die Entfaltungsvorgänge in der Ontogenese des Menschen, dass das »Band« die Voraussetzung dafür bildet, dass maßvoll Ablösungsvorgänge vollzogen werden können, und dass es die

Funktion erworbener Bindungsfähigkeit ist, bei aggressiven Vollzügen späterhin eine steuernde und hemmende Funktion auszuüben.

Ich hoffe, dass es auf Grund einer solchen Vorbesinnung möglich ist, die Gesetze des Selbstbehauptungstriebes und die Geschehnisse bei Triebfrustrationen in den Griff zu bekommen. Fassen wir noch einmal zusammen, was wir bisher erkannt haben:

1. Nach den Beobachtungen von Verhaltensforschern und Entwicklungspsychologen tritt der Selbstbehauptungstrieb endogen mit der Ausreifung der Motorik bei Menschen und Tieren in den ersten Lebensjahren in Erscheinung.

2. Das Triebziel heißt Handlungen des Abstoßens und Befreiens.

3. Bei einigen Tierarten ist das Triebobjekt hauptsächlich der Rivale. Bei solchen Arten treten aggressive Instinkthandlungen vornehmlich im Erwachsenenalter auf.

4. Bei höheren Tierarten, bei stark gebundenen Nesthockern und beim Menschen kommt es – bei den Tieren an der Grenze zum Flüggewerden – beim Menschen in der ersten Trotzphase – zu provozierend ungehorsamen bis aggressiven Handlungen besonders gegen die Bindungsperson aber auch gegen die Geschwister.

5. Bei manchen Tierarten, deren Kindheit durch eine längere Zeit der Abhängigkeit und Hilflosigkeit gekennzeichnet ist, und auch beim Menschen gibt es eine Übergangsphase, in der Abstoßung und Anziehung sich gegenseitig die Waage halten. Bei diesen Tieren ist fast immer die Mutter das primäre Triebobjekt der Abstoßung. Solche Handlungen spielen sich vermutlich nach dem Muster von Instinkthandlungen ab, in die freilich Lernvorgänge eingewoben sind.

6. Die teils aggressiven Handlungen des Selbstbehauptungstriebes haben bei Kindern und Jungtieren zunächst spielerischen Charakter, was darauf hindeutet, dass sie Vorübungen

sind für Aktionen der Selbständigkeit und Selbstverteidigung, die sie brauchen um im Lebenskampf zu bestehen. Die Handlungen des Abstoßens dienen der Verselbständigung und der Befreiung und haben damit einen unverzichtbaren autochthonen Wert in Bezug auf das Bestehen des Lebens.

Die Vorgänge der Trotzphase der kleinen Kinder sind geeignet, das zu beweisen. Am deutlichsten sichtbar werden diese Zusammenhänge, wenn man beobachtet, was geschieht, wenn ungehorsame, aggressiv getönte Triebhandlungen in der frühen Kindheit über lange Zeit konsequent und beharrlich unterbunden werden.

Wir können also konstatieren: Das primäre Triebobjekt der Funktionshandlungen des Selbstbehauptungstriebes ist natürlicherweise meistens die Mutter. Aber ihre Aufgabe an dieser Stelle ist sehr viel konfliktreicher, sehr viel schwankender und diffuser als jene Aufgaben, die sie während der Säuglingszeit ihrem Kind gegenüber hatte. Denn wenn die Entwicklung des Kindes weiter gesund verlaufen soll, muss eine Mutter jetzt beides vollziehen: gewähren und verbieten.

Den schmalen Pfad des richtigen Maßes zwischen Skylla und Charybdis zu finden, gehört zu den schweren, aber natürlichen Aufgaben der Mutterschaft in dieser Phase. Denn »alles gewährt bekommen« bedeutet für das Kind, dass es abrupt schutzlos ist und zudem keinen Widerpart findet, an dem es zu seinem Heil die Funktion des Kämpfens tätigen kann. »Alles verboten bekommen« bedeutet für das Kind, unfähig zu bleiben, sich handelnd in dieser Welt durchzuboxen, sondern statt dessen kümmernd am Schürzenzipfel hängenzubleiben.

Der Lebensweg der Kinder mit Aggressionshemmungen beweist uns, dass der Mensch – mag er ein noch so hohes schöpferisches Potential als Erbgut mitgebracht haben – zur Gestaltung eigenschöpferischer Handlung nicht kommen kann, wenn er es nicht wagt, den von der Mutter verbotenen Apfel zu essen, wenn er es nicht wagt, im Trotz gegen die Eltern sich »seine eigene Hütte und seinen eigenen Herd« (Goethe: Prometheus) zu bauen. Haben wir erst erfasst, dass der Trieb zur Selbstbehauptung in der Ontogenese des Menschen endogen in Erscheinung tritt, können wir auch das Gewicht seines Wertes erfassen. Denn er ist das schlechthin entscheidende Stimulans menschlicher Entfaltung.[7]

2. Der Besitztrieb – Teil der Selbstbehauptung

Zum Grundcharakter des Selbstbehauptungsbetriebes gehört nicht nur die Selbstverteidigung sondern auch die Ausdehnung des Wirkungsfeldes und die Bewahrung des Angeeigneten. Besitz haben und Besitz halten ist eine Komponente des Selbstbehauptungstriebes. Selbstbehauptung heißt schließlich zunächst, am Besitz der eigenen Existenz festzuhalten und ihn zu verteidigen, mit allem, was zum Leben gehört und es ermöglicht: Mit Nahrung und Lebensraum. Das gilt für alle Lebewesen. Die sensible Phase für die Konstituierung dieses Triebes beim Menschen ist die Zeit zwischen dem zweiten und fünften Lebensjahr.

Über den Besitztrieb lässt sich besonders viel von den höheren Tieren lernen. Viele Handlungsweisen sind und bleiben einander erstaunlich ähnlich. Beim Menschen kommt lediglich hinzu, dass gleichzeitig mit dem Sprechenlernen ein partielles Bewusstwerden seines Person-Seins aufkeimt. Jedenfalls erwächst synchron zu den ablösenden Handlungen von der Mutter die Möglichkeit, sich als abgetrennt von den anderen, als »Ich« zu erleben und bald auch sich selbst so zu benennen, eine Gegebenheit, die allenfalls bei Schimpansen mit Hilfe von Spiegelexperimenten als eine Andeutung von Ich-Bewusstsein erwiesen werden konnte.

Dennoch gibt es im Hinblick auf den Besitz bei Tieren eine unendliche Fülle von Vergleichbarem. Manche Tiere grenzen ihr Territorium, ihren Lebensraum, sorgfältig gegen den Nachbarn ab – durch Duftmarken aus besondere Drüsen oder auch durch ihre Ausscheidungen, die Vögel durch ihre Stimme. Grenzen von Revieren, Schlafplätzen, von Futter-, Trink- und Niststellen werden nicht nur kenntlich gemacht, sondern dann auch umkämpft und verteidigt. Wer einen territorialen Besitz nicht erringen und gegen alle Herausforderer erhalten kann, ist nicht lebensfähig.

In der Kinderstube lässt sich Ähnliches erleben. Setzt man ein- bis zweijährige Kinder zusammen und stellt ihnen allerlei Spielzeug zur Verfügung, so ergibt sich meist rasch, dass ihr Hauptinteresse darin besteht, dem anderen immer gerade das Stück zu entreißen, das er gerade zur Hand nimmt. Im Kinderzimmer wie auf dem Hühnerhof gilt offenbar, dass irgendein Gegenstand überhaupt erst interessant wird, wenn einer ihn aufgreift und im Besitz hat. Nun wollen die anderen ihn auch haben, und gackernd läuft das Huhn mit dem ergatterten Brocken – schreiend schließlich auch das Kind – fort, von allen anderen verfolgt.

Das Allein-Haben-Wollen ist natürlich zunächst einmal im Nahrungsbereich ein für den Einzelnen sinnvoller Trieb: »Selber essen macht fett!«

Aber nicht nur für Nahrung, sondern für jede Art von Besitz, der für erstrebenswert gehalten wird, gilt eben, dass er eine große Bedeutung für die Selbstbehauptung hat. Wenn ich dem anderen den Brocken entreiße, wächst meine Stärke, und zugleich wird damit der andere geschwächt, entmachtet und somit ungefährlich gemacht. So hat jede Handlung der Selbstbehauptung und der Besitznahme eine aggressive Seite.

Auf diesem Feld gibt es fest einprogrammierte Rituale der Beschwichtigung, durch die ein Tier dem anderen deutlich macht, dass es ihn jetzt nicht herausfordert, ihm seinen Besitz jetzt nicht streitig machen will. Das Schwanzwedeln der Hunde – und natürlich auch ihrer wilden Vorfahren, der Wölfe –, das Abwenden des Kopfes und Beiseiteblicken vieler Affen auch – buchstäblich wie bei den Menschen – die hingehaltene Hand und das zum Kraulen und »Lausen« hingewendete Fell sind solche Signale einer Beschwichtigung, durch deren Verwendung die Tiere Aggressionen ihrer Artgenossen abwenden. Man findet Rituale dieser Art bei den Menschen in großer Zahl. Aber diese müssen die Kinder erst lernen: Man gibt dem anderen die Hand und ihm damit zu verstehen, dass man in friedlicher Absicht kommt und das Revier, den Besitz des anderen, respektiert. Die beschwichtigende Geste des »Handgebens« kann ein kleines Kind aber noch nicht leisten. Das ist ihm erst möglich, wenn seine Bindung an die Mutter hinreichend weit genug gelockert ist. Vorher verweigert das Kind, in die angebotene Hand des Fremden einzuschlagen. Das liegt daran, dass gerade das noch unzureichend entwickelte »Ich« der Abgrenzung durch den fremden Anderen noch bedarf. Bereits die spielerische Abgrenzung des Kleinkindes mit Kissen, Bausteinen, Pappwänden oder Kreidestrichen, die Vorliebe für Zelte, Schlupfwinkel und Höhlen sind Kennzeichen dieser Komponente des Selbstbehauptungstriebes.

Gestörter Besitztrieb

Je schwächer und unsicherer sich der kleine Mensch fühlt, umso mehr strebt er dann in seinem Umkreis danach, »Schätze« anzusammeln und zu horten. Je nach Entwicklungsstatus und spezieller Mangelsituation können das dann sehr verschiedene Dinge sein: Süßigkeiten, Flaschen mit Trinkbarem, Stofftiere, Sticker, Murmeln, Briefmarken, Muschelschalen oder Käfer. Das Sammeln, Anhäufen und Horten als Tätigkeit an sich ist dabei wesentlich, der Inhalt ist demgegenüber meist zweitrangig. Kinder, die viel und vorrangig horten, haben ein Defizit in der sensiblen Phase für den Selbstbehauptungstrieb erlitten.

Solche Formen von Fehlverhalten kann man in Tierexperimenten künstlich bewirken. Jedenfalls scheint das die plausi-

belste Erklärung des folgenden Versuchs: Ratten, die man als
Jungtiere hungern ließ, zeigen eine mächtige, der normalen
Ratte ganz fremde Hortungstendenz. Solche in ihrem elementaren Besitzanspruch frustrierte Ratten fühlen sich offenbar
zeitlebens als Habenichtse; denn sie tragen so viele Papier-
schnitzel an ihren Schlafplatz, wie sie in ihrem Käfig nur auffinden können.

Bei Menschen können solche übersteigerten Sammeltenden-
zen auf ähnliche Weise entstehen, nämlich wenn das natürliche Besitzstreben des noch Ich-schwachen Kindes im Stadium
seiner Entfaltung unangemessen gedrosselt wird. Das geschah
z. B. in manchen Kommunen, die jeden Besitzanspruch der
Kinder negierte. Aber auch in einem ganz anderen Milieu,
nämlich in strengen evangelischen Pfarrhäusern oder streng ka-
tholischen Familien kam so etwas nicht selten vor: In einer zu
früh einsetzenden und übertriebenen Dressur zum Abgeben,
die zur falschen Zeit dem Kleinkind eine Haltung abverlangt,
die erst beim mündigen Erwachsenen erwartet werden kann.

Bereits Freud hatte übrigens herausgefunden, dass Kinder in
der Phase der Zwei- bis Fünfjährigkeit sogar die eigenen Ausscheidungen als wertvollen Besitz erleben können. Deshalb
kann eine harte und drastische Sauberkeitserziehung die Konstituierung des »Ich« verhindern. Das Kind erlebt, dass es
wehrlos der Nötigung zum Abgeben ausgesetzt ist und empfindet sich auf diese Weise an die Fordernden ausgeliefert,
statt die Möglichkeit zur Ablösung entwickeln zu können.
Und weil auf diese Weise der elementare Lebenstrieb nach
Selbstbehauptung in einem wichtigen Teilbereich getroffen
wird, kommt es nicht selten als Gegenimpuls zu unbewussten
Zurückhaltungstendenzen. Die Trotzphase der Verweigerung
konzentriert sich dann auf ein ganz bestimmtes Objekt: Eben
auf den Darminhalt, zu dessen »Ablieferung« das Kind zu
früh und übermäßig fordernd genötigt wird. Es schleift sich
dabei eine Form der Selbstbehauptung ein, die das Nein-sa-

gen als aggressive Ersatzbefriedigung am ganz unangemessenen Ort, nämlich auf dem »Töpfchen« abmacht. Übernimmt
schließlich der Körper selbst diese Einstellung, die das Unbewusste ihm vorschreibt, so kann daraus ein hartnäckiges Verhalten des Stuhls entstehen, die dann aber nicht selten unter
dem Druck der Physis in ein Einkoten einmündet. Das hat
weitreichende Folgen für das gesamte Verhalten; denn wenn
ein Mensch unbewusst dauernd vermeiden will, etwas herzu-
geben, wenn er unter ständiger Verlustangst steht, wird er
schließlich kaum mehr spontan handeln können. Er wird ein
Geizhals. Eine rigorose Unterdrückung des Besitzbedürfnisses
von Kleinkindern findet allerdings im Zeitalter der Pampers-
Windeln seltener statt.

Es lässt sich also feststellen: Die unausgeglichene seelische
Haltung gegenüber dem Besitz und dem Besitzstreben macht
die Welt im Kleinen und später auch im Großen zu einem
Feld von Spannungen und Problemen der Revierverteidigung,
der Abgrenzung und des In-die-Schranken-Weisens anderer.
Wer dabei wen ausbeutet, wessen Lebensrecht durch den anderen bedroht wird, das lässt sich später in der gegenseitigen
Verfilzung von heimlichen Drängen und »offiziellen« Motivationen kaum noch eindeutig feststellen; denn häufig genug ist
die Existenz des einen durch den anderen nicht nur scheinbar,
sondern in der Realität gefährdet.

Aber eine totale Aggression der Vernichtung und Ausrot-
tung ist bei Tieren nicht das Übliche – sie ist »menschlich –
allzu menschlich«! Die innerartliche Aggression der Tiere dagegen verläuft stets nach starren, festgelegten Regeln, die solchen Auseinandersetzungen einen fast »sportlichen« Charakter verleihen. Es wird nicht unter die Gürtellinie geschlagen,
sondern ein strenges Ritual kanalisiert bei jeder Spezies neu
die möglichen Formen der aggressiven Machtkämpfe, so dass
zwar der Stärkere zuverlässig ermittelt wird, der Schwächere
aber trotzdem am Leben bleibt. Der »faire Kampf«, die Scho-

nung des Unterlegenen – alles das also, was wir als Menschen
bei Spiel und Sport beachten, aber allzu leicht vergessen,
wenn es einmal ernst wird –, das gilt in der Regel für die Tiere
unter Artgenossen auch bei allem Ernst der Auseinandersetzungen. Sie handeln überhaupt nicht in unserem Sinne als
sich frei entscheidende Vernunftwesen, sondern »es handelt in
ihnen«. Dieses Es aber – eben die erblichen Strukturen des
Verhaltensinventares – ist mächtiger als ihre Individualität, es
wirkt durch sie hindurch oder – wie es Kant einmal ausdrückte – »in den Instinkten handelt Gott«. Das gelte dann zwar
auch für uns und unsere Instinkte, aber über unserem Es steht
– wenn wir Glück haben – unser kultureller Überbau, und
dort erst beginnt die Möglichkeit zur eigenen eigenständigen
Handlungsfreiheit des Menschen.[7)]

3. Störungsformen des Selbstbehauptungstriebes

Gemäß den Gesetzen der Triebbehinderung ist auch der Trieb
zur Selbstbehauptung störbar, wenn das Triebziel nicht erreicht wird. Das ist hier dann der Fall, wenn Triebentspannung oder Befriedigung nicht eintritt, weil die lebensnotwendigen Abstoßungsprozesse mit Hilfe trotziger Handlungen
nicht vollzogen werden.

Beim Kind geschieht das vor allen Dingen dann, wenn solche Regungen über lange Zeit auf Grund von Strafen der Erziehungsperson rigoros unterbunden werden. Diese Behinderungen pflegen auf dem Wege über Lernprozesse mit Hilfe
bedingter Reflexe vonstatten zu gehen: Der Impuls zum
Widerstand, der wie jede lebensnotwendige Triebhandlung
mit einem positiven Gefühlston gekoppelt ist, verwandelt sich
durch die Erfahrung der Strafe in einen negativen. Das Kind
beginnt die ungehorsame Handlung zu fürchten und zu
unterdrücken. Es tritt eine Verdrängung und dadurch eine Gehemmtheit des Selbstbehauptungstriebes ein. Die Störungen,

die nun auftreten, beziehen sich fast immer zunächst auf destruktive Handlungen am eigenen Körper, bei Tieren auch hier als ein Drang, sich selbst zu zerbeißen und zu zerkratzen. Bei Menschen kommt es sehr häufig zu Hautverletzungen mit scharfen Gegenständen – meistens mit Messern. Die Störungsformen von Tieren und Kindern am eigenen Körper haben häufig die gleiche Ursache: Sie fühlen sich ihrer Handlungsfreiheit beraubt und haben es aufgegeben, sich dagegen zu wehren.

Pathologisches Horten kann bei Menschen zu einer lebenslänglichen Ersatzbefriedigung werden und ist auch bei Tieren in Gefangenschaft beobachtet worden.

Zu Störungen kann es aber auch kommen, wenn das primäre Triebobjekt überhaupt nicht vorhanden ist, vor allem dann, wenn es während der Bergungsphase nicht vorhanden war. Ebenso aber auch dann, wenn eine überbehütende Haltung oder alles gewährende Haltung der Erziehenden keine Auslöser bietet für selbständige Handlungen des Kindes. Auch in solchen Fällen kommt es zu keiner Entlastung, weil die Funktion, die zur Triebentspannung führt, nicht getätigt ist. Junge Damselfische, so hat A. Rasa beobachtet, beginnen sich einen Gegner zu suchen, wenn sich von selbst keine Kampfgelegenheit einstellt.[8] Auch Kinder, denen die Eltern ausweichen, versuchen immer wieder, sie zu aggressiver Aufmerksamkeit zu reizen.

Befriedigung am eigenen Körper als Ersatzobjekt

Werden Kinder und Tiere in ihrer Motorik und ihren Selbstständigkeitsbestrebungen sehr konsequent behindert, so schleifen sich die aggressive Handlungen am eigenen Körper ein. So beschreibt z. B. Inhelder das Daumen-, Fuß- und Beinbeißen bei Mandrillmännchen als Ausdruck frustrierter Freiheitsbestrebungen und stellt fest, dass die Manipulationen am eigenen Körper und die Stereotypien von Affen, mit denen er ex-

perimentierte, in geschlossenem Käfig wesentlich stärker waren
als im Gehege, wo die Tiere ein großes Bewegungsfeld zur
Verfügung hatten. Typischerweise ging im Gehege die Beschäftigung mit dem eigenen Körper zurück zugunsten eines stärkeren Interesses für die Dinge der Umgebung. Andere Experi-
mentierer registrieren bei jungen Affen, die in engen Käfigen
gehalten werden, eine Fülle von Bewegungsstereotypien: Hüp-
fen, Purzelbaum schlagen, herumwirbeln, tanzen, im Kreis
drehen, hin- und herlaufen werden als Stereotypien umso häufiger gefunden, je mehr die Tiere beengt sind. Sie finden nicht
statt, wenn man sie bei ihren Müttern belässt, bzw. wenn man
ihnen in weiträumigen Käfigen mehr Bewegungsmöglichkeiten
einräumt.[9]

Durchbruch des behinderten Triebes

Auch Menschen verbringen ihre Kindheit nicht selten in einer
Art geschlossenem Käfig. Sie werden in der frühen Kinderzeit
für Ungehorsam viel und oft gestraft. Solche Kinder neigen
häufig schon im Grundschulalter zu Jähzornsausbrüchen bei
einer Haltung steif-braver Überkorrektheit, die eine Folge gezielter Gehorsamsdressur ist.

Jähzorn als Folge von Aggressionshemmungen ist in der
Neurosenliteratur häufig beschrieben worden. So schreibt Annemarie Dührssen: »Manchmal sind solche Kinder allerdings
neben der andressierten Gefügigkeit bereits früh gekennzeichnet durch gelegentliche, scheinbar sinnlose Wut- und Erre-
gungsausbrüche, in denen sich die aufgestaute innere Erregung ein Abflussventil schafft.«[10]

Und Schwidder betont auf Grund langer klinischer Erfahrung als Psychoanalytiker: »Ausgedehntes Phantasieren von
Gewalttätigkeiten, manchmal auch mit plötzlichen Gefühls-
aufwallungen und Willkürdurchbrüchen scheint bei jeder
zwangsneurotischen Strukturentwicklung eine Zeitlang vorzu-
kommen.«[11]

Behinderungen des Selbstbehauptungstriebes entstehen bei Kindern interessanterweise nicht nur durch Einengungen, die sie im Alter von ein bis drei Jahren durch starke Dressuren auf Still- und Bravsein erleiden, sondern z. B. auch durch ein langes Festliegen in Krankenhäusern während dieser Zeit. Häufig sind diese Kinder dadurch gekennzeichnet, dass sie trotz ihrer Steifheit und Bravheit von einer nervösen Bewegungsunruhe beherrscht sind. Sie können oft bei Tisch nicht stillsitzen, sind mit den Händen immer in Bewegung oder entwickeln einen Schulter- oder Gesichtstic. Solche motorischen Stereotypien ähneln in ihrer Struktur jener Bewegungsunruhe gefangener Lauftiere – wie etwa Wolf und Hyäne –, die ruhelos an ihren Käfigen entlangstreichen.

Die Drosselung motorischer Impulse hat zu einem Durchbrechen des behinderten Triebes und zu einem gesteigerten Drang nach Bewegung geführt. Wir würden in Bezug auf das Kind sagen: Die Dressur zum unnatürlichen Stillsein, das den lebensnotwendigen Bedürfnissen des zwei- bis vierjährigen Kindes nicht entspricht, ist nicht vollständig geglückt, hat gewissermaßen eine undichte Stelle, an der der Triebdruck und die motorische Stauung sichtbar werden. Dichten die Erzieher unter Anwendung von Strafen diese Stelle ab, so kommt es häufig zu anderen Pannen: Der gestaute Trieb bricht explosionsartig aus.

Das ist dann der Fall, wenn sich solche motorisch eingeengten Kinder plötzlich überschießend wild, ungebärdig und übertrieben waghalsig benehmen. Oft finden wir in ihrer Lebensgeschichte eine erhöhte Unfallhäufigkeit. Auch bei gefangenen Gazellen, diesen Lauftieren der Steppe, kennt man das plötzliche Ausbrechen in ein wildes Laufen, wobei sie sich häufig erhebliche Verletzungen zuziehen können. Zum typischen Erscheinungsbild eines Durchbruchs durch einen behinderten Selbstbehauptungstrieb gehören: gesteigerter Zerstörungsdrang oder gar blinde Zerstörungswut gegen indifferente Objekte oder Personen, hinterhältiges Angreifen und Ärgern von kleineren oder schwächeren Genossen. In diesem Zusammenhang wird deutlich, dass Aggressionen erst einen negativen Akzent erhalten, wenn sie durch einen Mangel an urtümlicher Befriedigung gestaut und verbogen werden.

Leerlaufhandlungen

Einen ähnlichen Vorgang beschreibt Lorenz bei Buntbarschen. Hat das Männchen keine Gelegenheit, vor der Verpaarung mit einem Rivalen zu kämpfen, so staut sich der Selbstbehauptungstrieb. Es wendet sich schließlich gegen das Weibchen und bringt es um.

Da die Zwangsneurose sich als Folge einer unzureichenden Selbstbehauptung einstellt, dürfen wir schließen, dass auch die Tobsuchtsanfälle solcher Menschen ein Anzeichen dafür sind, dass die Spannung des behinderten Triebes derart groß zu werden vermag, dass sie im Leerlauf durchbricht. Unzureichend verselbständigte Kinder können ausbrechen wie eine in die Enge getriebene Ratte, deren Reizschwelle sich so erniedrigt hat, dass sie dem Menschen ins Gesicht springt. Wir treffen hier wieder auf das Phänomen, dass das Objekt der Aggression mit steigendem Antriebsdruck immer weniger adäquat und schließlich sogar gänzlich belanglos wird. Die »blinde Wut« von Nilpferdbullen schildert z. B. eindrucksvoll Hediger. Im Zuge von Rivalitätskämpfen griffen die Tiere sogar ein Auto an.

Aber wie sollten Eltern den Sinn von Wutanfällen, diese Leerlaufhandlungen des Triebes zur Selbstbehauptung, bei ihren Kindern verstehen? Für sie sind sie im allgemeinen ein Zeichen übelster Unarten, die schärfster Bestrafung bedürfen. Dressurbewusste Eltern pflegen in diesem Punkt zügig und verantwortungsbewusst mit Hilfe von Strafen die unerträglichen Anfälle zu bekämpfen. Der behinderte Trieb beginnt dann verbogene und verbiegende Wege zu gehen, wie wir sie bereits aus anderen Triebbereichen kennen. Zunächst werden solche Kinder still und brav. Die Behinderungsvorgänge über Jahre führen aber dazu, dass die Kinder allmählich in ihrer Motorik steif und in ihrem Phantasieleben dürftig werden. Sie werden sportliche Nieten. Statt dessen sammeln sie Briefmarken, und das ist nicht weniger aufschlussreich. Wir haben auch bei Tieren festgestellt, dass Hortungstendenzen dann auftreten, wenn die Tiere in ihrer frühen Kindheit zu wenig bekamen. Auch Kinder mit Sammlerleidenschaften kompensieren es häufig auf diese Weise, dass sie in der sensiblen Phase der Konstituierung des Selbsbehauptungstriebes nicht zur Befriedigung ihrer lebenswichtigen Bedürfnisse haben kommen können.

Aber wo bleiben dann die Aggressionen? Werden sie total unterdrückt? Nein, im Gegenteil, die aggressive Triebspannung erhöht sich ständig. Aber sie zeigt sich jetzt nur noch verdeckt und verstümmelt, z. B. als Gesichtstic. Das Grimassieren solcher Kinder ist eine Erscheinung, die als Folge von unterdrückten Aggressionen auftritt. Und scheint es im Hinblick auf jene Fische, die, statt anzugreifen, ihre Nase in den Sand bohren, nicht des Fragens wert, ob die Ticerscheinungen des Menschen nicht auch verstümmelte, sog. Intentionsbewegungen einer Triebhandlung sind, die nicht zustande kam? Entstammen Schulterzucken und Naseziehen nicht vielleicht einer erschrocken abgewehrten Geste des Protestes oder des Angriffs?

Solche unwillkürlichen Intentionsbewegungen sind von den Tierverhaltensforschern auch bei Affen beobachtet worden. Die Tiere sind davon selbst überrascht, sie erleben die willkürliche Bewegung, z. B. ihrer Gliedmaßen, als fremd und versuchen sie wegzubeißen. Darüber hinaus entwickeln höhere Tierarten, deren Selbstbehauptungstrieb man einengt, erhebliche Stereotypien als Entlastungsventile der Aggression, die durch die unangemessene Lebenssituation als Impuls zur Selbstverteidigung verstärkt worden ist: Fellrupfen an einer immer gleichen Stelle, Fuß- bzw. Handbeißen. Anja Poeni-

chen beobachtete Verhaltensstörungen dieser Art vor allem
bei handaufgezogenen Gorillas im Gegensatz zu solchen, die
in weiträumigem Zoogelände nicht abgetrennt von den Müttern aufgewachsen waren.[12]

Wir kennen solche Gesten als Zeichen des Angriffs oder der
Verteidigung, ja der Verachtung als Zungeherausstrecken, als
Schmollen, als Achselzucken, als Schnauben oder Zähneble-
cken, ja als Zähneknirschen und als Zusammenkneifen wie als
Aufreißen der Lider. Und auch bei Tieren sind solche Gesten
zumindest als Begleiterscheinung der Wut und des Angriffs
bekannt geworden. So reißen z. B. Flusspferde, die in eine Situation zwischen Flucht und Angriff gedrängt werden, das
Maul auf.

Ich habe einmal einen extrem überbraven Knaben in meiner Praxis untersuchen müssen, der bei völlig verarmter Motorik in kurzen Abständen schnaufen musste wie ein angreifen-
der Stier in der Arena! Viele solcher gehemmten Menschen
finden im Ordnen, Waschen und Putzen eine Teilentlastung
ihres gestauten, verdrängten Selbstbehauptungstriebes. Auch
bei jenem Jungen waren Übersprunghandlungen dieser Art im
Begriff, sich als Stereotypie einzuschleifen.

Ähnlich stereotype Badezeremonien beschreibt Lind bei
Enten.[13] Diesen waren im Zoo die Flügel gestutzt worden. Sie
badeten regelmäßig ausgiebig, nachdem sie vergeblich versucht hatten, vom Wasser aufzufliegen.

Folgen von Dressurmaßnahmen

Wie weit ein Kind solchen einengenden Dressurmaßnahmen
unterliegt, wie weit der Selbstbehauptungstrieb im Einzelschicksal verstümmelt werden kann, das hängt davon ab, wie
viel angeborene Vitalstärke das Kind mitbringt, ob seine Säuglingszeit gesund verlief, wann die Dressur einsetzte und wie
lange sie mit der gleichen Bemühtheit weitergeführt wurde.
Jüngere Geschwister lassen sich meist weniger leicht »ducken«

als ältere, weil die Bemühungen der Eltern nachgelassen haben. Dadurch sind die Kinder in der Phase des Schutzsuchens nicht so sehr an die Mutter gebunden worden, und außerdem pflegt die Strenge der Gehorsamsforderungen bei Eltern ebenfalls allmählich nachzulassen. Die zweiten und dritten Kinder solcher Eltern sind daher oft nicht still, sondern eher aggressiv, das heißt, sie haben nicht den Mut verloren, sich unmittelbar zur Wehr zu setzen. Der Dressurvorgang ist nicht so vollständig gelungen. Daher gleichen diese Kinder gewissermaßen einer Dressur zum bissigen Hund. Aber ihre Entwicklung ist ebenfalls ungünstig, weil sie durch ihre Ungebärdigkeit mit der Umwelt in Konflikt geraten, so dass sich ein ähnlicher Teufelskreis anbahnen kann wie bei den bereits früher geschilderten Kindern.

Ähnlich wie bei den Diebstählen aus unbewussten Motiven ist die Hyperaggressivität eines Kindes oft ein Zeichen dafür, dass der Selbstbehauptungstrieb im Stadium des Entfaltungsbeginns so sehr Not litt und so wenig und nur selten dazu kam, sein Triebziel zu erreichen, dass er jetzt stereotypierend am primären Triebobjekt, und das heißt im Dauertrotz gegen die Eltern, hängen bleibt. Im Teufelskreis von Angriff und Strafe steigert sich der Druck des Triebes, so dass er schließlich auch auf andere Objekte übergreift. An dieser Stelle erhellt sich das Phänomen, dass Kinder, die im Elternhaus ständig geschlagen wurden, in der Schule grobe Störer sein können, ja, dass sie als Erwachsene suchtartig zu Schlägern werden können.

Auch der sadistische Abteilungsleiter bleibt deshalb ein immer gespannter, an die gestauten Aggressionen gefesselter Mensch, weil ihm die Möglichkeit, sich an einem stärkeren Widerpart zu messen, durch Angst verbaut ist. Das Abreagieren an den Untergebenen durch den nicht an der richtigen Stelle auf das richtige Maß gebrachten Triebes sättigt aber den Drang nicht ab, so dass neue Entwicklungsstufen nicht erklommen werden können; denn die Untergebenen gleichen den jüngeren Geschwistern und sind damit kein adäquater Gegner. Nach dem Gesetz der Stereotypie erhöht sich daher sehr schnell nach solchen Entlastungen die Triebspannung neu. Deshalb muss eine Gesellschaft, die keinen Wert darauf legt, ihren Kindern zu einem angemessenen Wurzelgrund der primären Lebenstriebe zu verhelfen, eine Gesellschaft von Süchtigen werden, die, wenn überhaupt, nur noch partiell willensfrei sind.

Wie gefährlich es ist, zu verhindern, dass ein Kind seine Trotzphase am adäquaten Objekt durchlebt, wird auch immer wieder an der Tatsache deutlich, dass der »Radfahrertyp« in extremen Fällen zum Affektmörder werden kann. Ähnlich wie das Buntbarschmännchen, das keinen Rivalen hat, sein Weibchen tötet,[14] kann auch beim Menschen der gestaute Trieb zur Selbstbehauptung zum Totschlag führen, und zwar umso leichter, je weniger Bindungsfähigkeit der Mensch aus seiner frühen Kindheit mitbringt. Der zwanghafte Sadist bezieht seinen Impetus zum Quälen und Morden aus einem in frühen Jahren nicht genug getätigten, zur Wucherung gebrachten oder gewaltsam zerprügelten Selbstbehauptungstrieb. Die Untersuchungen des Ehepaares Glueck in den USA haben aufschlussreiches statistisches Material darüber erbracht, wie sehr auch die Straffälligkeit bei Jungen mit den Prügeln korreliert, die sie bezogen.[15]

Eine kollektive Prügelerziehung der kleinen Kinder ist daher einer der stärksten Kriegslust-fördernden Faktoren; denn abgesehen davon, dass sie Triebbefriedigungen verhindert, steigert sie reaktiv die Aggressivität in einer Weise, die sowohl für die Gemeinschaft als auch für das Individuum im höchsten Maße gefährlichen Sprengstoff darstellt.

Dass Hyperaggressivität als Lebensverteidigung gegen eine das Kind existentiell behindernde Mutter in Erscheinung treten kann, hat mir ein Sechsjähriger in seinem Spiel mit dem Scenokasten neulich eindrucksvoll demonstriert. Er stellte einen Baum auf und umbaute

*diesen sorgfältig mit Bausteinen, bis nur noch die Krone sichtbar war.
Dann plazierte er die Kuh an den Baum und sagte: »Die oberen
Zweige kann die dumme Kuh ja gern abfressen, das schadet ja nichts,
die wachsen wieder nach.« Es war derselbe Junge, der beim Erstge-
spräch mit seiner Mutter, der Frau eines hohen Beamten, ihr plötzlich
und unvermittelt beide Beine in den Bauch stemmte und schrie: »Nun
mach schon, du Arschloch!«*

Man kann, wie wir sehen, durch falsches Dressieren nicht
nur die Pferde und Hunde »unbrauchbar machen«. Auch bei
Kindern gelingt das – und vermutlich sogar leichter und in einer gefährlicheren Weise.

Die Hirnforscher sind den chemischen Prozessen im Gehirn zwei- bis vierjähriger Kinder erst auf der Spur. Immerhin
mutmaßen sie, dass bei Kindern, die später zu Gewalttaten
neigen, an einem noch unbestimmten Zeitpunkt in ihrer
Kindheit der Serotonienspiegel abgestürzt ist und der Spiegel
des Stresshormons Adrenalin sich chronisch erhöht hat: »Was
sich für uns immer klarer abzeichnet, ist, dass die schlechte
Umgebung, der immer mehr Kinder ausgesetzt sind, in der
Tat für eine epidemische Ausbreitung der Gewalt sorgt«, sagt
Marcus Kruesi, der Leiter der Kinder- und Jugendpsychiatri-
schen Abteilung der University of Illinois Medical School,
Chicago, »die Ereignisse in solchen Umgebungen verursachen
tatsächlich molekularische Veränderungen im Gehirn, die die
Impulsivität der Betroffenen steigert.«[16]

»Für eine ständig zunehmende Zahl von Kindern gestaltet
sich jene Phase von der Geburt bis zum 3. Lebensjahr zu einer
mentalen Müllhalde, in der sich nur die knorrigen Wurzeln
gewalttätiger Verhaltensmuster halten können. Auf diese Le-
bensphase sollte sich die Aufmerksamkeit der Gesellschaft
richten, wenn sie etwas gegen die hohe Zuwachsrate von Gewalt und anderen Verbrechen unternehmen will«, resümiert
deshalb auch Ronald Kotulak in seinem Bericht über die
Hirnforschung in den USA.[17]

Unterschiede dieser Störungen bei Heim- und Familienkindern

Ich hoffe, hinreichend deutlich gemacht zu haben, dass die Hyperaggressivität von Kindern, die von stark einengenden, verwöhnenden oder vernachlässigenden Müttern erzogen wurden, einen deutlich anderen Akzent trägt als die von Heimkindern. Während das Mutterkind wütend und im Grunde unglücklich an den Fesseln zerrt, die seine Entfaltung behindern, schießt das Heimkind über seine Grenzen, weil ihm die Bindung fehlt. Kein Band und infolgedessen kein Gewissen hindert es, kaputt zu machen, was ihm in die Quere kommt. Wenn man diesen Heimkindern in der Pflegefamilie und in der Schule dann die Aggressionen drosselt, können sie sich zu furchtbaren späteren Folgen stauen: denn nur die Bindung bewirkt die Tötungshemmung – nicht die Angst vor der Strafe oder die Gesetzestafel! Hierauf beruht die Tatsache, dass Mörder so häufig »Fürsorge-Zöglinge« sind.

Die sich erweiternde Funktionsfähigkeit

Wie bereits in anderen Triebbereichen deutlich gemacht worden ist, erwirbt der Mensch durch hinreichende Triebbefriedigungen, durch das Tätigen von sich ablösenden, sich verselbständigenden Handlungen eine Funktionsfähigkeit, die nicht an das ursprüngliche Triebobjekt gebunden bleibt. Das heißt für den Selbstbehauptungstrieb: Ein Mensch, der seine Trotzphase befriedigend vollzogen hat, hat auch später die Möglichkeiten zu verteidigen, was immer es zu verteidigen gibt. Er kann sich durchsetzen gegen seine Mitschüler, er kann sich einen Rang erkämpfen, er kann seinen Rivalen im Kampf um ein begehrenswertes Mädchen mattsetzen. Und auf diesem Boden einer ersten gesunden Trotzphase gelingt ihm die weit schwerere Aufgabe: die Ablösung von den Eltern in der Pubertät. Und auch alle späteren Ablösungsversuche, die im Erwachsenenalter seiner harren, bis zur Ablösung von expansiven Lebenserfüllungen im Alter, können nur vollzogen werden mit dieser so früh erworbenen Funktionsfähigkeit des Kämpfens und Verteidigens: der Fähigkeit zur Selbstgestaltung. *(siehe Abb. 6)*

Wir kennen das, weil auf dem Boden der Psychoanalyse die Lebensschicksale von unausgeglichenen Charakteren hinreichend studiert worden sind.[18]

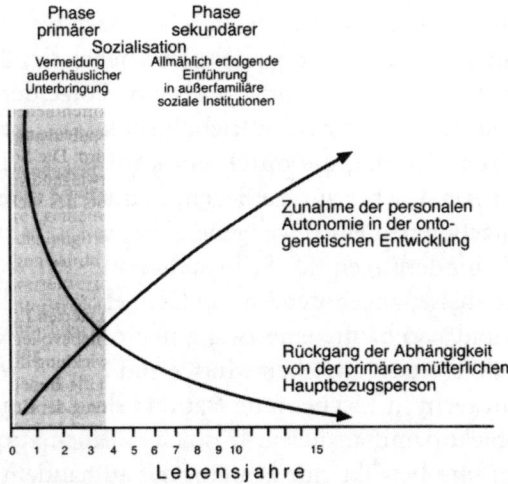

Abb. 6: Grafische Darstellung zum prinzipiellen Verständnis der altersspezifisch unterschiedlichen Ansprüche des Kindes auf eine flexible Gewichtung von familiärem Lebensraum und Einführung in außerfamiliäre soziale Gruppen und Institutionen (nach Pechstein 1973).
Phase der primären Sozialisation (= bis zum 4. Lebensjahr). Notwendigkeit »primären« sozialen Lernens über zumindest einen »elterlichen« Erwachsenen, der ständig verfügbar, liebevoll zugewandt ist und eine stabile soziale Grundorientierung vermittelt;
Notwendigkeit des emotionalen, sensomotorisch-kognitiven Zugangs zum Kind;
Notwendigkeit der Sicherung des familiären Lebensraumes und der Vermeidung außerhäuslicher Unterbringung.
Phase der sekundären Sozialisation (= jenseits des 4. Lebensjahres)
Notwendigkeit zunehmenden »sekundären« sozialen Lernens über Gleichaltrige und Gruppen;
Notwendigkeit allmählich zunehmender intellektueller, sprachlich-kognitiver Anregung und Erziehung;
Notwendigkeit der Förderung der sozialen Selbständigkeit mit Einführung in außerfamiliäre Institutionen unter Einhaltung des familiären Lebensraumes.
Aus: Fortschritte der Sozialpädiatrie, Bd. 2, J. Pechstein: Sozial behinderte Kinder. (Hrsg.: Hellbrügge, Th., S. 255).

Funktionsmangel

Diese Erkenntnisse verifizieren sich auch daran, dass es zu echten Triebstauungen auch bei jenen bedauernswerten Kindern kommt, die in ihrer frühen Kindheit gar keine Möglichkeit dazu hatten, sich in der Trotzphase ihre Selbständigkeit handelnd zu erkämpfen. Ich meine damit jene Kinder, denen durch die Fehlvorstellung ihrer Erzieher, dass Aggression allein reaktiv entstünde, prinzipiell alles erlaubt wird. Solche »nicht frustrierten« Kinder zeigen schon nach wenigen Jahren eine Haltung chronisch übersteigerter Aggressivität und wütend erhobener Riesenansprüche als eine Folge der Not, dass sich ihnen das »rechtmäßige« Triebobjekt konstant entzog.

Aber auch Kinder, die durch ein körperliches Leiden gezwungen waren, jahrelang zu liegen, und die in ihrer Motorik durch angeborene Leiden weitgehend behindert waren, zeigen häufig Behinderungen des Selbstbehauptungstriebes. Spastiker, Schiefhälse, angeborenerweise Gehbehinderte haben deshalb sekundär so häufig eine zwangsneurotische Struktur, weil der Konfliktbereich zwischen Mutter und Kind durch das Leiden nicht recht in Erscheinung trat und die Betätigungen am Primärobjekt damit ausfielen. In solchen Fällen atrophiert die Funktion und bewirkt eine Unfähigkeit zu handeln, wodurch der Trieb sich staut, so dass Ersatzventile und Fehlverhaltensweisen entstehen. Nichts ist geeigneter, das Bestehen der uralten Vitaltriebe auch im Menschen zu beweisen, als solche sekundären Charakterverbiegungen.

Ich möchte das eben Gesagte noch an einem Fall von Hüftgelenksluxation erläutern: *Nach einer normalen Geburt wurde bei einem kleinen Mädchen ein solches Leiden festgestellt, als es im Alter von acht Monaten begann, sich aufzurichten und zu laufen. Die Erkrankung führte das Kind zunächst sechs Wochen und nach zwei Monaten abermals für sechs Wochen ins Krankenhaus. Danach musste es weiterhin liegen. Im Alter von zweieinhalb Jahren durfte es erste Laufschritte machen. Die Mutter berichtet, dass sich nach dem Kranken-*

hausaufenthalt die Entwicklung weitgehend verzögert habe. Claudia gibt kaum Lautäußerungen von sich, der Wortschatz ist infolgedessen wenig entwickelt. Sie leidet typischerweise außerdem an asthmatischen Bronchitiden.

Die Hirnforschung bestätigt, dass der Selbstbehauptungstrieb atrophieren kann: Beim Studium eines freilebenden Pavianrudels in Afrika stellte der Biologe Robert Sapolsky fest, dass die Affen am unteren Ende der Hackordnung, die ständigem Stress ausgesetzt waren – wie etwa der Bedrohung durch Angriffe von Seiten des Alpha-Männchens in der Gruppe – hohe Glucokorikoid-Spiegel aufwiesen. Bei den Glucokortikoiden handelt es sich um eine Familie von Stresshormonen, zu denen auch das Adrenalin gehört.

Als Sapolsky sich mit Hilfe eines hochauflösenden Magnetresonanz-Scanners die Gehirne der Tiere anschaute, registrierte er einen beträchtlichen Substanzverlust am Hippocampus und Ammonshorn, einem Hirnsegment, das mit Lernen und Erinnerung in Zusammenhang steht. Unter Einwirkung von Stresshormonen verdorrten die Verbindungen zwischen den Hirnzellen; dauerte diese Einwirkung weiter an, dann starben sogar die Zellen selbst ab. Genau die gleichen Hirnschäden wurden auch bei Laborratten festgestellt, die schwerer Stressbelastung ausgesetzt waren.[19)]

Aber wir sehen solch eine Atrophie der Funktion bei gleichzeitigen Stauungen und Verbiegungen des Selbstbehauptungstriebes nicht nur, wenn die Betätigung der Motorik ausfällt oder wenn der Trieb an die Barriere rigider elterlicher Verbote stößt. Wir sehen sie bezeichnenderweise auch dann, wenn die Mutter dem Kind zuviel Schutz bietet, wenn sie es mit bergender Mütterlichkeit zuschüttet, weich vergewaltigt. Auf diese sog. »Overprotection« und ihre Folgen ist in der psychoanalytischen Literatur vielfältig hingewiesen worden (s. Schwidder, Riemann, Dührssen, Meves u. a.). Solche überbehüteten Kinder sind konsequenterweise von einer übersteigerten Übergewissenhaftigkeit. Aber dieses Verantwortungsgefühl ist einseitig verzerrt. Sie können schließlich nicht mehr handeln, weil sie an ihrer Gründlichkeit und Genauigkeit scheitern, ja ihre Bindung an die Mutter ist so groß, dass es ihnen nicht mehr gelingt, die Mutter auch nur für Augenblicke zu verlassen. Sie werden auf diese Weise hochgradig unsozial.

Eine sehr schöne Studie hat auch Harlow zu diesem Problem an Affen unternommen: Affenkinder, die einzeln und ohne Mitgeschwister bei ihrer Mutter aufwachsen, sind als ausgewachsene Tiere fast so unbeholfen im sozialen Kontakt wie Tiere, die ihre Jugend gänzlich isoliert verbrachten.

Kinder mit einem hypertrophen Gewissen und einer hypertrophen Bindung an die Mutter und einer atrophierten Funktion des Verteidigens entwickeln häufig schwere Störungen, die lebenslänglich und lebensgefährlich sein können.

Zwei Fälle sollen das beleuchten: *Eine selbstunsichere Frau hatte ihr drittes Kind nur mit innerem Widerstreben ausgetragen. Als es geboren wurde, war sie »todunglücklich« darüber, dass es – wie die beiden älteren – ein Mädchen war. Nach einer anfänglichen Phase der Gleichgültigkeit gegen das Kind, in der es viel schreien musste, begann die Mutter, die sich schließlich selbst verurteilte wegen dieser ihrer Abneigung gegen das Kind, in einer übertriebenen Weise zu versuchen, dem Kind dennoch »zu seinem Recht zu verhelfen«.*

Das sah in der Wirklichkeit so aus, dass sie es, als es zu laufen begann, überängstlich beschützte, es nie aus den Augen, ja kaum einmal von der Hand ließ. Das Kind entwickelte bald eine übersteigerte Angst vor allem Fremden, während seine geistigen Fähigkeiten sich typischerweise erstaunlich gut ausbildeten. Als das Kind in die Schule kam, begann sich jeden Morgen ein Drama in der Familie abzuspielen. Obgleich das Mädchen seine Schulaufgaben mit einer Präzision ausführte, die die Lehrerin entzückte, fürchtete es dennoch, den Anforderungen in der Schule nicht gewachsen zu sein. Es hatte Angst, keine Eins zu bekommen, es fürchtete sich vor den Kameraden, gegen die es sich nicht verteidigen konnte, es wollte überhaupt bei der Mutter blei-

ben. Schließlich saß das Kind – den Schulbesuch verweigernd – nur noch daumenlutschend in einer Zimmerecke und verkroch sich hinter seinen Armen, wenn ein Fremder kam. Der Anblick glich in einer erstaunlichen Weise jenen von frühauf sozial behinderten Affen, wie Mason sie beschreibt. Auch diese Affen kriechen in einem fremden Raum in eine Ecke, lutschen am Daumen oder an der Zehe und verschränken ihre Arme um den Kopf.

Wenn diese Mutter zaghaft versuchte, gegen das Verharren und gegen das Fehlen in der Schule Einspruch zu erheben, machte die Siebenjährige wirkungsvolle Erpressungsversuche. Sie schrie: »Ihr seid grausam, ihr quält mich, ihr seid Kindermörder. Ich geh' jetzt nach oben und spring' vom Balkon, dann braucht ihr nur noch einen Kranz für den Friedhof zu kaufen!« Oder sie riss ein Kartoffelschälmesser aus der Schublade, richtete es mit wildem Gesichtsausdruck gegen ihre Brust und schrie: »Gleich stoß' ich zu, dann könnt ihr sehen, wohin ihr mich gebracht habt!«

Es ist für solche Kinder, deren pervertierter Selbstbehauptungstrieb nur noch als erpresserische Selbstmorddrohung durchzubrechen vermag, typisch, dass ihr Protest gegen die Mutter sich als passiver Widerstand in einer Ablehnung oder extremen Einschränkung der Nahrungsaufnahme zeigt, so dass sie klein bleiben, dürftig und mager werden. Da die überbesorgte Mutter bald auf diesem Sektor zusätzlich drängend wird, schleift sich der Protest vor allem deshalb ein, weil wenigstens in diesem Bereich die Mutter die Rolle des Widerparts übernimmt. In extremen Fällen kann es auch auf diesem Wege zu einer chronischen Essstörung kommen, die lebensbedrohliche Formen annehmen kann.

So wurde mir jüngst aus dem Krankenhaus ein siebenjähriges Mädchen geschickt, das bei seiner Einweisung vor Entkräftung nicht mehr hatte stehen können. *Das Kind war von seiner Mutter drei Jahre lang gestillt worden. Noch während einer erneuten Schwangerschaft der Mutter und weiter nach der Geburt des Geschwisters war das Kind nicht abgestillt worden. Nur die schweren*

Zustände chronischen Erbrechens des Mädchens hatten dieser zu lang überdehnten Stillperiode ein Ende gemacht. Das Mädchen war – obgleich einfacher Leute Kind – in seiner intellektuellen Entwicklung weit über dem Durchschnitt seiner Altersgenossen, trug aber bei Behandlungsbeginn eine übersteigert fremdelnde Ängstlichkeit zur Schau.

Erst ein langes Nachüben des Selbstbehauptungstriebes verbunden mit einer langfristigen Trennung von ihren Müttern konnte diese beiden Kinder schließlich wieder lebensfähig machen.

Diese Erfahrungen finden in den Beobachtungen von A. Rasa an jungen Damselfischen eine bemerkenswerte Parallele. Finden diese kleinen Korallenbarsche keinen Gegner, obgleich sie ihn suchen, so gerät ihr ganzes Triebgefüge aus dem Gleichgewicht. Sie verfallen dann psychologisch und physiologisch in einen »untererregten« Zustand, aus dem sie nur durch das Anbieten eines Gegners wieder in den Normalzustand zu bringen sind.[20]

Psychosomatische Symptome

Was geschieht, wenn man Ratten, diese Tierspezies mit einem angeborenermaßen hohen aggressiven Triebpotential, festbindet und an Handlungsvollzügen behindert? Sie bekommen innerhalb von vierundzwanzig Stunden ein Magengeschwür. Der Selbstbehauptungstrieb, dem die Möglichkeit zur Betätigung und Ersatzbetätigung rigoros genommen wird, »konvertiert in den Körper«, es kommt zu einer Funktionsstörung.

Auch Menschen, die es nicht gelernt haben, ihren Besitz zu verteidigen, neigen dazu, Magengeschwüre zu bekommen, freilich nach übereinstimmenden Untersuchungen nur dann, wenn der Mangel zur Besitzverteidigung auf dem Boden einer oralen Schädigung erwächst – und das ist häufig der Fall. Denn es ist ja meist dieselbe Mutter, die mit derselben Härte, mit der sie den Säugling schreien ließ, ihm jetzt, in der Trotzphase, weitere Versagungen hinzufügt. Das ist im tragischen

Circulus vitiosus doppelt der Fall, wenn das kleine Kind mit seiner übersteigerten oralen Bedürfnisspannung jetzt lärmend seine Besitzwünsche ertrotzen will!

Schwidder schreibt dazu: »Obwohl es verschiedenartige Ausprägungen der Persönlichkeit gibt, lässt sich eine übereinstimmende Beobachtung an vielen Magenkranken machen: Sie sind nicht in der Lage, innere Konflikte ihres Besitz- und Geltungsstrebens autonom mit Vernunft und innerer Abstandnahme zu bewältigen. Keiner meiner Patienten hatte in der Kindheit gelernt, seine Besitzwünsche adäquat durchzusetzen oder auf sie zu verzichten. Meist kam es zu einem oberflächlichen, durch Ideologien verbrämten Verzicht, deren Sprengstücke habgieriger Wünsche zu einer ständigen Beunruhigung werden, zu einem Spannungszustand führen, der nicht gelöst werden kann, da die Herkunft der Sprengstücke nach langer eingeübter Verdrängung nicht mehr bewusst wird. Es entwickelt sich eine depressive Charakterstruktur, die überkompensiert wird, insbesondere werden die oralen Erlebnislücken sekundär entstellt. Zur Ausprägung solcher Krankheitsbilder gehört es, dass sich gegenüber den oralen Wünschen eine starke Ambivalenz entwickelt, dass bei weitgehender Genussunfähigkeit Leistungsdressate, eine Pseudo-Ichstärke mit hohen Anforderungen an sich selbst zur Ausbildung kommen. Weiterhin entwickeln sich, gewissermaßen als Schutz gegen den bewussten Willen, retentive Haltungen, die m. E. der von Glatzel beobachteten verminderten Ausdrucksfähigkeit entsprechen. Im mitmenschlichen Erleben zeigen sich Ungeduld, latenter Neid auf sozial Bessergestellte, hochgespannte Erwartungen hinsichtlich einer mütterlichen bergenden Atmosphäre, eine Neigung, sich da zurückzuziehen, wo man nicht in irgendeiner Weise etwas profitieren kann, mit häufigen Enttäuschtheits- und Ärgerreaktionen.«[21]

Die psychosomatischen Funktionsstörungen, die besonders häufig auf dem Boden gehemmter Selbstbehauptung in der sensiblen Phase der 2-4jährigkeit entstehen, sind Darmstörungen und Störungen der Atemwege. Die ersten stehen meist in Beziehung zu einer fehlerhaft vollzogenen Sauberkeitsgewöhnung, die auf dem Wege über den bedingten Reflex den Akzent des Besitzverlustes erhielt. Diese Störungen sollen aber in diesem Zusammenhang nur erwähnt werden, weil es nicht gelang, vergleichbares Material ausfindig zu machen – begreiflicherweise, weil überhaupt nur wenige domestizierte Tiere zur Sauberkeit erzogen werden und weil ihre Instinkthandlungen auf dem Boden des Selbstbehauptungstriebes meist erst im Erwachsenenalter Ernstcharakter bekommen. Weil im Gegensatz dazu die aggressiven Handlungen schon des kleinen Kindes den Charakter eines Ernstverhaltens tragen, d. h. weil das Geschehen in dieser Phase für den Menschen einen lebensnotwendigen Wert hat, nur deshalb kann die in diese Zeit fallende fehlerhafte Sauberkeitsgewöhnung einen schädigenden Effekt zeitigen. Über den Weg des bedingten Reflexes werden die Forderungen zur Kot- und Urinabgabe verknüpft mit dem allgemeinen Empfinden des Kindes, nichts für sich behalten zu dürfen, keinen eigenen Besitz haben zu dürfen, keine Luft zum Atmen zu haben. Es ist deshalb gewiss kein Zufall, dass bei Funktionsstörungen, auch der Atmungsorgane, gleichzeitig ausgedehnte Störungen im Besitzverhalten gefunden werden; denn die Verteidigung von Besitz ist nun einmal ein Teilbereich des Selbstbehauptungstriebes. (siehe auch Jores, Schwidder, Dührssen, Alexander u. a.).

4. Probleme der Therapie

Man kann einen Nashornbullen, der sein Horn im Käfig stereotyp abscheuert, dadurch heilen, dass man ihm einen schweren Ball zur Verfügung stellt, mit dem er hornstoßend durch sein Territorium tollt. Man kann ein Kind, das an einer Aggressionshemmung leidet, dadurch heilen, dass man mit ihm Fußball spielt, mit ihm Bogen schießt, mit ihm Töpfe zertrümmert, mit ihm boxt und Schwertkämpfe veranstaltet. Aber man überschätze – das sei auch an dieser Stelle noch einmal wiederholt – nicht den Wert der Sachobjekte in der Kinderpsychotherapie. Sie haben zwar einen triebentlastenden Wert, führen aber, wie alle Triebbefriedigungen an Ersatzobjekten, zu einer rascheren Erneuerung der Triebspannung, zu einer schnelleren Reizschwellenerniedrigung.

Der heilende Effekt – auch bei der Therapie der Funktionsstörungen des Selbstbehauptungstriebes – muss im Einsatz des mitagierenden Menschen liegen. Er hat die Aufgabe, die bei dieser Störung unangemessen starken Schuldgefühle zu entlasten und das Zulassen zumindest aggressiver Fantasien und deren eventuelle Folgeerscheinungen therapeutisch zu begleiten. Er muss die Rolle jener Person übernehmen, die bisher verhinderte, dass die Phase der »handelnden Weltbewältigung« befriedigend vollzogen werden konnte. Er muss die Rolle des Widerparts einnehmen, der im fairen Kampf danach trachtet zu gewinnen, der sich aber auch besiegen lassen können muss, der das selbständige Handeln gewährt und die Einhaltung unumstößlicher Grenzen fordert. Das bedeutet ein schweres und kunstreiches Jonglieren auf dem hohen Seil des richtigen Maßes – für den Therapeuten, der den Kranken heilen soll, noch mehr als für eine Mutter mit ihrem gesunden Kind in der Trotzphase.

5. Zusammenfassung

Wir wollen vorläufig zusammenstellen, was uns über die biologischen Gesetze der Störungen des Selbstbehauptungstriebes einsichtig wurde.

1. Weil der Selbstbehauptungstrieb ein endogener Drang ist, der eine abstoßende Funktion hat, zeigen sich bei Kindern

und Tieren gleichartige Störungen, wenn er behindert wird.

2. Übersteigerte Bewegungsunruhe ist das Anzeichen eines überhöhten Triebdruckes, einer gesteigerten *Appetenz*.

3. Eine große, gleichartige Formenfülle zeigen Menschen und Tiere bei jenen Störungen, die auf eine *Befriedigung am Ersatzobjekt* ausweichen, vor allem bei den Manipulationen am eigenen Körper.

4. *Übersprunghandlungen* sind die Domäne der Störungen des Selbstbehauptungstriebes besonders bei Behinderung der Selbstverteidigung. Die Zwangshandlungen der Zwangsneurotiker tragen häufig den Charakter von Handlungen aus einem anderen Funktionskreis, im Widerstreit zwischen Angriff und Flucht genauso wie das Picken, Putzen, Schütteln, Gähnen von Tieren, deren eigentliche Triebhandlung nicht zum Zuge kam. Beim Menschen zeigen sich solche Intentionsbewegungen als Rudimente verstümmelter Wutgebärden, vor allem im Tic. Übrigens kann auch das Stottern, das oft auf dem Boden einer gehemmten Selbstbehauptung entsteht, vermutlich so eine »Intentionsbewegung« sein, d. h. also ein verstümmelter Impuls, sich verbal zur Wehr zu setzen; ein Impuls, der nicht zustande gekommen ist. Es ist einleuchtend, dass auch auf dem Gebiet der Sprache Funktionsstörungen in Erscheinung treten, da der Mensch ja auch mit Hilfe der Sprache die Möglichkeit hat, sein Recht zu behaupten. Daher finden wir in den Anamnesen von Stotterern häufig massive Behinderungen aggressiver Sprachäußerungen und von Impulsen zu spontaner, eigenständiger Durchsetzung, die in der frühen Kindheit unterbunden worden ist.

5. Es ist gelegentlich mit Hilfe von Experimenten sogar gelungen zu verifizieren, dass die rigorose Behinderung von motorischen und aggressiven Handlungen bei Tieren *organische Veränderungen* und schwere Funktionsstörungen hervorrufen kann, von der Art, wie sie als Folge einer zwangsneuro-

tischen Strukturentwicklung beim Menschen häufig beschrieben worden sind.

6. Die Bedeutung und das Schicksal des Selbstbehauptungstriebes in der Ontogenese bei Menschen und Tieren ist offensichtlich verschieden. Die meist spielerischen Aggressionen von Jungtieren sind Vorübungen für den Ernstfall Leben. Die eigentliche Instinkthandlung findet ihr Objekt erst im Erwachsenenalter und hat dann Verteidigungscharakter im Dienst von Lebens- und Arterhaltung. Sie mündet ein in einen starren Instinktmechanismus.

7. Der Selbstbehauptungstrieb des kleinen Kindes hingegen findet zunächst in der Mutter, bzw. in der ersten Bezugsperson, an die sich das Kind band, ein erstes primäres Triebobjekt mit Ernstcharakter, weil ihm die Eigengestaltung seines Lebens nur gelingt, wenn es die Ablösung aus der Urgemeinschaft vollzieht. Dabei bilden die Geschwister Übungsobjekte für den späteren Umgang und die notwendige Einfügung in gesellschaftliche Hierarchien. Ja, diese ersten Übungen sind überhaupt die Voraussetzung dafür, dass der Mensch im Gegensatz zum Tier ein »Werdender« bleiben kann. Und auch die befriedigend vollzogene Ablösung macht eine Generalisation der Triebobjekte möglich. Das heißt, dass das gesunde Durchlaufen der Trotzphase zu einer stabilen Ausbildung des Ich führt, die es ihm später möglich macht, sich durchzusetzen und seine eigenen Belange zu verteidigen. Ein gesundes Ich setzt Misserfolgen Widerstand entgegen, entwickelt Ausdauer und Unerschütterlichkeit. Der Mensch kann auf dieser Basis immer neue Stufen der Eigengestaltung erklimmen, weil er durch Erfahrungen in dieser sensiblen Phase hinreichendes Vertrauen in die eigenen Fähigkeiten entwickelt hat. Und diese positiven Erlebnisse bilden die Voraussetzung zur Entfaltung der Kreativität, des schöpferischen Einfallsreichtums, wozu eigentlich mehr oder weniger jeder Mensch begabt ist, wenn sie

nur nicht eingeengt und gedrosselt wird, sondern – besonders in dieser Phase hinreichende Anregung erfährt.

8. Voraussetzung zu einer reichhaltigen optimalen Entfaltung ist freilich, dass sich die zwei »Partialtriebe« der Säuglingszeit dem Selbstbehauptungstrieb zugesellt haben. Ohne den oralen Antrieb kann der Mensch nichts erwerben, sich nicht neugierig öffnen und aus seiner ursprünglichen Bindung an die Eltern erwächst ihm die Möglichkeit zur sittlichen Verantwortung, die sich im Erwachsenenalter selbst die notwendigen Grenzen setzt.

9. Gelingt dem Menschen diese Ablösung nicht, bleibt er starrer als das Tier, ein Opfer seiner »unbewältigten Vergangenheit«. Seine Handlungen bleiben aggressions- und besitzgetönt, weil die Triebspannung chronisch erhöht ist. Seinen »Triebobjekten« wohnt nicht der Inhalt einer neuen Entfaltungsebene inne, sondern sie bleiben »Übertragungen« der einst hindernden Person. Die späteren Bezugspersonen solcher Neurotiker werden, ohne dass beide das wissen, in die Rolle der Mutter gedrängt mit dem immer wieder erneuerten und immer wieder fehlschlagenden Versuch, an ihnen heil zu werden von internalisierten psychischen Einengungen, die über das Leben der in dieser Weise seelisch behinderten Menschen verhängt sind (siehe die Konkretion dieser Zusammenhänge an einer Fallschilderung in Mut zum Erziehen [22])). Deshalb kann die Therapie solcher Störungen grundsätzlich und im Gegensatz zur Therapie von Tieren, nur am Menschen erfolgen, am Therapeuten, der entbindet zur Freiheit und einem gesunden Maß an Fähigkeit zur Selbstverteidigung und Eigenwillen, mit dem es schließlich sogar möglich wird, Widerpart und Grenzwächter des eigenen Urtriebes zur Selbstbehauptung zu sein.

6. Exkurs

Es gibt einen Bereich des Selbstbehauptungstriebes, den wir bisher noch nicht erwähnt haben, obwohl gerade in ihm der Instinkt seine großen Feste feiert: das ist die »Hackordnung«, wie wir es auf dem Hühnerhof nennen: die abgestufte Reihenfolge des Hackens und Gehacktwerdens. Auch jeder Mensch – wenn er nicht ein einsiedlerischer Robinson ist – steht irgendwo in einer solchen Hühnerhof-Hierarchie und weiß daher auch aus eigener Erfahrung, wie mächtig der dazugehörige peinliche Radfahrerinstinkt in ihm lebt: »Nach oben buckeln und nach unten treten!« Es ist ein Instinkt, den ein Wolf, ein Affe und auch ein Huhn haben müssen, um durchs Leben zu kommen und in der Sozietät einen Platz einzunehmen – und er ist in uns ebenfalls deutlich spürbar angelegt. Aber nur der Mensch kann sich dieses Instinktes schämen – er ist vielleicht nie so sehr Mensch als dann, wenn er sich solcher Regungen schämt. Und dennoch ist diese Hackordnung im Tierreich eine Erscheinung, die ihren biologisch guten Sinn hat: wenn der Stärkste führt, ist die Überlebenschance der ganzen Gruppe am ehesten gewährleistet.

Es gibt bei den Tieren schließlich nur diese eine Dimension: der Stärkere ist auch der Bessere, der Gesündere. Dass bei uns nicht mehr das Faustrecht gilt, dass nicht mehr der größte Muskelmann automatisch das Regiment führt, ist eben eine Sonderheit unserer Art, die mit den neuen Dimensionen zusammenhängt, in die uns unsere geistige Entwicklung führ-

---

Fußnote: Auch bereits in der sensiblen Phase der Konstituierung des Selbstbehauptungstriebes wird das Kleinkind mit hierarchischen Strukturen konfrontiert – in der Familie auf sehr natürliche Weise durch seine Geschwister. Das ist der Sinn von Rivalitätskämpfen mit anderen Kindern: Sich in Selbstbehauptung einzuüben. Auch hier spielt dieser Trieb also eine maßgebliche Rolle. Da ein zwischen Tieren und Kindern vergleichendes Kapitel auf diesen Gebiet aber in dem Buch von Christa Meves und Joachim Illies:« Liebe und Aggression« (ebenfalls im Resch Verlag, Gräfelfing 2000, S.137 – 150 Buch bereits vorliegt, soll es hier als Exkurs im Nachdruck erscheinen.

te. Auch bei uns gibt es durchaus noch eine zweckmäßige Rangordnung, eine sinnvolle Hierarchie – wenn sie auch nicht mehr alleine von der Muskelkraft abhängt. Eine gut geführte Gruppe von Menschen wird zu besserer Bewältigung ihrer Aufgaben in der Lage sein als eine schlecht oder gar nicht geführte Gruppe. Mir scheint es dringend nötig, dass man eine solche schlichte Tatsache wieder vorurteilsfrei anerkennt; denn manche ideologischen Vereinfacher haben uns in diesem Bereich die Unterscheidung zwischen gutem Brauch und bösem Mißbrauch vernebelt. Wer »oben« ist, wird heute rasch als Ausbeuter verteufelt oder zumindest mißtrauisch beäugt, ob er nicht andere unterdrücken will. Das mag auch manchmal so sein; aber wo es so ist, herrscht Mißbrauch des Amtes, das gewiß nicht dazu da ist, andere zu treten und zum Buckeln zu nötigen und auszunutzen. Aber es ist doch nicht immer und überall so – Rangordnungen haben auch beim Menschen im Grunde einen gruppenerhaltenden Sinn!

Bei den Affen ist das jedenfalls klar. Dort hat sich kein Ideologe etwas ersonnen, sondern es hat sich vor dem streng objektiven Gerichtshof der Selektion so bewährt. Wer an der Spitze der Gruppe steht, hat gewisse Vorrechte: er darf als erster an die Bananen und an die Weibchen. Aber er hat klare Konsequenzen zu ziehen; denn er muß auch als erster an den Feind. Das ist die Kehrseite: er muß seinen eigenen Flucht- und Selbsterhaltungsinstinkt zügeln können, sonst verliert er seinen hohen Rang. Es gibt also natürliche Gesellschaftsstrukturen bei den in Gruppen lebenden höheren Tieren, es gibt den Oberaffen und den Unteraffen, und es gibt zwischen Alpha- und Omega-Tier eine ganze Skala von Rangplätzen, die man jeweils nicht zufällig findet oder gar erbt, sondern die man sich erwerben muss. Allerdings gibt es dabei manchmal auch Startvorteile ohne eigenen Verdienst. So hat in einem Hirschrudel das Kalb der obersten Hirschkuh – also der Hauptfrau des Platzhirsches – von vornherein einen höheren

Rang als das Kalb einer Nebenfrau. Ein wenig »menschelt« es also auch dort: es gibt angeborene Privilegien, Chancen-Ungleichheit, schon bei den Herdentieren. Und es gibt darüber hinaus in manchen Fällen sogar den Erwerb einer »gesellschaftlichen Stellung« durch Einheiraten! So nimmt zum Beispiel bei den Dohlen das zunächst rangniedrigere Weibchen nach der Paarung an dem höheren Rang ihres männlichen Partners teil. Konrad Lorenz hat berichtet, dass es geradezu peinlich sei zu beobachten, wie solche durch Heirat hochgekommene Dohlenweibchen sich gegenüber ihren ehemaligen Standesgenossinnen benähmen: so hochnäsig, so hochschnäbelig!

Das ist allerdings eine extreme Ausnahme; aber soviel gilt allgemein für tierische Hierarchie: einer steht an der Spitze, die anderen sind ihm untergeordnet, meist in abgestufter Rangfolge. Jeder Rang in dieser Hierarchie muß errungen und gegen Herausforderer verteidigt werden. Es entsteht dabei im altersmäßigen Wechsel der Positionen ein Organismus höherer Ordnung, nämlich ein arbeitsteiliger Verband mit optimaler Wirksamkeit gegenüber der Umwelt. Die Tierverhaltensforschung kann hier eine wertvolle Orientierungshilfe geben; denn diese Gesellschaftsordnungen mit unterschiedlicher Ranghöhe haben sich bei den Tieren bewährt, und zwar besonders bei den höheren Tieren, die in einem gewissen Umfang ihre Umwelt bewältigen und sich durch die Arbeitsteilung als flexibel und dem Schwarm Gleichartiger als überlegen erwiesen haben. So dürfte also diese Hierarchie auch für den Menschen zunächst einmal eine natürliche Gegebenheit darstellen – ja, eine vorteilhafte biologische Ausgangssituation.

Allerdings genügt sie noch nicht allein. Denn auch das, was aus dieser biologischen Ausgangssituation an spezifisch Menschlichem erwächst, bedarf weiterhin der strukturierten Ungleichartigkeit. Die Sprache, vielleicht das wesentlichste

Merkmal des Menschen, wird in dem Maße notwendig, wie sie die Verschiedenartigkeit der Ränge und Aufgaben unter den Mitgliedern der Gruppe erfordert. Die Möglichkeit der Aufsplitterung der Gruppe in unterscheidbare Mitglieder unterschiedlicher Funktion läßt nun erst oberhalb der Ebene der Art – oberhalb der Uniformität des Heringsschwarmes – den Einzelnen entstehen. Indem er sich aggressiv von den anderen absetzt und seinen Rang in der Hierarchie einnimmt, wird er zum eigenen Selbst, zur Person.

Es deutet sich schon bei den höchsten Tiergesellschaften an, was eigentlich erst in vollem Umfang für den Menschen gilt: »Höchstes Glück der Erdenkinder ist doch die Persönlichkeit.«

Die Andeutung solcher Persönlichkeiten gibt es sogar schon bei Tieren. Jeder Hundefreund ist von der Individualität seines Lieblings überzeugt und wird mit Geschichten aufwarten können, die »typisch« für seinen »Waldi« sind. Doch muss man hier berücksichtigen, dass ein Hund auf seinen Herrn derartig geprägt ist, dass er eigentlich nur das ausführende – und ins Hundemäßige übersetzende – Organ einer Individualität ist, die aus ihm und seinem Herrn gemeinsam besteht. Aber die Beobachtungen von Jane Goodall an freilebenden Schimpansen haben doch den Beweis erbracht, dass in einer Affenherde das Einzeltier schon deutlich Züge der Personalität trägt, also gewissermaßen einen »Charakter« hat. Das geht so weit, dass einzelne Mitglieder der Gesellschaft, wenn sie sterben und ausfallen, »im Geiste« weiter mitgeführt werden, so dass z.B. ein rangniedrigeres Männchen Respekt der Gruppe – als Sozialprestige – genießt, das aus der früheren Freundschaft mit einem inzwischen verstorbenen ranghohen Affen überdauert. Es gibt also schon im Vorfeld des Menschen, bei den höchstentwickelten Tiergestalten, so etwas wie Personalität.

Für die Belange des Menschen sind diese Erkenntnisse darum wertvoll, weil wir heute unsicher geworden sind. Soziale Hierarchisierungen erscheinen uns suspekt und werden oft als unnatürlich verstanden. Dabei ist das eigentliche Motiv solcher Kritik oft der Neid – und darum gerade eine frustrierte Aggression etwa des Besitzens oder der eigenen Stellung. Von der Biologie können wir um die wichtige und unverzichtbare Rolle einer Hierarchisierung lernen. Wir kennen den Ärger darüber, dass es Unterprivilegierte gibt, oder – noch schlimmer – ohne eigenen Verdienst hochgestiegene »Dohlenweibchen«, die sich Privilegien herausnehmen. Viele Menschen sind heute ärgerlich darüber, dass es gesellschaftliche Stufungen gibt; aber sie sind nicht ärgerlich, wenn sie selbst auf diese Weise zu Ansehen, Auto und Goldschmuck kommen. Hingegen sind sie empört, wenn sie feststellen, dass andere dies alles haben. Aus solchen Gefühlen wird dann stets der Ruf nach mehr menschlicher Gerechtigkeit wach – und hier wird dann häufig das Kind mit dem Bade ausgeschüttet. Man bemüht sich dann mit ideologischem Eifer um absolute Gleichartigkeit der Chancen, wo es doch darauf ankäme, die Gleichwertigkeit menschlicher Existenz vor dem Hintergrund unserer Ungleichartigkeit zu erkennen. Natürlich erfordert es die Mitmenschlichkeit, dass jeder von uns die Chance erhält, aus sich das Bestmögliche zu machen. Durch das Egalitätsprinzip hingegen geraten wir in die Gefahr, Fehlentwicklungen einzuleiten.

Gewiß bedürfte es weiterer Überlegungen, wieweit auch komplexe kulturelle Gebilde diese als ihre notwendige Voraussetzung haben, aber es soll hier genügen, darauf zu verweisen, wieviel dafür spricht: Gerade weil es unsere menschliche Natur ist, unseren Platz in Rangordnungen zu finden, gründen egalitäre Gesellschaftsmodelle auf falschen Anthropologien und erweisen sich als Ideologien.

Das eindrucksvollste Beispiel dafür sind unsere »Kinderläden« gewesen. Die Kinder waren dort völlig gleichgestellt, sie konnten machen, was sie wollten; denn kein Erwachsener, kein Privilegierter, hatte ihnen etwas zu verbieten. Dann zeig-

te sich aber regelmäßig, dass die Kinder selbst nach Hühner-
hof-Manier bald eine eigene Hackordnung herstellten und damit doch genau die hierarchische Grundstruktur aufbauten,
die ihnen die Erwachsenen vorenthielten. Es liegt also im
Menschen der gesunde Antrieb vor, Hierarchien herzustellen
und seinen jeweiligen Platz in ihnen zu erhalten, und wir
müssen von der Tierverhaltensforschung wieder neu lernen,
dass es nicht nur Mißbrauch von Autorität gibt – die wir allerdings bei uns Menschen abschaffen sollten –, sondern dass
die Autorität auch eine gesunde Funktion im Leben des Menschen hat. Sie schützt nämlich die Schwachen, die Alten,
Kranken und Unmündigen vor Gefahren, denen sie nur im
Gruppenverband entgehen können.

Diese gesunde hierarchische Struktur ist auch bei Erwachsenen noch voll leistungsfähig. Nicht nur in Kinderläden, sondern auch überall, wo eine Gruppe Erwachsener zusammenge-
würfelt wird, bilden sich hierarchische Strukturen heraus. Es
gibt immer bald die autoritäre Kraft einzelner, der sich andere
mit gutem Anpassungsvermögen schnell unterordnen. Natürlich müssen die adäquaten Kriterien für eine hohe Stellung in
der Hierarchie bestimmt werden. Bei allem darf nicht die
Gleichwertigkeit vergessen werden.

An solchen Fällen läßt sich zeigen, dass die gesunde Hierarchie etwas zu tun hat mit der positiven Funktion der Aggression. Wo sie fehlt – nämlich zum Beispiel bei aggressionsge-
hemmten Menschen –, wird oft die erhoffte Stellung in der
Stufenleiter des Berufs – der Oberamtmann, der Hauptmann,
der Obermeister – nicht erreicht. Solche Menschen lassen sich
eben in die Ecke drängen, sie haben nicht das notwendige
Durchstehvermögen – was nicht einfach nur brutale Kraft der
Ellenbogen bedeutet, sondern auch echte Standfestigkeit auf
dem eigenen Posten und echtes, berechtigtes Selbstvertrauen.
Sie leiden dann, weil sie ihre Begabungen nicht voll entfalten
können und weil sie sich mehr gefallen lassen, als sie eigent-

lich möchten – sie versäumen es, ihr gutes Recht geltend zu machen, sich ins rechte Licht zu setzen und »hier« zu rufen, wenn das Schicksal seine Güter austeilt. Und so tragisch das für den Einzelnen sein kann, so ist es doch in Hinblick auf das Wohl der Gruppe im ganzen durchaus richtig so; denn ohne ein gesundes und belastungsfähiges Selbstgefühl des Verantwortlichen ist die Führung einer Gruppe von Menschen nicht möglich.

Bei Tieren haben wir weitgehend gesunde Verhältnisse, die beim Menschen im Hinblick auf die Entfaltung biologischer Antriebe nicht mehr selbstverständlich sind. Ein Tier, das in normaler Umgebung und unter normalen Bedingungen der Wildbahn aufgewachsen ist, hat eben keine Aggressionshemmung im Sinne einer Verhaltensstörung, sondern es erwirbt im Verlauf seiner Entwicklung die ausreichende Erfahrung zum angemessenen Umgang mit Autoritäten. Es respektiert sie nämlich genau in dem Maße, in dem Respekt berechtigt ist: weil sie – und solange sie – stärker sind als es selbst. Und es wird jede sich bietende Gelegenheit benutzen, die Berechtigung des Respekts – und damit den eigenen Rang innerhalb der Hierarchie – zu überprüfen und dabei die eigene Stellung zu verbessern. Das Streben danach und die Mittel dazu gehören zum artgemäßen Inventar – und so wird gekratzt, gebissen, gestoßen und die der jeweiligen Kräfteverteilung entsprechende Hackordnung hergestellt.

Das heißt allerdings, dass ein Teil der Lebensenergie ständig auf diese Hackordnung verwendet wird und dass somit Kraft verbraucht wird – dass es Anstrengung kostet, seinen Platz zu erwerben, zu behaupten oder gar zu verbessern. Denn es gilt, den erworbenen Platz ständig zu behaupten oder zu verbessern. »Ich bin der Oberaffe – merken Sie sich das!« – das ist es doch, was der ranghohe Pavian auf seinem Felsen jedem jungen Affen-Schnösel jederzeit deutlich zu machen hat. Es ist das gleiche Verhalten, das in unserer menschlichen Gesellschaft der Oberamtmann dem Amtmann gegenüber und der Oberfeldwebel gegenüber dem Feldwebel zeigt.

Übermäßige Kraft erfordert diese hierarchische Rauferei allerdings nicht; denn sie findet ja nicht immer statt. Wir sprachen schon von den Beschwichtigungsgebärden, mit denen ein Rangniederer in der Tiergesellschaft seine Kräfte schont: wo er den Höheren anerkennt, ihn nicht herausfordert, da findet auch kein Kampf statt. Bei uns Menschen ist das nicht viel anders: Wo der freundliche Gruß – immer hierarchisch von unten nach oben – dem Ranghöheren signalisiert, dass er anerkannt wird, da bleibt der Kampf aus – ja, da kann man sogar gut miteinander leben. Das sieht man vor allem, wenn ein sehr Ranghoher einen sehr Rangniedrigen trifft: da gibt es keine Probleme. Der Leitwolf im Rudel, der mit der »Nummer Zwei« häufig Reibereien hat, ist sehr »leutselig« mit ganz Rangtiefen, besonders mit den Jungwölfen.

Da herrscht dann ein Verhältnis wie zwischen Generaldirektor und jüngstem Stift. Denn auch dies kennen wir aus unseren eigenen Hierarchien nur allzu gut: die ständigen, nervenzerreibenden Herausforderungen und Auseinandersetzungen finden zwischen denen statt, deren Position nur wenig verschieden ist.

In den Hackordnungskämpfen der Geschwisterrivalität in unseren Kinderzimmern gibt es ständig genau diese biologische Form der Gesellschaftsbildung, die eine in der Natur notwendige Äußerungsform der Aggression ist. Und hier erkennen wir auch deutlich, warum ein zu geringer Abstand zwischen Geschwistern – ein zu enges Nest – ernste Probleme für die Kinder mit sich bringt. Die Indianerstämme, die dafür sorgen, dass drei bis vier Jahre zwischen den Kindern einer Geschwisterreihe liegen, beweisen damit ihren gesunden Instinkt: Jedes einzelne Kind kann dann seine eigene Stellung in der Familienhierarchie ungehindert ausbauen und steht dem Rangnächsten mit der Gelassenheit gegenüber, die man eben

einem wesentlich älteren oder jüngeren Geschwister eher ent-
gegenbringt.

Aber diese Einsicht nützt natürlich wenig für eine Familie,
die es an der indianischen Weisheit hat mangeln lassen: da liegen die Geburten der Kinder eng beieinander, und da sind
nun eben diese ständigen Reibereien unter den Geschwistern,
die manchen Vater an den Rand der Verzweiflung bringen –
und die Mütter gewiss noch viel mehr; denn Mütter sind
doch oft geradezu friedenssüchtig. Zank, Hass, Krieg unter
den eigenen Kindern erleben zu müssen, ist hart für jede Frau.
Und darum ist es so wichtig zu begreifen, was uns die Verhaltensforschung hier am Beispiel des Hühnerhofes erkennen
lässt: dass es nicht Boshaftigkeit, nicht Abartigkeit ist, wenn
die in der Rangordnung eng benachbarten Geschwister einer
Familie gegeneinander anstänkern, sich etwas am Zeuge zu fli-
cken suchen und sich gegenseitig jeden Vorteil neiden, sondern dass es zunächst einmal der Ausdruck eines höchst gesunden, ja notwendigen Selbstbehauptungswillens ist, wenn
ein zweitgeborener Sohn sich mit allen – auch mit unfairen –
Mitteln gegen den Erstgeborenen behaupten will, wenn eine
jüngere Schwester neidisch auf jede noch so kleine Besonderheit am Kleid der älteren ist.

Damit fände die quälende Frage der um Schlichtung des
Geschwisterstreites so unentwegt besorgten Eltern – »Wer hat
hier nun Recht, wer hat Unrecht?« – eine verblüffende Antwort: Biologisch haben ja immer beide Streithähne Recht;
denn jeder von ihnen vollzieht ein natürliches und notwendi-
ges Bedürfnis, das ihn drängt, in einer hierarchisch ungeklär-
ten Situation klare Verhältnisse herzustellen. Nicht »wer hat
denn nun wieder mit dem Streit angefangen?« ist die entscheidende Frage – sondern sie müsste lauten: Wie können wir als
Eltern verhindern, dass permanente Hühnerhof-Atmosphäre
unser Familienklima verseucht und so immer neuen Streit auf-
kommen lässt? Und da gibt es durchaus Möglichkeiten für

den Erwachsenen, der diese biologische Grundsituation erkannt hat. Es muss eben jedes Kind hin und wieder einmal erfahren, dass es die so erstrebenswerte Stellung des Ersten, des
Einzigen erringen kann – besser: dass sie ihm von der Liebe
der Eltern her unverlierbar zusteht trotz aller »Konkurrenz«
durch die Geschwister.

Allerdings pflegen geplagte Eltern an dieser Stelle einzu-
wenden: Aber man muss doch gerecht sein und darf niemanden vorziehen! Doch diese sogenannte Gerechtigkeit kann die
unmenschlichste Sache von der Welt werden, wenn sie sich als
ein Prinzip etabliert, als ein starres Rollenschicksal. »Dies ist
nun mal der Älteste, der Kronprinz, der Erbe von Haus und
Hof«, und »dies ist nun mal die jüngere Tochter – sie hat zu
warten, bis ihre ältere Schwester verheiratet ist, dann erst kann
sie heiraten«.

So haben durch Jahrhunderte solche Prinzipien der »Gerechtigkeit« gelautet, die eben deshalb unmenschlich sind,
weil sie keine Chancen lassen – und die dazu auch noch un-
biologisch sind, weil sie die Möglichkeit gar nicht mehr vorse-
hen, durch eigene Kraftanstrengung und Tüchtigkeit schließlich doch noch selbst an die erstrebte Stelle zu geraten.

Wir sollten statt dessen besser jedem Kind einmal die
Chance des Kronprinzen einräumen, jeden einmal den Ersten
und Einzigen sein lassen. Das muß möglich sein, zumal wir
gewöhnlich keine Königreiche zu vererben und keine Prinzes-
sinnen zu verheiraten haben. Und andererseits sollte auch ein
Kind aus der Mitte einer Orgelpfeifenfamilie einmal das
Glück genießen, ganz allein mit Mutter als deren jüngstes und
am zärtlichsten behütetes Nesthäkchen leben zu dürfen. Ein
Vater sollte also zum Beispiel immer wieder mit jedem seiner
Kinder ganz allein einen Spaziergang machen, eine Mutter es
so einrichten, dass jedes ihrer Kinder auch einmal mit ihr zu
Hause, in der Küche oder bei einer Besorgung ganz alleine ist.
Solche Stunden, Gespräche über die eigenen Probleme oder

auch gemeinsam Erlebtes – ein kleiner Ausflug – werden das Kind dann fühlen lassen, dass es um seiner selbst willen von den Eltern angenommen und geliebt wird und sich also nicht erst durch Kampf mit seinen Geschwistern eine Beachtung zu erringen braucht.

Die Kinder sollten nicht allein durch Belohnung auf Streitvermeidung dressiert werden, sondern sie sollten durch Elternliebe gesättigt werden, so dass sie aus allen Zwängen der Habenichts-Haltung herauswachsen. Liebe als Belohnung ist fragwürdig und führt die Kinder in eine falsche Richtung: Elternliebe darf nicht käuflich sein, darf nicht durch Leistungen errungen werden – sie soll vielmehr von den Kindern erfahren werden als unveräußerlicher Besitz, um den sie eben deshalb nicht zu streiten brauchen, weil sie sie sowieso haben!

Einem Einzelkind ist dieser Besitz noch selbstverständlich – erst wenn es Geschwister bekommt, gerät dieser Alleinbesitz in Gefahr. Und es gibt viele Wege, wie man einem Kind zeigen kann, dass es auch in einer noch so großen Schar seinen vollen Eigenwert behält. Es ist ja nicht irgendwer, es hat seinen eigenen Namen und sicher auch irgendeine besondere Eigenschaft, die es vor allen anderen auszeichnet und in der es nun auch durch die Eltern und Geschwister bestätigt werden sollte. Wenn man aufmerksam beobachtet und vielleicht auch hier und da etwas nachhilft, läßt sich bald eine solche Sonderstellung für jedes Kind erringen. Es muss einmal hören dürfen: »Das hast du aber ganz besonders gut gemacht!«, und es darf, wenn das Lob echt verdient ist, auch einmal hören: »Das kannst du von uns allen am besten!«

Anerkennung für jede Leistung, die es verdient, auch schon für den kleinen, den mühsamen ersten Schritt, ist lebensnotwendig für die Kinderseele. Dahinter aber muss die völlige Gewissheit stehen: geliebt werde ich auch ohne diese Leistung, die Liebe ist nie bedroht – aber aus Dankbarkeit für diese Liebe möchte ich meinen Eltern eine Freude machen, indem ich etwas Schönes leiste oder indem ich einmal für ein Geschwister auf einen Vorteil verzichte.

Wo es gelingt, ein solches Familienklima herzustellen, da schwinden Hühnerhof und Hackordnung mehr und mehr; denn gerade aus der Überwindung dieser Form von Aggression entsteht menschliche Kultur! Dennoch dürfen wir von dieser Form der Aggression nicht gering denken – ich meine sogar, wir müssen von unserer Betrachtung der Geschwisterrivalität und ihrer Überwindung in der Familie noch einmal zurück zu den Verhältnissen in der tierischen Hierarchie, um ganz zu begreifen, dass auch für die Erwachsenen und ihre Probleme hier etwas zu lernen ist, und zwar aus der Art, wie die Hackordnungskämpfe der Tiere ausgetragen werden.

Bei den Tieren sind die Rangordnungskämpfe nämlich ritualisiert: man tut sich nicht weh, oder zumindest: man tötet sich nicht gegenseitig. Wo kämen wir hin – oder besser: wo kämen die Wölfe hin –, wenn sie die Frage, ob Wolf Nr. 5 auf Platz 4 aufrücken darf, durch einen Kampf auf Leben und Tod entscheiden würden? Es bliebe dann schließlich nur einer übrig, aber ein einsamer Oberwolf kommt nicht weit in dieser Welt. Längst hat sich daher in Jahrtausenden ein festes System eingespielt: man beißt sich zwar, aber man schont sich gegenseitig – das ist gewissermaßen der »Contrat social« der Tiere: ein Wolf beißt den anderen nicht tot, ein Hirsch forkelt den anderen nicht tot, zwei Giftschlangen beißen sich nicht mit ihren Giftzähnen, sondern lassen sie eingeklappt. Man kämpft mit »Komment« – man zieht sich gewissermaßen dicke Boxhandschuhe an. Die Überwindung dieser vorgegebenen Tötungshemmung gegen Artgenossen ist immer eine Ausnahme. So auch beim Menschen. Üblicherweise hingegen halten auch wir Menschen in Spiel und Sport diese Hauptspielregel ein. Unsere Kinder schon sind da sehr wachsam. Man darf beim Spielen nicht unfair sein. Aber sowie es ernst wird, kämpfen die Menschen ohne Bandage und unterscheiden sich damit von den Tieren. Denn wir sind offenbar nicht mehr fraglos in den Banden von Ritualen festgebannt. Wir haben zusätzlich zu unseren Instinkten eine ganze Portion Freiheit und können uns auch, unsere Grenzen überschreitend, über diese unsere natürliche Ausstattung hinwegsetzen. Deshalb können die Rangordnungskämpfe bei uns auch gefährlich böse, unmoralische Formen annehmen. Um so mehr braucht der Mensch das Lernen von Spielregeln und Erziehung zur Erfahrung seiner Grenzen, die das hemmungslose Ausdehnen des einzelnen über sein Territorium hinaus verhindern und es möglich machen, dass wir uns als Gemeinschaftswesen miteinander arrangieren.

Deshalb können uns gerade die Tiere, bei denen es aufgrund ihrer fehlenden Freiheit keine gezielte Erziehung zu geben braucht, in bezug auf die Rangordnung gute Orientierung geben. Mißbrauch von Autorität gibt es im Tierreich nicht. Denn Autorität, das heißt Vorgesetztentum, ist dort immer erworben und darum auch biologisch berechtigt. Das stärkste Tier übt die Autorität aus. Aber wenn der stärkste Damhirsch seine Geweihschaufel verliert, ist er augenblicklich entthront, und der Hirsch Nummer zwei übernimmt seinen Rang; erst wenn auch der sein Geweih verloren hat, tritt die alte Ordnung wieder ein. Wer seine Stärke nicht mehr beweisen kann, der wird – wie eine hohle, entlarvte Scheinautorität, weggewischt. Das ist so wie im Boxkampf: Wenn einer Weltmeister ist, muss er am besten boxen können. Und wenn er das dem Herausforderer gegenüber nicht mehr kann, ist er eben nicht mehr Weltmeister. Auch da gibt es also keine falsche Autorität.

Aber es gibt sie bei uns Menschen! Deshalb ist es an sich richtig, dass gerade die Jungen falsche Autorität kritisch hinterfragen, bloßstellen und abschaffen wollen. Es wäre nur falsch und primitiv, wenn man daraus den Schluß zöge, Autorität müsste überhaupt abgeschafft werden. Tiergesellschaften

funktionieren nicht ohne Hierarchie. Im menschlichen Leben
kommt aber etwas anderes hinzu. Der ganze Bereich der Werte ist überhaupt nur begreifbar, wenn der, der in sie hinein-
wächst, das Kind also, sie an Wächtern, die vor diesen Werten
stehen, kennenlernt. Je stärker der Wächter ist vor einem
Wert, um so größer ist dieser Wert.

Wenn unsere Kinder erkennen sollen, dass es Werte gibt,
die mehr sind als unser eigenes Wohlergehen, dann müssen
sie es an der Autorität eines geliebten Menschen erfahren können. Wenn sie erleben: hier gibt es Werte, über die auch meine geduldige Mutter und mein liebevoller Vater nicht mit sich
spaßen lassen, dann bekommen sie eine Richtschnur für ihr
Streben nach dem höchsten Wert. Das Hineinwachsen in diese Werte ist nur über die Autorität möglich. Deshalb haben alle Erziehenden ein Wächteramt. Die Kinder haben einen Anspruch darauf, von uns zu lernen, dass auch mal der Spaß
vorbei ist und dass wir ihnen ganz bestimmte Wertungen mit-
zugeben haben. Kinder müssen die Erfahrung machen können: Es gibt Werte für Mutter und Vater, die sind höher als
selbst das gute Einvernehmen mit ihnen. Denn das sind Werte, von denen wir alle, vor allem die Eltern selbst, leben.

Unsere Kinder brauchen also Vormacher. Eltern sind eigentlich als Stellvertreter Gottes gemeint, um ihn bei ihren Kindern symbolisch zu vertreten. Das machen wir Menschen
zwar nicht immer ganz richtig; aber es deshalb gar nicht erst
zu versuchen, sondern auszuweichen – das nimmt uns alle
Chancen, aus dem Affenstall heraus und wirklich vorwärts zu
kommen, läßt uns zurückgehen in die »natürlichen« Zustände, die nicht erstrebenswert sind, läßt uns nicht hineinwachsen in einen kultivierten Status. Autorität heißt auctoritas,
heißt Schöpferkraft; schöpferische Aufgabe als Eltern ist es,
den Kindern vorzuleben, dass es Werte gibt.

VII. Der Geschlechtstrieb und seine Störungen

Der Lehrer einer ländlichen Realschule ruft mich an. Er habe in seiner 10. Klasse einen Schüler, der ihm Kummer mache. Der Junge sei hochbegabt, er, der Lehrer, habe ihn von der 1. Klasse an unterrichtet. Seine Leistungen hätten immer weit über dem Klassendurchschnitt gelegen, und es sei beschlossene Sache gewesen, dass er nach dem Abschluss dort eine Oberschule besuchen würde. Nun aber hätte sich in der letzten Zeit mehr und mehr und schließlich ein vollständiges Leistungsversagen eingestellt, ohne dass der Grund dafür erkennbar sei. Der Junge sei im Unterricht stumpf und unkonzentriert, er käme bleich und abgehetzt in die Schule, ja in der letzten Zeit fehle er immer wieder für ein oder zwei Tage. Die Mutter, die er, der Klassenlehrer, einbestellt habe, könne sich auch keinen Vers daraus machen. Sie meinte nur, ihr Sohn schliefe so sehr schlecht und könne dann am Morgen nicht aufstehen. Oft mache er des nachts Spaziergänge. Im Einvernehmen mit der Mutter bittet der Lehrer um einen Termin für seinen Schützling.

Der Junge, ein etwas untersetzter Sechzehnjähriger, hat ein höfliches, gewandtes Auftreten – aber sein glattes Gesicht ist wie mit einer Maske überzogen, durch die nur die unruhig flackernden Augen hindurchschauen. Trotz der Konzilianz an seiner Oberfläche sieht man auf eine Wand von Abweisung, Widerstand und sprungbereiter Abwehr.

Auch Marc weiß keinen Grund für sein Schulversagen zu nennen. Er fühle sich meist schlecht, sei gleichgültig und abgeschlagen, leide unter Übelkeit und vielerlei wechselnden körperlichen Schmerzen, aber die Ärzte könnten nichts finden. Er ist bereit, mit mir einige Tests durchzufahren.

Der Rorschachtest erhellt schlagartig die Problematik des Jungen. Die wesentlichen Antworten seien hier deswegen wiedergegeben:

> *Tier mit einem Schweinerüssel*
> *Vulkanausbruch*

Zwei Bären, die sich gegenseitig mit den Pfoten anstoßen
Fliegender Elefant mit Rüssel
Zwei Männer, aber was tun die?
Zwei gegeneinander gestellte Köpfe – wie bei den Römern Toten-
kopf und Ansatz von Knochen
Zwei Männer, die die Gesichter aneinander pressen; sie müssen
ganz spitze Nasen haben, die sie eng aneinander drücken
Zwei Tiere, die eine Stange hochhalten und sich dabei ansehen
Ausgedörrter Blumenstiel.

Als der Junge zum zweiten Mal kommt, berichtet er mir einen
Traum: Er sei durch einen Wald gegangen. Dort habe er eine elektri-
sche Überlandleitung gesehen. Aus einem Mast seien Funken ge-
sprüht, und er habe im Traum gedacht: Den darfst du nicht berühren
– da ist Hochspannung drin.

Woran leidet dieser Junge? Für den Kundigen ist es nicht schwer,
das zu erraten: Er steht unter einer übersteigerten sexuellen Spannung
(siehe elektrische Hochspannung). Er erlebt sie als gefährlich (da darfst
du nicht anfassen). Auch in den meisten Bildern des Tests kommen
symbolisch sexuelle Inhalte zum Ausdruck, und das, obgleich der Jun-
ge krampfhaft darum bemüht ist, sein ganzes Sinnen und Trachten
darauf gerichtet hat, »sich ja nichts anmerken zu lassen«.

Nach einigen Stunden kann Marc sich dann auch überwinden,
mitzuteilen, dass er alle seine Kraft darauf verwende, seinen Drang zu
onanieren, zu bekämpfen. Freilich sei es schrecklich, dass ihm das
nicht immer gelänge, dass er immer wieder rückfällig würde. Zwar sei
ihm klar, dass Jugendliche das fast alle täten, und dass niemand auf
der Welt fände, dass das nicht in Ordnung sei; aber er habe es sich
trotzdem zum Ziel gesetzt, das zu schaffen, denn »auf diesem Gebiet
könne er nichts werden«. Über die Gründe dafür kann der Junge zu-
nächst keine Angaben machen – und obgleich uns der Rorschachtest
darüber einige Hinweise gibt, wollen auch wir diese Frage erst in den
Hintergrund stellen und uns zunächst über das Wesen der sexuellen
Triebstörungen im Vergleich zum Tier Klarheit zu verschaffen suchen.

1. Vom Wesen des Geschlechtstriebes

Obgleich der Geschlechtstrieb des Menschen nichts spezifisch Menschliches ist, sondern ein allen höheren Lebewesen gleichermaßen vorgegebener Trieb, ist es weitaus schwieriger und nur in wenigen Einzelheiten möglich, die Störungen des Geschlechtstriebes beim Menschen mit denen von Tieren zu vergleichen. Die Störungen des Geschlechtstriebes beim Menschen haben schon ganze Bibliotheken gefüllt, so vielfältig sind sie. Störungen des Geschlechtstriebes beim Tier sind aus dem Wildleben seltener beschrieben worden. Und auch jene, die in jüngster Zeit von den Verhaltensforschern und Zookundigen im Experiment hervorgerufen worden sind, zeigen nicht sehr vielfältige, wenn auch aufschlussreiche Erscheinungsbilder. Worin müssen wir den Grund dafür suchen?

Das liegt vor allem daran, dass das Geschlechtsverhalten beim Menschen wohl auch ein Triebgeschehen ist, dass aber in dieses Geschehen vielfältige Lernprozesse eingeschaltet sind. Wenn beim Menschen die Geschlechtsorgane reifen, in der Vorpubertät, ist auch sein Großhirn bereits lange ausgebildet und hat in den zwölf bis vierzehn Jahren der Kindheit eine lange Übungszeit und eine vielfältige Speicherung von Erfahrungen hinter sich, die Vergleichsmöglichkeiten mit dem Tier außerordentlich erschweren, ja wenn nicht unmöglich machen. Es scheint sogar fragwürdig, z. B. nur Vergleiche anzustellen zwischen erwachsenen Menschen, die lange Zeit in isolierter Gefangenschaft lebten, mit adulten Tieren, die man während ihrer Brunstzeit isoliert gefangen hält; denn selbst in solchen Situationen hat der erwachsene einsichtige Mensch sehr viel mehr Möglichkeiten, den gestauten Geschlechtstrieb zu entlasten als etwa ein Tier in der gleichen Situation.

Dennoch erscheint es nicht unberechtigt anzunehmen, dass das sexuelle Triebgeschehen beim Menschen im Grunde dem gleichen Grundschema der Instinkthandlung folgt wie bei Tie-

ren, in derselben Weise, wie wir das schon bei den ersten drei
Triebbereichen des Lebensfundamentes beschrieben haben.
Auch beim Geschlechtstrieb ist die hormonale Reifung die
Voraussetzung für die Auslösung eines diffusen Appetenzver-
haltens. Die Triebfunktion besteht zunächst in Suchhandlungen. Sie werden gezielter, sobald an einem Triebobjekt bestimmte Merkmale als Auslöser gewirkt haben. Solche
gezielten Werbehandlungen sind beim Tier durch vielfältige,
artspezifisch verschiedene Zeremonien gekennzeichnet. Auch
wir Menschen besitzen ein breites Repertoire solcher vorberei-
tenden Werbehandlungen.

Der Geschlechtstrieb – eine Instinkthandlung?

Wenn wir nun in Rechnung stellen, dass der Mensch weitgehend in der Lage ist, den Ablauf solcher Handlungen mit dem
Verstand zu steuern, abzuwandeln, zu variieren und zu unter-
binden, so scheint das Grundmuster der Instinkthandlung
trotzdem auch für ihn gültig zu bleiben. Wenden wir dieses
Grundmuster für das sexuelle Triebgeschehen an, so kommen
wir zu folgender Arbeitshypothese:

Auch hier besteht die geschlechtsspezifische Instinkthandlung aus zwei Akten, dem diffusen Teil der Reizsuche auf dem
Boden endogener Triebspannung und den auf die Endhandlungen gerichteten Bestrebungen der Triebfunktion. Diese
Triebfunktion wollen wir in diesem Zusammenhang als
Drang, sich zu ergänzen, bezeichnen. Wir geben ihr in diesem
Geschehen nicht von ungefähr diesen Namen. Es gehört nämlich zu der spezifischen Wesenheit dieser Funktion, dass sie
bei gesund entwickelten Individuen grundsätzlich gerade auf
gegengeschlechtliche Reizmerkmale antwortet. Subjektiv
könnte man sagen: Gerade das »so ganz fremd und anders
sein« wird als anziehend empfunden, weckt den Drang, sich
zu nähern und zu kommunizieren. Das Triebobjekt – und das
ist wichtig festzuhalten – ist primär in diesem Triebgeschehen

der gegengeschlechtliche Partner. Triebziel ist – objektiv gesprochen – die Triebentspannung oder – subjektiv gesprochen – die Triebbefriedigung durch die Handlung des Kopulierens und der Orgasmus, der den somatischen Reizzustand entlastet.

Es ist in diesem Zusammenhang nicht unwesentlich, festzustellen, dass zu einer vollständigen Triebentspannung vermutlich drei Voraussetzungen unabdingbar sind: Erstens der spezifische Reiz (Gegengeschlechtlichkeit des Triebobjekts), zweitens das sexuelle Erleben (Wahrnehmung, Gefühlsintensität und zur Entspannung drängendes Trieberleben) und drittens die sexuelle Handlung. Fällt eine dieser drei Vorbedingungen aus, erneuert sich vermutlich, wie bei dem Trieb zur Nahrungsaufnahme, die Triebspannung sehr viel schneller, führt dadurch zu erneuter Reizsuche und kann eine chronische Triebspannung, eine chronische Reizschwellenerniedrigung auch hier hervorrufen. Würde sich diese Vorstellung als richtig erweisen, so wäre – das sei hier schon gesagt – endlich eine Erklärung dafür gefunden, warum so viele sexuell Perverse meist unbefriedigt bleiben und deshalb zu suchtartig Getriebenen werden.

Um solche und ähnliche Störungen des Geschlechtstriebes vergleichend beschreiben und eventuell auch erklären zu können, haben wir den Versuch jener vorstehenden Arbeitshypothese unternommen. Anhand der Störungen des Geschlechtstriebes werden wir sie auf ihre Evidenz prüfen können.

Wir haben die Triebfunktionen als ein Sich-ergänzen-wollen bezeichnet, um damit deutlich zu machen, dass der Impuls primär auf den gegengeschlechtlichen Partner gerichtet zu sein scheint. Denn – und das ist uns Menschen keineswegs mehr selbstverständlich – die sexuelle Endhandlung steht schließlich im Dienst der Arterhaltung. Auf natürlichem Weg ist Fortpflanzung nur über gegengeschlechtliche Vereinigung möglich.

Vorbereitungen in der Kindheit

Dass wir Menschen so leicht zu verwirren sind, diesen einfachen biologischen Tatbestand gelten zu lassen, liegt an einem interessanten Faktum: an der Tatsache nämlich, dass im Geschlechtsverhalten sich wohl die Endhandlung nach endogenen Mechanismen zu vollziehen scheint, dass aber das Erkennen des geschlechtsspezifischen Triebobjekts anscheinend erst im Laufe der kindlichen Entwicklung gelernt wird. Wir können das behaupten, weil die Tiefenpsychologen seit Freud mehrere Jahrzehnte lang darüber genug Material gesammelt haben. Diese Beobachtungen stimmen in einer geradezu verblüffenden Weise mit den Ergebnissen der Verhaltensforscher überein. Wir wollen versuchen, ausführlich zu schildern, wie es dazu kam.

Merkwürdigerweise behaupten nämlich die Tiefenpsychologen seit Freud, dass der Geschlechtstrieb bereits in der Kindheit des Menschen wirksam sei. Wie kam man zu diesen Behauptungen? Offensichtlich reifen die Geschlechtsorgane doch erst in der Pubertät, und erst in diesem Alter pflegen die Menschen durch einen erneuten Hormonschub zielgerichtete »Appetenz« auf gegengeschlechtliche Triebobjekte an sich selbst wahrzunehmen.

Ist nicht vielleicht die Vorstellung Freuds doch eine spekulative Arbeitshypothese gewesen? Wie hat er sie überhaupt entwickelt? Nun, Freud hat bekanntlich seine Forschungen mit dem Studium der Hysterie begonnen, jener Verhaltensstörung, die sich um die Wende zum 19. Jahrhundert darin zeigte, dass sich vor allem Frauen gelegentlich schreiend und in konvulsivischen Zuckungen, dem sog. hysterischen Arc de circle, vor einer peinlich berührten Zuschauerschar auf dem Boden wälzten. Als Freud nun mit diesen Frauen eine Analyse durchführte, indem er die Anweisung gab, alles auszusprechen, was ihnen in den Sinn käme, stellte er fest, dass in ihren Phantasien und Vorstellungen ebenso sehr sexuelle Inhalte vorherrschten, wie wir es eben bei Marc sichtbar machen konnten. Häufig zeigte sich, dass hinter dieser, von den Patienten selbst abgelehnten Übersteigerung ein schreckauslösendes Erlebnis bereits aus der frühen Kindheit neu in die Erinnerung stieg, das sog. sexuelle Trauma. Es hatte anscheinend bewirkt, dass der Mensch alles Geschlechtliche abzulehnen begann, ja, dass es ihn erneut furchtbar erschreckte, wenn sich dieses Thema, durch innere oder äußere Reize bedingt, wieder hervorzudrängen wagte.

Aber warum konnten diese Erlebnisse, die ja häufig nur in einer Zuschauerrolle bestanden, die Kinder so nachhaltig erschrecken? Müssten sie nicht nach dem Gesetz, dass ein Reiz wirkungslos bleibt, wenn der Trieb noch nicht gereift ist, auf das kleine Kind ohne Eindruckskraft sein? Ist die Möglichkeit, in früher Kindheit so ein Trauma zu erwerben, nicht ein Beweis dafür, dass eine zumindest diffuse Wirksamkeit des Geschlechtstriebes in jener Frühphase bereits vorhanden sein müsse?

Die ödipale Phase

Als Freud dieser Frage weiter nachging, entdeckte er, dass das Auftreten von Verdrängungen des Geschlechtstriebes im Erwachsenenalter zudem außerordentlich häufig verknüpft war mit spannungsgeladenen, schuldhaften oder ablehnenden Haltungen zum gleichgeschlechtlichen Elternteil und mit einer – oft geradezu erotisch getönten – Beziehung zum gegengeschlechtlichen Elternteil. Aus dieser Beobachtung entwickelte Freud seine berühmt gewordene und viel geschmähte Theorie des Ödipuskomplexes. Sie besagt, dass jedes Kind in der sog. »ödipalen Phase«, der Fünfjährigkeit, normalerweise den Wunsch hege, mit dem gegengeschlechtlichen Elternteil zu kopulieren und den gleichgeschlechtlichen zu beseitigen. Beim kleinen Jungen nun führe die – vielleicht manchmal sogar reale – Kastrationsdrohung des Vaters zu einem Aufgeben

des Triebwunsches und zu einer Introjektion der den Trieb-
wunsch hemmenden Vaterangst. Daraus entwickle sich Gewissensangst und aus ihr das sog. »Über-Ich«, die Gewissensfunktion, die später sexuelle Triebhandlungen hemme. Wenn diese
Herrschaft des Über-Ichs zu stark sei, käme es in der Pubertät
nicht zu einer Befreiung vom väterlichen Druck, sondern zur
Verdrängung sexueller Impulse. Diese bewirke die Hysterie,
indem der verdrängte Trieb als verschlüsseltes Ausdruckssym-
bol der eigentlich gewünschten Triebshandlung wieder ans Tageslicht träte.

Dieser Ödipuskomplex ist für die Menschen der westlichen
Kultur mehr als ein Jahrhundert lang zu einer steinharten Nuss
geworden. Aber trotz seiner Anstößigkeit gelang es auch den
zahllosen Widerstehenden nicht, ihn zu überwinden. Woran
liegt das? Das ist vor allem darin begründet, dass, wenn man
ehrlichen Herzens auszieht, das Gespenst des Ödipuskomplexes ad absurdum zu führen, um die Menschheit von einem abstrusen Verdacht zu reinigen, man ihm in der psychotherapeutischen Arbeit mit Kindern auf Schritt und Tritt begegnet!
Man begegnet in der Praxis den kleinen Buben, die Kasperle
spielend den Prinzen die Königin heiraten lassen, nachdem der
König vorher umgebracht ist, man darf mitagierend bei den
kleinen Mädchen die Vaterrolle übernehmen, während sie sich
selbst die Mutter nennen und dann mit dem Vater »in die Flit-
terwochen an die Ostsee fahren«.

Mögen diese Beispiele und die Praxis der Kinderpsychotherapie nun auch beweisen, dass es bei vielen Kindern sexuell
getönte Impulse, ja auch Inzestwünsche gibt. Hat aber Freud
auch Recht, wenn er behauptet: »Der Wunsch, mit der Mutter
ein Kind zu haben, fehlt nie beim Knaben, der Wunsch, vom
Vater ein Kind zu bekommen, ist beim Mädchen konstant –
und dies bei völliger Unfähigkeit, sich Klarheit über den Weg
zu verschaffen, der zur Erfüllung dieser Wünsche führen
kann.«? Lässt sich aus einer Beobachtung in der Psychopatho-

logie des Kindes ein so grundsätzliches und absonderliches Gesetz für die normale Entwicklung des Kindes der heutigen Zeit ableiten?

Davon, dass an der Tatsache der über Kreuz laufenden Eltern-Kind-Beziehung im Normalfall »etwas dran ist«, wird man sich jederzeit vielfältig überzeugen können: Mütter haben häufig eine größere Vorliebe für ihre Söhne, Väter für ihre Töchter, Söhne suchen sich ihre Frauen häufig nach Merkmalen aus, die sie an die geliebte Mutter erinnern – oder sie suchen zumindest jene Atmosphäre wieder, die in ihnen wachruft, was jene ausstrahlte. Und auch bei der Partnerwahl der Töchter spielen häufig versteckte Gefühlsregungen mit, die mit einem guten Vater verknüpft sind. (Diese Erfahrung wurde jüngst durch Untersuchungen der Universität im ungarischen Pécs sowie der Wayne State University in Detroit bestätigt[1].)

Sexuelle Prägung bei Tieren

Bei der Schwierigkeit, für diese Gegebenheiten eine brauchbare Erklärung zu finden, kann eine Beachtung der Ergebnisse der Tierverhaltensforschung von klärendem Wert sein. Konrad Lorenz hat herausgefunden, dass es Instinkthandlungen gibt, die zwar in ihrer Motorik und in ihrem Ablauf angeboren sind, dass aber die Objekte, auf die sich die Handlungen richten, erst kennen gelernt werden müssen. Bei der Nachfolgereaktion haben wir bereits einmal so einen Vorgang besprochen. Entscheidend in diesem Zusammenhang ist nun Konrad Lorenz' Entdeckung, dass dieses Lernen der Objektwahl bei Tieren häufig viel früher erfolgt, als die Handlung möglich wird, für die sie bestimmt ist. Ja, häufig geschieht dieses Lernen in einem anderen Funktionskreis als dem, für den es verwendbar ist.

Bei Entenvögeln besteht ein solches Phänomen. Sie haben eine »sensible Phase« in ihrer frühen Kindheit, und zwar zu einer Zeit, in der zielgerichtete Sexualität noch keineswegs ausgebildet ist. In ihr wird durch einen Prägungsvorgang die spätere Partnerschaftsrolle festgelegt. Und zwar findet die junge Ente diese Rolle durch das tägliche Zusammenhocken mit ihrem Elternkumpan! Es handelt sich bei diesen normalen Enten also keineswegs um einen Ödipuskomplex auf der Minnesangsebene, sondern um das Erwerben eines Erkennungsmerkmals, das verhindert, dass die Ente sich später einen falschen, nicht artgemäßen Partner aussucht. Der in die Instinkthandlungskette eingeschaltete Prägungsvorgang steht im Dienst der Arterhaltung.

Friedrich Schutz ist es gelungen, Enten auf eine fremde Art zu prägen, dadurch, dass sie mit einer fremdartigen Mutter aufwuchsen. Er hat die Beobachtung von Lorenz sogar dadurch erweitert, dass er geschlechtliche Reaktionen von Erpeln durch frühkindliche Prägung auf Vertreter des eigenen Geschlechts an dieses fixierte, das heißt, er hat seine Erpel künstlich durch Frühprägung homosexuell gemacht. Das führte dazu, dass solche Tiere im Erwachsenenalter Männchen so behandelten, als seien sie Weibchen, und manchmal sogar lebenslänglich. Schutz machte Erpel scharenweise homosexuell! »Selbst Zwangspaarungen mit Weibchen führten nur bei einem Teil der Tiere zu einer vollständigen Normalisierung der Objektwahl«, schreibt er. Die Fehlprägung erwies sich als dominant. Homosexualität lässt sich also bei Erpeln dadurch hervorrufen, dass man ihnen in ihrer Kindheit eine gewisse Zeitlang ein falsches Vor-Bild vorsetzt.[2]

Klaus Immelmann hat die Existenz einer Vorprägungsphase für die spätere Objektwahl erhärtet, indem er australische Zebrafinkenküken von japanischen Möwjchen-Eltern aufziehen ließ. Er bewirkte so, dass sie als erwachsene Tiere keinerlei Paarungslust auf die eigene Art entwickelten. Immelmann schreibt: »Tauscht man Eier oder frisch geschlüpfte Nestlinge dieser beiden Arten untereinander aus und lässt die Jungen jeweils von Stiefeltern der anderen Art aufziehen, so verpaaren sie sich später bei Auswahl ausschließlich mit Angehörigen der Stiefart, während sie Artgenossen ständig nicht beachten oder sogar angreifen«.[3]

Es zeigt sich also, dass sowohl bei Enten als auch bei Prachtfinken die Wahl des späteren Geschlechtspartners in entscheidender Weise durch Erfahrung beeinflusst werden kann, und zwar – da die Jungtiere in den geschilderten Fällen jeweils sofort nach dem Erreichen der Selbständigkeit von ihren Stiefeltern getrennt worden waren – schon durch sehr frühzeitige Erfahrungen im Kindesalter.

Nachlaufprägung und sexuelle Prägung sind innerhalb der Klasse der Vögel besonders weit verbreitet und wurden dort bisher auch am eingehendsten untersucht; ganz ähnliche Phänomene sind aber auch von Säugetieren und vereinzelt auch aus anderen Tiergruppen bekannt.

Wodurch unterscheiden sich nun derartige Prägungsvorgänge von anderen Lernvorgängen? Eigentlich sind es nur zwei Kriterien, die ebenfalls schon von Konrad Lorenz erwähnt und näher beschrieben wurden. Das wichtigste Merkmal ist die Tatsache, dass Prägungsvorgänge immer nur während eines ganz bestimmten und zumeist sehr frühen und eng umgrenzten Zeitabschnittes in der Entwicklung eines Tieres möglich sind. Wir haben es hier mit einem besonders eindrücklichen Beispiel für eine sensible Periode zu tun. Aus der Existenz einer solchen Phase folgt als zweites Hauptkriterium der Prägung, dass Erfahrungen außerhalb dieser Zeit ohne prägenden Einfluss sind und dass dementsprechend eine während der sensiblen Phase erworbene Kenntnis später nicht mehr verändert werden kann. Diese Erscheinung wird als Irreversibilität bezeichnet. Beide Haupteigenschaften von Prägungsvorgängen – sensible Phase und Irreversibilität – sind der experimentellen Analyse zugänglich und mehrfach ausführlich untersucht worden. Dabei stellte es sich heraus, dass die zeitliche

Lage der sensiblen Phase von Tierart zu Tierart und selbst
innerhalb einer Art für die beiden Prägungsvorgänge verschieden ist. So liegt sie bei der Stockente für die Nachlaufprägung
zwischen der 8. und 20. Lebensstunde, während sie für die sexuelle Prägung erst im Alter von 5 bis 19 Tagen beginnt.

Nach dem Ende dieser sensiblen Phase können die Tiere
nicht mehr »umlernen« und sich ein anderes Bild der Mutter
oder des späteren Geschlechtspartners einprägen. So balzten
handaufgezogene Puter im Alter von fünf Jahren noch immer
bevorzugt den Menschen an, obwohl sie zwischenzeitlich
auch mit arteigenen Weibchen zusammen waren, einige Stockenten, die von einer fremden Art aufgezogen wurden, waren
selbst bei freier Auswahlmöglichkeit noch im Alter von neun
Jahren mit der Stiefart verpaart.[3]

Wenn wir diese Beobachtungen auf den Menschen übertragen, machen wir die erstaunliche Feststellung, dass unsere bisherigen Schwierigkeiten der Theorienbildung in Bezug auf
den Ödipus-Komplex trotz jener so konstant bleibenden Beobachtungen sich verflüchtigen. Die Tiefenpsychologen dürfen mit Recht weiter behaupten, dass ihre Beobachtungen
über den prägenden Wert der Eltern-Kind-Beziehung für die
Partnerwahl im Erwachsenenalter solider Natur sind. Andererseits können künftige Kindergenerationen wieder Hochzeitmachen spielen, ohne dass ihnen beischläferige Absichten mit
ihren Eltern untergeschoben zu werden brauchen – jedenfalls
nicht, solange ihnen natürliche und gesunde Eltern Vorbild
sind.

Diese Arbeitshypothese würde lauten: Die sog. ödipale Phase Freuds – sie liegt nach übereinstimmenden Beobachtungen
auch der Nachuntersucher in der Fünf- bis Siebenjährigkeit
des Kindes – ist eine sensible Phase für die Präformierung des
geschlechtsspezifischen Verhaltens beim Menschen. In dieser
Phase lernen die Kinder, Geschlechtsunterschiede zu erkennen, ihre eigene Geschlechtsidentität unterscheidend anzu-

nehmen und späteres partnerschaftliches Verhalten mit und am gegengeschlechtlichen Elternteil vorzufühlen. Nur wenn durch ungünstige Umwelteinflüsse dieser Ablauf natürlicher Reifungs- und Lernvorgänge gestört wird – was durch eine chaotische Umgebung und durch schon bestehende Triebstörungen älteren Datums freilich sehr begünstigt werden kann –, kommt es zu charakteristischen Abweichungen.

Die kleinen Enten von Friedrich Schutz wurden im Experiment gewissermaßen genötigt, sich das falsche Vorbild für die spätere Partnerwahl einzuprägen. Die jungen Erpel »meinen« später, Erpel seien weibliche Enten. Etwas so direkt Vergleichbares gibt es sicher nicht beim Menschen. Und doch muss angesichts der fortgeschrittenen Forschung über die Entstehung der geschlechtlichen Identität im Kindesalter gefragt werden, ob es nicht einem solchen Experiment entspricht, wenn demnächst Adoption von Kindern durch gleichgeschlechtliche Paare rechtlich erlaubt werden soll. Kann ein kleiner Junge bei einer Frau als Vater eine sichere Geschlechtsidentität erwerben, oder ein Mädchen einen Mann als Muttervorbild annehmen? Die Wahrscheinlichkeit, dass hier enorme Verunsicherungen entstehen, ist groß, und das taucht in Form von Fallberichten auch bereits auf. Und wie soll darüber hinaus der junge Mann später zur Frau finden, wenn in seiner Kindheit ein Mann die Rolle der Mutter übernommen hat? Wie kann ein Mädchen in der Pubertät Mann-Sehnsucht entwickeln, wenn daheim eine Frau diese Rolle gespielt hat?

Die Eltern als Vorbilder

Im Allgemeinen und in den Fällen, die wir übersehen können, stehen häufig die Störungen von Gefühlsbeziehungen zu den Eltern bei der Verursachung späterer Partnerschaftsstörungen im Vordergrund. Ähnlich wie bei den Kindern mit gestörtem Bindungstrieb, die aus Angst das Anschauen der Pflegenden verlernen, wird auch hier der Trieb, sich das richtige Bild einzuprägen, durch Angst und sehr häufig auch durch Abscheu, durch Ekel, jedenfalls durch negative Gefühlstöne gestört, behindert und verdrängt. Dabei scheint es nach unseren Beobachtungen so zu sein, dass die Störungsmöglichkeiten vielfältig strukturiert und miteinander verwoben sind. Im Mittelpunkt stehen meist drei verschiedene Störungsmöglichkeiten:

1. Die Gefühlsbeziehungen zu den Eltern können durch Verwöhnung, durch erotische oder gar sexuelle Stimulationen überhitzt werden. Die Kinder werden dabei an das stimulierende Objekt fixiert.

2. Es gelingt dem Sohn nicht, seine Mutter als die Frau zu akzeptieren, oder der Tochter nicht, den Vater als den Mann anzunehmen. Vielfältige Gründe können dafür die Ursache sein. Meiner Erfahrung nach kann aber auch das Umgekehrte eintreten:

3. Ein Junge kann sich nicht als männliches Wesen mit seinem Vater identifizieren. Entweder ist der Vater gar nicht existent, oder er erscheint ihm als ein Schwächling, übler noch als ein Bösewicht. Oft ist das bei Scheidungswaisen der Fall, die bei der Mutter leben, von der der Vater dem kleinen Sohn sehr negativ dargestellt wird. Oder der Vater gibt kein männliches Vorbild ab. Der Junge lehnt es deshalb ab, so zu werden wie der Vater. Ähnliches gibt es auch bei Mädchen; wenn sich ihre harte oder weinerlich schwache oder durch sexuelle Ausschweifung ekelerregende Mutter ihnen nicht als Mutterideal einprägt, sondern statt dessen der weiche mitsorgende Vater eher mütterliche Züge aufweist.

Bei solchen ambivalenten, d. h. überhitzten oder ablehnenden Einstellungen zu den Vorbildern kann es zu einer verwirrenden Verunsicherung in der eigenen Geschlechtsidentität kommen und damit später zu vielerlei Schwankungen homo- oder heterosexueller Partnerschaftssuche. Bei nicht wenigen

Kindern geht aber durch solche Erlebnisse schon in der Vorschulzeit die Möglichkeit, sich mit einem gleichgeschlechtlichen Vorbild zu identifizieren bzw. sich in ein Wesen des Gegengeschlechts zu verlieben, verloren. Wenn es dann in der Pubertät zu erotischen Empfindungen für eine Person des gleichen Geschlechts kommt, hält sich so ein Jugendlicher bzw. eine Jugendliche – aufgrund der öffentlichen Propagierung dafür – heute sehr oft für homosexuell. Manche tauchen dann auf dem Boden der allgemein verbreiteten Fehlinformation, »angeboren schwul« zu sein, in die Scene ab, ohne die Möglichkeit gehabt zu haben, sich sachverständig beraten zu lassen.

Solche Verunsicherungen in der Gefühlsbeziehung zum anderen Geschlecht oder in der eigenen Geschlechtsidentität machen es auch verständlich, warum die Erlebnisse in der Pubertät einen so entscheidenden Einfluss auf den späteren Lebensweg in Bezug auf spätere Partnerschaftsbeziehungen haben: Je mehr das Kind in seiner Geschlechtsidentität verunsichert wurde, um so leichter können Verführungen in dieser Zeit verhängnisvoll werden. Die Ersterlebnisse homosexueller Art können dann bestimmend sein, dass eine ähnliche Objektwahl später immer wieder vorgezogen wird.

Ein Beispiel soll das erhellen:
Vom Gericht wird mir 1985 ein Jugendlicher zur Behandlung überwiesen. Er hatte sich von seinem zwölften bis zu seinem neunzehnten Lebensjahr von einem Freund seines Vaters zu homosexuellem Geschlechtsverkehr verleiten lassen. Die Untersuchung ergab, dass es ihm nicht gelungen war, sich mit seinem strengen Vater zu identifizieren, der als Frührentner immer zu Hause war und viel mit dem Jungen schimpfte. Er war in eine gefügige, feminin betonte Verhaltensweise gedrängt worden. Aber auch das Mutterbild des jungen Mannes erwies sich bei näherem Hinsehen als außerordentlich ambivalent. Dennoch hätte der Junge gewiss auch eine heterosexuelle Beziehung aufnehmen

können – wie er es später auch tat – wenn die Verführung nicht gewis-
sermaßen zufällig den bis dahin noch ganz indifferenten Jungen in die
manifeste Homosexualität gebracht hätte.

Auf diese Zusammenhänge hat vor allem J. H. Schultz hingewiesen. Er schreibt:»... dass für die ernsthaft sexuell-perverse
Fehlentwicklung der Persönlichkeit ganz besonders entscheidend schwere Ambivalenzen gegenüber wichtigen Kindheitsfi-
guren sind«. Und weiter:»... dass Verfehlungen der gesunden
Mitte in der frühkindlichen Pflege und Behandlung die gleichen schweren Entwicklungsstörungen bei dem Kinde bedingen können, gleichgültig, ob es sich um ein Zuviel oder Zuwe-
nig an Liebe handelt (Verwöhnung und Härte), ist heute
allgemein bekannt. Und so ergibt auch die analytische Arbeit
an Homosexuellen bald die übersorgende, bindende, ver-
weichlichende und die verunselbständigende, bald die harte,
gemütlose, lieblose, herrische und ekelhafte Mutter«[4]

Coleman beruft sich auf Arbeiten von East und Bieler, die
in statistischen Untersuchungen nachwiesen, dass mehr als die
Hälfte der befragten Homosexuellen bis zum Alter von vierzehn Jahren ihre ersten homosexuellen Kontakte gehabt hatten.[5]

Sexuelle Vorprägung

Sehr Ähnliches hat Schutz im Experiment mit seinen Enten
festgestellt. Je nach den entsprechenden Situationen, in die
die Enten gebracht wurden, überwog das Fehlgeprägte vor
dem Angeborenen oder das Angeborene vor dem Geprägten.
Schutz hat uns gezeigt, wie dieses Schwanken bei den Enten
sich über Jahre fortsetzen kann, so dass einmal hetero-, ein anderes Mal homosexuelle Partnerschaftsbeziehungen eingegangen wurden. Außerordentlich zutreffend und aufschlussreich
hat Schutz dieses Schwanken der Enten, die durch Fehlprägung in ihrer Geschlechtsrolle verunsichert waren, als »Wäge-
prinzip« bezeichnet.[6]

Ein ähnliches Schwanken kann man bei Menschen mit einer verunsicherten Geschlechtsidentität häufig feststellen, wenn man psychologische Untersuchungen mit Kindern durchführt. Man ist dann immer wieder überrascht, wie häufig Unsicherheiten in der geschlechtlichen Identität und Fehlidentifikationen sichtbar werden. Diese Steigerung wird vermutlich auch dadurch hervorgerufen, dass immer mehr Kinder schon früh zu Scheidungswaisen werden und nur allzu häufig im Kreidekreis zwischen zerstrittenen Eltern leben müssen. Ganz ohne Zweifel haben die Fälle von Jugendlichen, die aus diesen Gründen psychotherapeutische Beratung suchen, in den vergangenen beiden Jahrzehnten erheblich zugenommen.

Dennoch tritt manifeste Homosexualität sehr viel seltener auf, als man in einer psychologischen Untersuchung eine Verunsicherung in der geschlechtlichen Identität feststellen kann. Wenn sich dann die Möglichkeit ergibt, dem Kind zu helfen, eine sichere geschlechtliche Identität aufzubauen, verringert sich offenbar die Gefahr, homosexueller Empfindungen von der Pubertät ab. Auch hier zeigt sich eindrucksvoll, wie wirksam ein rechtzeitiges therapeutisches Eingreifen zu sein vermag. Gleichzeitig bestätigt diese Möglichkeit die Vorstellung der Tiefenpsychologen, dass die häufigsten Ursachen späterer Homosexualität auf einer Störung der geschlechtlichen Identität innerhalb der sensiblen Phase der frühen Kindheit zu suchen sind.

Dass heute – in dieser Situation einer international fast vergötterten Anerkennung der Homosexualität – der Großteil junger Menschen weiterhin den Weg in die Heterosexualität findet, liegt aber gewiss nicht allein daran, dass hier rechtzeitig vorgebeugt wurde. (Diese Zahl kann nur minimal sein, weil nur wenige Kinder deswegen therapiert werden). Das liegt sicher vielmehr daran, dass die Triebfunktion, sich zu ergänzen, so instinktiv stark ist, dass trotz negativer Erlebnisse mit den elterlichen Vorbildern in der sensiblen Phase, die dort gelernten Animositäten dennoch im Erwachsenenalter überwunden werden.

Zu einem großen Teil liegt das gewiss auch daran, dass als Regulativ bei sensiblen Kindern Gewissensangst und diffuse Schuldgefühle aufzutreten pflegen, ohne dass ihnen deren Ursache bewusst wird. Das führt dann dazu, dass zunächst die Hinwendung zum gegengeschlechtlichen Elternteil blockiert wird. Das geschieht als Reaktion, nachdem zunächst ein zu starker Drang zu diesem Elternteil ausgebildet worden war. Und das kann passieren, wenn entweder der gegengeschlechtliche Elternteil auf geradezu erotische Weise das Kind stimuliert hat oder wenn etwa bei einem Sohn die Trotzphase ausfiel, weil seine Mutter ihn überbehütete. Dann pflegt die Gewissensfunktion als Regulativ in Erscheinung zu treten und zu bewirken, dass der Impuls verdrängt wird. Die »Inzestschranke« tritt – dem Kind gänzlich unbewusst – in Funktion. In solchen Situationen kommt es dann leicht zu einer Projektion der nach Ergänzung suchenden Impulse auf den gleichgeschlechtlichen Elternteil, der in dieser Situation also als Ersatzobjekt fungiert. Aber auch dieser Drang fällt meist der inneren Zensur anheim, wenn der gleichgeschlechtliche Elternteil darauf nicht eingeht, so dass schließlich der gesamte Triebbereich abgelehnt und verdrängt wird. Das Kind vergisst das Chaos der Gefühle und macht sich nun im Schulalter auf den Weg in die Realität.

Aber dieser Zustand ist instabil, und deshalb kommt es danach leicht zu psychosomatischen Symptomen und in der Pubertät auch zu Ersatzbefriedigungen.

Triebbehinderungen

Vorbereitende innerseelischen Zustände und Vorgänge in der frühen Kindheit fehlen also kaum, wenn es in der Pubertät mit der Ausreifung der sexuellen Funktion zu Pubertätsschwierigkeiten kommt, wie ich sie am Fall Marc darstellte.

Diese Vorgänge nun sind mit sexuellen Notständen bei Tieren deshalb direkt vergleichbar, weil sie sich auch nach den Gesetzen der Triebbehinderung abspielen. Die einsetzenden Nöte und Mechanismen entsprechen der Gefangenschaftssituation von Tieren in der Brunstzeit. Freilich ist diese Gefangenschaftssituation beim Menschen selten eine äußere, sondern eine innerseelische. Menschen, die an solchen Störungen leiden, sitzen gewissermaßen in dem eigenen Gefängnis ihrer verdrängten Sexualität.

Bevor wir die Folgen von sexuellen Triebbehinderungen bei Menschen und Tieren systematisch miteinander vergleichen, wollen wir noch einmal zusammenfassen:

Das sexuelle Triebgeschehen des Menschen ist seiner Grundstruktur nach eine Instinkthandlung. Es hat seine Voraussetzung in einem endogen bedingten Reizzustand, der mit der Geschlechtsreife einsetzt. Dieser Reizzustand bewirkt: Suchhandlungen, Werbeverhalten und auf die Endhandlung abzielende Bestrebungen. Das Triebobjekt ist ein gegengeschlechtlicher Artgenosse. Das Triebziel ist die Triebentspannung bzw. die Befriedigung durch die sexuelle Handlung.

Dieser Vorgang, der auf angeborenen Instinktmechanismen aufgebaut ist, erfährt eine Komplikation dadurch, dass der Vorgang des Erkennens des Triebobjekts selbst nicht angeboren ist. Der Mensch hat, nach übereinstimmenden Untersuchungen der Tiefenpsychologen, vielmehr – wie verschiedene Tierarten – in seiner Kindheit eine sensible Phase, in der das Erkennen der gegengeschlechtlichen Figur seiner Spezies prinzipiell festgelegt wird. Erfolgt dieser Entwicklungsvorgang ungestört, so findet dadurch gleichzeitig eine Annahme der eigenen geschlechtlichen Identität durch eine Identifikation mit dem vorbildlichen gleichgeschlechtlichen Elternteil statt.

Es ist im Hinblick auf die dringend notwendige Einsicht in die häufigste Ursache von Homosexualität auf dem Boden einer unzureichenden geschlechtlichen Indentitätsfindung in der Kindheit begrüßenswert, dass sich jetzt international eine beachtliche Anzahl von Fachleuten aufgemacht hat, mit Hilfe sachlicher Erfahrungswissenschaft der weltweit verbreiteten Fehlvorstellung über die Ursache der Homosexualität – danach handelt es sich um eine »angeborene Spielart der Sexualität« – entgegenzutreten. In Deutschland ist hier das Institut für Jugend und Gesellschaft in Reichelsheim unter der Leitung von Dr. Christl Vonholdt federführend. In einem Interview mit dem Rheinischen Merkur fasste sie jüngst zusammen: »Es geht um das ungestillte Bedürfnis nach Liebe und Zuwendung durch den gleichgeschlechtlichen Elternteil. Es geht um Annahme und Anerkennung, Aufmerksamkeit, Bestätigung, um das Bedürfnis, sich als ganzer Mann, als ganze Frau fühlen zu können. Es geht um das tiefe Bedürfnis nach ganzheitlicher Identität Es geht auch um Angst vor Nähe und Intimität mit einer Person des anderen Geschlechts. Die frühkindlichen Beziehungserfahrungen spielen eine ganz wesentliche Rolle für die Art und Weise, wie ein Mensch später sexuell empfindet. Homosexuell empfindende Männer etwa sind in ihren frühen männlichen Beziehungen (meist zum Vater) verletzt worden. Das tiefe Verlangen nach Zugehörigkeit, nach emotionaler Verbundenheit mit der Männlichkeit wird erotisiert und sexualisiert.« Rheinischer Merkur 29, 2004, S. 23.

Die beste Prophylaxe ist es deshalb, wenn ein Kind sich aufgrund einer positiven Eltern-Kind-Beziehung in der sensiblen Phase so äußern kann wie ein fünfjähriger Junge einmal in der Praxis : »Ja, ich bin ein Junge, ich werde mal so ähnlich wie Papa, und dann heirate ich so was wie Mama.«

Das Annehmen der eigenen sexuellen Identität erfolgt also, wie bei vielen Tieren, um Jahre früher als die Pubertät einsetzt, nämlich etwa im Alter von fünf bis sieben Jahren, in der von Freud so benannten ödipalen Phase. Es geschieht – genau wie bei den Enten – in einem anderen Funktionskreis als dem, für den es bestimmt ist, nämlich an den Eltern.

Ist bei einem Kind die Basis für eine spätere gegengeschlechtliche Objektwahl ausgefallen oder zu schmal, weil ihm keine
positiven erwachsenen Vorbilder zur Verfügung standen, kann
es auch zu zufälligen Verknüpfungen zwischen genitalen Sen-
sationen und inadäquaten Objekten kommen. Durch diese
Gegebenheiten kann es beim Menschen zu einer erhöhten
Störbarkeit der sexuellen Partnerschaftsfindung kommen. Sie
können mit Hilfe von Verdrängungsvorgängen zu weitgehen-
den Triebbehinderungen führen.

Die Symptome dieser Triebstörungen entsprechen zum Teil
denen von Tieren in Geschlechtsnot.

2. Erscheinungsbilder sexueller Triebstörungen beim Menschen

Wenn man Tiere in der Brunstzeit nicht zum Geschlechtsvoll-
zug kommen lässt, werden sie unruhig, und schlaflos. *Jener
Marc, von dem ich eingangs erzählte, hatte eine schwere Schlafstö-
rung, ja auch am Tage fühlte er sich wie ziellos umgetrieben. Er hatte
sich Mitschülern zugesellt, die als Mädchenhelden galten. Ja, er hatte
es sogar geschafft, dort zunächst eine Weile sehr selbstsicher aufzutreten, als ein Mann von Welt, eine Art von Don Juan, angeblich mit
vielerlei Erfahrungen und einem »geilen« Wissensstand. Aber für sich
selbst hatte er die Feststellung gemacht, dass er »mit den Mädchen
nichts anzufangen wisse«. Die sexuelle Appetenz des Jugendlichen begann sich an der Barriere seines Unvermögens zur gegengeschlechtlichen Partnerschaftsfindung, die auch er aus seiner frühen Kindheit
mitgebracht hatte, zu stauen. Regelmäßig erst dann pflegt es bei Menschen und Tieren möglich zu werden, dass auch inadäquate Triebobjekte zu Schlüsselreizen werden, die die Endhandlung auslösen können. Erst in der Not frisst der Teufel Fliegen – sonst mag er sie nicht!*

Ja, es wäre eine Untersuchung wert, festzustellen, ob es in
solchen Fällen nicht eine Hierarchie der Objektwahlen gibt.
Inhelder beschreibt z. B. ein Verhältnis von Hund und Katze

aus Geschlechtsnot, das aber sofort aufgelöst wurde, als eine läufige Hündin zugeführt wurde. Vermutlich würde auch das braune Hyänenweibchen, von der der Tierverhaltensforscher weiter berichtet, nicht mehr den Futterteller als Begattungsobjekt benutzen, wenn ihm in dieser Begattungsstimmung eine männliche Hyäne zugesellt würde.[7]

Andererseits scheint es so zu sein, dass beim Menschen vor allem zu Pubertätsbeginn der Zufall darin waltet, an was für ein inadäquates Objekt sich der gestaute Trieb fixiert.

McDougall z. B. berichtet von einem jungen Mann, der Mädchen Zöpfe abschneidet und dabei zum Teil sexuelle Befriedigung erlebt. Dieser Mann hatte als Junge in der Schule hinter einem Mädchen gesessen, das einen Zopf getragen hatte. Er pflegte ihren Zopf zu betrachten, während sein Banknachbar ihm Dinge erzählte, die ihn sexuell erregten. Dabei ist natürlich keineswegs dieser Zufall die alleinige Ursache der Perversion. Es ist hier genauso wie beim sexuellen Trauma: Der Wirkung dieses Geschehens geht eine Verdrängung von Gefühlsregungen voraus, die ursprünglich auf ein gegengeschlechtliches Objekt bezogen waren. Der Fetischismus z. B. trägt deutlich noch den Abglanz der eigentlich gesuchten, aber behinderten Objektwahl.[8]

Bei jenen jungen Männern, die auf die Idee zu Bordellbesuchen kommen, existiert nicht selten unterschwellig ein blockiertes Vermögen zur Partnerschaftsfindung: Wem die Trauben zu hoch hängen, greift, wenn er Hunger hat, schließlich auch zu denen, die näher sind. Auch Päderastie und Pädophilie haben meistens solche Vorgeschichten. Oft sind diese späteren Täter als Kinder sexuell missbraucht worden. Durch das psychische Trauma wurde die Blockade der Sexualität, häufig auch die Verdrängung des an ihnen begangenen Verbrechens hervorgerufen. Die spätere Täterschaft geschieht dem einstigen Opfer nicht selten, ohne dass es die Untat aus der eigenen Kindheit erinnert. Sie dient der Entlastung der gestauten Sexualität und fungiert gleichzeitig – uneingedenk ihrer Unangemessenheit – als unbewusster Selbstheilungsversuch.

Neurotische Homosexualität ist eine Folge des Unvermögens zu gegengeschlechtlicher Partnerwahl, die dem Kind verbaut wurde. Hier bietet sich abermals eine Erklärung an, warum die Beeinträchtigten so leicht fixiert werden an jene, häufig zufällig entdeckten Ersatzobjekte, warum sie nicht davon ablassen, sondern nach erneuten Befriedigungen an gleichartigen Ersatzobjekten zu suchen beginnen: Die sexuelle Handlung bildet eben nur eine Teilentlastung des Triebes und führt deshalb sehr viel schneller wieder zu einer erneuerten Triebspannung; denn die Funktion des Sich-ergänzen-wollens hat sich ja nicht tätigen können.

Verselbständigte Sucht

Der unbefriedigte Suchtcharakter, der allen Perversionen innewohnt, bestätigt, dass sie zu den Triebbehinderungen der vier großen Lebenstriebe gehören und den ihnen gemeinsamen Grundstrukturen und Abläufen unterliegen. Auch der Geschlechtstrieb weicht auf Befriedigungen an Ersatzobjekten aus, wie sie sich grundsätzlich einzuschleifen pflegen, wenn das ursprüngliche Triebziel nicht erreicht wird. Dazu gehören in diesem Bereich ihrer Struktur nach alle Handlungen, die meist nach einer Phase des umfänglichen Ausphantasierens auf ein inadäquates Objekte ausweichen. Letztlich ist dieser Vorgang in seiner Struktur nicht viel anders als bei einem Tier, das sich in Geschlechtsnot befindet: Marcs exzessive, von homosexuellen Fantasien begleitete Onanie ist ein Zeichen dafür, dass der Trieb sich von seiner Objektbezogenheit löst und auf den eigenen Körper invertiert. Die Vorgeschichte und der Traum des Jugendlichen machen einsichtig, dass bei solchen Pubertätserscheinungen häufig viel kompliziertere Vorerfahrungen und kompliziertere Verdrängungsvorgänge vorausgegangen sind, als dass sie allein ihre Erklärung fänden in einer lediglich pubertätsbedingten Triebstauung.

Ersatz durch den eigenen Körper

Freilich gibt es auch eine quasi »normale« Pubertätsonanie. Sie ist, wie bei Ploogs Affen[9], eine Ersatzhandlung am eigenen Körper, wenn keine Gelegenheit besteht, den gestauten Antrieb am adäquaten Objekt zu entlasten. Nach Kinseys Statistik onanieren 90 % Jungen und 40 % Mädchen in der Pubertät. Die Gefahr der suchtartigen Gewöhnung bei der Onanie weist uns abermals darauf hin, dass keine Ersatzbefriedigung die eigentliche Not beseitigen kann, weil die Appetenz sich chronisch erhöht; denn die Triebfunktion des Sich-ergänzen-wollens hat sich schließlich nicht tätigen können.

Nicht zuletzt deshalb pflegen die meisten verantwortungsbewussten Väter bei aller sonstigen Liberalität ihren pubertierenden Söhnen von der Masturbation noch heute abzuraten, obgleich sie sich selbst in der Reifezeit nicht anders verhielten. Sie haben nämlich mit sich selbst die Erfahrung gemacht, wie leicht Gewöhnung und Suche nach Reizverstärkung in die Sucht führt und die Willensfreiheit einschränkt. Wenn ein Vater im Gespräch mit seinem Sohn seine Bedenken begründen und sachlich von seinen eigene Pubertätsschwierigkeiten erzählen würde, wäre es leichter für den Jugendlichen, auch andere Möglichkeiten anzunehmen, um Geschlechtsnot zu bewältigen. Auf einer solchen Basis des Verstehens sind Jugendliche meiner Erfahrung nach leichter Vorschlägen zur Kompensation des Dranges zugänglich.

Leerlaufhandlungen

Gibt es auch Leerlaufhandlungen des sexuellen Triebes beim Menschen? Ich meine, dass es unschwer ist, in den Träumen mit sexuellem Inhalt, die von Pollutionen bei Männern, von Uterus-Kontraktionen bei Frauen begleitet sind, so ein Losgehen der »Endhandlung« zu sehen, in dem Sinne wie Konrad Lorenz solche Leerlaufhandlungen beschreibt.

Aber auch in der »Ohnmacht zur rechten Zeit« scheint der unterdrückte Geschlechtstrieb die Mauer der Verdrängung durchbrechen zu suchen. Dazu noch ein Beispiel:

Ein junges Mädchen fiel immer ausgerechnet dann in Ohnmacht, wenn es mit seinem Freund allein war. Auch dieses Mädchen hatte seine Furcht vor Sexualität bereits in der Kindheit erworben. Sie hatte ein sexuelles Trauma. Sie war als Achtjährige von ihrem Nachhilfelehrer defloriert worden.

Die seitdem verdrängte Triebregung geriet beim Zusammensein mit ihrem Freund in einen Konflikt zwischen Wunsch und Furcht. Die Ohnmacht, physiologisch durch die Angst ausgelöst, hatte unbewusst auch die Intention des »Hin-sinkens«, also des Aufgebens allen Widerstandes.

Funktionsstörungen

An dieser Stelle wird einsichtig, inwiefern die Verdrängung sexueller Impulse beim Menschen so häufig zu sog. Konversionen, mit körperlichen Funktionsstörungen, vor allem des Herzens, des vegetativen Systems oder des Magens, führt. Das Zittern, das Herzjagen, das Schwitzen, Erröten, die Ohnmachten, das Erbrechen, die wir als Folge von Triebbehinderungen dieser Art so häufig zu sehen bekommen, sind Angstsymptome. Sie sind »Betriebsstörungen« in jenem Sinne, wie ich sie schon beschrieb.

Thure von Uexküll schreibt: »Das Wesentliche an all dem ist jedoch die Feststellung, dass es Zustände gibt, in denen unser Körper uns automatisch, d. h. ohne dass wir etwas dafür oder dagegen tun können, für Anforderungen bereitstellt, die in der umgebenden Welt zu erwarten sind. Genau wie bei den Pawlowschen Experimenten, bei denen die Hunde auf etwas reagierten, das in der Außenwelt noch gar nicht vorhanden war, das sich nur in bestimmten Zeichen und Signalen ankündigte, so ist es auch hier: Irgend etwas in der Außenwelt wird als Zeichen, als Hinweis auf eine kommende Gefahr oder auf ein anderes Ereignis von vitaler Bedeutung gedeutet, und das veranlasst den Körper, sich für das damit angekündigte Ereignis bereitzustellen.«[10]

Im Konflikt erbrechende Lippenbären, zitternde Pferde, keuchende Schafe können uns aufzeigen, dass es solche Konversionen, wie von Uexküll sie beschreibt, auch bei Tieren gibt, wenn ihnen keine anderen Triebentlastungen zur Verfügung stehen. Viele Tiere haben allerdings die Möglichkeit, Übersprunghandlungen durchzuführen, wenn die sexuellen Triebhandlungen behindert werden.

Das ist auch beim Menschen der Fall. Freilich sind dem Menschen durch seine Lernfähigkeit und durch das Vermögen zur willentlichen Steuerung breite Variationsmöglichkeiten gegeben. Für diesen Bereich zutreffend sind die Worte Kompensation und Sublimation. Der Mensch ist in der Lage, gestaute sexuelle Impulse durch Handlungen aus anderen Funktionskreisen auszugleichen. Er kann stattdessen essen, trinken, Sport treiben und dergleichen mehr. Nicht selten treffen wir in der Praxis auf den »Kummerspeck« etwa von jungen Mädchen auf Grund von Liebesenttäuschung, besonders dann, wenn ihr »heimliches Flehen« kein Gehör fand. Ebenso ist der Mensch in der Lage, sexuelle Triebregungen zu verfeinern, zu sublimieren, indem statt der Triebhandlungen Handlungen intellektueller oder ästhetischer Art gewählt werden.

Bei vielen magersüchtigen Mädchen, die meistens besonders gute Schülerinnen sind, ergibt die tiefenpsychologische Diagnose sowohl eine Blockade des Nahrungstriebes (und das heißt eine depressive Charakterstruktur) wie des Geschlechtstriebes aufgrund entsprechender Vorerlebnisse, die es ihnen unmöglich macht, sich als geschlechtsreife Frau zu akzeptieren. Stattdessen schlagen viele von ihnen die Ehrgeizlinie ein und begeben sich auf der Karriereleiter in die Konkur-

renz mit den Männern. Nur an sich heran lassen diese Dorn-
röschen sie nicht. Trotz aller Sublimation durch Leistung sterben in Deutschland immer noch 16% dieser in der sensiblen
Phase verwundeten Mädchen den Hungertod, wenn die Angst
vor der Gewichtszunahme – und damit vor dem Aufblühen
ihres Körpers – sich verselbständigt und zur dann nicht mehr
durchbrechbaren Hungersucht wird.

Allen Handlungen des Menschen, die auf »umorientierten
Intentionsbewegungen« beruhen – wohnt die Verkrampfung,
die Unruhe, die Spannung und das Friedlose einer ursprünglichen verhinderten Handlung inne, auf die nicht etwa bewusst verzichtet wurde, sondern die aus meist tragischen
Gründen nicht ausgeführt werden *konnte!* Den Wiederho-
lungszwängen scheinbefriedigender Ersatzhandlungen entgehen kann der Mensch nur, wenn die Aufgaben, die den einzelnen Entwicklungsphasen innewohnen, befriedigend erfüllt
worden sind. Nur dann wachsen ihm Funktionen zu, die neue
Reifungsschritte möglich machen. Erst dann kann der
Mensch alte Triebwünsche aufschieben, ja, auf sie verzichten,
weil die Verschmelzung und Integration der neuerworbenen
Funktion mit der Basis neue Türen öffnet und zu neuen Aufgaben lockt und ruft.

Potenzstörungen

Es gibt nun noch eine Sonderform vergleichbarer Störungen,
die freilich wohl nur bei höherdifferenzierten Tieren mit einer
langen Kindheit vorkommen: Die Kopulationsstörungen, die
bei Affen dann auftreten, wenn sie isoliert aufwuchsen, sind
nicht unähnlich jenen neurotischen Störungen der Partnerschaftsfindung beim Menschen, wie sie auf Grund von »prä-
genitalen Fixierungen« in Erscheinung treten. Isoliert aufgewachsene Affenweibchen lassen sich nur schwer begatten, und
wenn man sie besamt, werden sie offensichtlich schlechtere
Mütter! Zooforscher haben bei Affen festgestellt, dass selbst

Affenmännchen, die behindert aufgewachsen waren, weniger
Chancen bei gesunden Affen-Damen hatten als gesunde, d. h.
frei aufgewachsene Männchen. Die Weibchen wählten diese
häufiger.

Matussek hat ähnliche Zusammenhänge bei Potenzstörun-
gen des Menschen festgestellt: »Je stärker eine prägenitale Fixierung die Sexualität des Mannes bestimmt, desto geringer
sind die Chancen, auf die Dauer bei einer Frau potent zu
sein… Was man bei der Psychoanalyse häufig findet und was
im konkreten Fall immer in einer bestimmten Weise in die
Persönlichkeit und Lebenssituation eingebaut ist, sind folgende unbewussten Vorgänge: Angst, den Partner durch den Koi-
tus zu verletzen, Angst, durch den Verkehr kastriert zu werden, d. h. bei dem Verkehr seinen Penis zu verlieren, Angst
vor der Erfüllung und Aktivierung infantiler Sexualziele als da
sind: Unbewusste Bindung an die Mutter, feminine Identifi-
zierung.«[11]

Harlows Affen scheinen darauf hinzuweisen, dass eine
Kindheit unter natürlichen Bedingungen und zusätzlich die
Betätigung früher aggressiver Gemeinschaftsspiele die dominierende Voraussetzung zu einem normalen Geschlechtsbezug
bei adulten Tieren darstellt. Ebenso sind befriedigend durch-
lebte Trotzphasen bei Kindern – und das heißt, ein gesundes
Tätigen des Selbstbehauptungstriebes in der frühen Kindheit
– sowie vor allem danach die Entwicklung einer gesunden geschlechtlichen Identität nach analytischen Erfahrungen, eine
der wesentlichen Voraussetzungen für einen gesunden Geschlechtsbezug des Menschen im Erwachsenenalter.

3. Unterschiede zwischen Menschen und Tieren im Triebschicksal und in der Therapie

Die erweiterte Grundfähigkeit

Auch der Geschlechtstrieb des Menschen enthält eine Möglichkeit, die weit über sexuelle Triebziele hinausreichen kann. Es ist die Funktion des Sich-Ergänzens. Ausgestattet mit ihr und mit den gesund entwickelten Funktionen der drei zuvor entfalteten Lebenstriebe: Des Sich-Ablösens, Zugreifens, des neugierigen Forschens und der Möglichkeit zur Verantwortung, d. h. zu Maß und Grenze, wird der Mensch fähig zu geistigen Aufgaben, zu höheren Verantwortungen, zu religiösem Erleben. Die Integration gesund entfalteter Triebfunktionen erst bewirkt, dass der Mensch fähig wird, spezifisch menschliche Seinsweisen zu verwirklichen. Die Grundlebenstriebe werden dann – maßvoll eingebaut – zur speisenden Energie.

Während also die entsprechende Objektsuche beim Tier in starre, instinktmäßig festgelegte Triebhandlungen einmündet, erwirbt der Mensch z. B. eine verallgemeinerte Fähigkeit des Sich-Ergänzens, die ihm weiträumigere Ausgestaltungen seines Lebens ermöglichen kann. Die Fähigkeit des Sich-Ergänzens beinhaltet die Chance, zunächst den Partner anzunehmen wie er ist, ja, auf den anderen zu hören, um an ihm zu wachsen. Die Voraussetzung zu dieser Hinwendung und diesem Lern- und Ergänzungsprozess erwirbt der Mensch nur auf Grund jener emotionalen Sicherheit, wie sie auf dem Boden der frühkindlichen Erfahrungen mit den ersten Erziehungspersonen erwächst. Ja, nicht nur der Ehegefährte, auch die anderen, die Nächsten können auf der Basis der so erworbenen Kraft zum Lieben angenommen und beachtet werden. Lebhafte Flexibilität dieser Art ist ein Kennzeichen seelischer Gesundheit.

Im Hinblick auf diese Fähigkeiten wird abermals der im Laufe der Lebensverläufe immer größer werdende Unterschied zwischen Menschen und Tieren sichtbar.

Unterschiede in der Therapie von Kind und Tier

Das zeigt sich auch in der Therapie:
Will man einem Tier aus seiner Geschlechtsnot oder seiner fehlgeprägten Partnerschaft heraushelfen, so geselle man ihm einen gegengeschlechtlichen Partner zu. Sogar in jenen Fällen, die, wie es zunächst schien, irreversibel fehlgeprägt waren, gelingt nach neueren Untersuchungen von Zooexperten die Sanierung, wenn man nur lange geduldig genug ist. Gelegentlich wird also sogar unter den Zootieren das Zurückfinden des Tieres zum ihm gemäßen Triebobjekt erreicht.

Beim Menschen ist das so einfach nicht. Auch die Liebe eines Partners kann ihn nicht einfach so heilen, wenn er in einem Teufelskreis steckt, der ihn an inadäquate Triebobjekte sehnsuchtsvoll fixiert. Eine liebende Partnerin kann nur dann bei der Heilung hilfreich sein, wenn sie begreift, inwiefern der Partner irreal handelt, und aufgrund ihrer eigenen Informiertheit mit dem Leidenden gemeinsam Expertenhilfe in Anspruch nimmt. Eine solche bewusste Haltung kann dazu beitragen, dass der Patient die alten Fehleinstellungen aufgeben kann und den neuen Weg findet. Dabei muss der Patient die Verlässlichkeit des Gefährten ebenso spüren wie sein Freigelassensein, die Toleranz des Geltenlassens ebenso wie den Widerstand des Partners, in einer alten unangemessenen Spur mitzuagieren, die für beide Sackgasse bedeutet.

Marc hat, als er seiner Heilung entgegenging, diesen Vorgang in einem eindrucksvollen Traum dargestellt, der abschließend berichtet werden soll:

»Ich schwimme nach einem Schiffbruch im Wasser. Neben mir schwimmt ein blondes Mädchen. Wir kommen an Land und suchen ein Boot. Ich finde nur solche, die zu klein für zwei sind. Das Mädchen findet eins für zwei. Wir schiffen damit los, aber das Boot geht unter. Wir schwimmen wieder im Wasser, das Mädchen voran und sagt immer: 1-2, 1-2, wohl um den Abstand zwischen sich und mir

zu markieren. Wir kommen an Land. Dort sehen wir mehrere Schiff-
brüchige, die nach dem richtigen Weg suchen. Sie gehen aber immer im
Kreis und haben die Fußstapfen schon ganz ausgetreten, vor allem ein
Junge von vierzehn Jahren, der einen düsteren und verzweifelten Ge-
sichtsausdruck hat. Das Mädchen zeigt, wie der Weg weiter geht. Er ist
deutlich zu sehen – er schlängelt sich aufwärts durch eine Landschaft.
Wir wundern uns, dass die Leute den Weg bisher nicht gesehen haben.«

Fassen wir noch einmal zusammen, was uns die vergleichenden Untersuchungen von Störungen des Geschlechtstriebes bei Menschen und Tieren für Einsichten brachten:

1. Störungen des Geschlechtstriebes beim Menschen sind nur
   begrenzt mit denen von Tieren vergleichbar, weil diese
   Triebhandlungen beim Menschen mit den vielfältigsten
   Lernprozessen, mit der psychischen Gesamtentwicklung
   und ihren Behinderungen verknüpft sind.
2. Es gibt aber eine Lernphase in der frühen Kindheit des Menschen, die auf Geschlechtsbezüge vorbereitet. Sie lässt Entsprechungen erkennen zu jenen sensiblen Phasen für die sexuelle Partnerwahl, wie sie bei einigen Tieren untersucht
   worden sind. In dieser Phase lernen jene Tiere an bestimmten Merkmalen ihres Elternkumpans, wie ihre späteren
   Geschlechtspartner aussehen müssen. Diese Lernprozesse
   lassen sich im Experiment durch sog. »Fehlprägungen«
   nachweisen. Es hat sich gezeigt, dass die Fehlprägungen für
   Sexualpartner bei den untersuchten Tieren in einer späteren
   Phase ihrer Kindheit liegen und von den Prägungen der
   Frühzeit, den sog. Nachfolgeprägungen, unterschieden sind.
   Diese Prägung der partnerschaftlichen Objektwahl vollzieht
   sich zu einem Zeitpunkt, in dem die sexuelle Funktion noch
   nicht ausgereift ist.
3. In einer ähnlichen Weise beobachten Tiefenpsychologen
   seit Freud in der Fünf- bis Siebenjährigkeit des Menschen

eine »prägsame« Phase für die späteren Partnerschaftsbezüge. An den Beziehungspersonen seiner kindlichen Umwelt »lernt« auch der Mensch das Bild vom Partner. Durch ungünstige Vorbilder können diese Muster ver- und entstellt werden, so dass der Mensch zunächst sexuelle Triebimpulse unterdrückt, wenn sie in der Reifezeit in Erscheinung treten. Komplizierte und differenzierte Gefühlsbeteiligungen und sich einschleifende bedingte Reflexe spielen bei diesen Vorgängen im Menschen eine dominierende Rolle.

4. Die Behinderungen des Geschlechtstriebes, die dadurch entstehen, sind mit jenen vergleichbar und vollziehen sich nach den gleichen biologischen Grundgesetzen, die sich abspielen, wenn Tiere in der Brunstzeit an Geschlechtsvollzügen gehindert werden: *Die Befriedigung am Ersatzobjekt* ist in der Gefangenschaft von Tieren vielfältig beschrieben worden. Beim Menschen zeigen sie sich etwa im Fetischismus, in der Sodomie, in der Pädophilie und auch in der neurotischen Homosexualität.

5. Auf den häufig neurotischen Charakter der Homosexualität ist in den letzten Jahren von entsprechenden Experten vielfältig hingewiesen worden. Federführend sind neben Christl Vonholdt[12] auch der holländische Sexualwissenschaftler Gerald van den Aardweg[13] und in den USA J. Nicolosi.[14]

6. Die Onanie in der Pubertät und im Erwachsenenalter entspricht masturbatorischen Vollzügen von Tieren in Geschlechtsnot. Sie hat eine Inversion des Geschlechtstriebes zur Voraussetzung.

7. Konversionen, d. h. die durch die Behinderung des Geschlechtstriebes entstehenden körperlichen Angstsymptome, sind vereinzelt auch bei Tieren beschrieben worden. Beim Menschen bestimmen Krankheitsbilder psychosomatischer Art dann das Feld.

8. *Leerlaufhandlungen* des Geschlechtstriebes können beim Menschen im Schlaf und in psychisch bedingten Anfällen in Erscheinung treten.

9. *Übersprunghandlungen* tragen nicht, wie beim Tier, den Charakter einer mechanisch ausgelösten Handlung, die automatisch in einen anderen Funktionskreis überspringt wie das Daumenbeißen des an der Kopulation gehinderten Mandrills, das Inhelder beschreibt. Sie können beim erwachsenen Menschen vom Verstand mitgesteuert werden. Wir bezeichnen diese Vorgänge dann als Kompensation und Sublimation.

10. Die Störungen des Geschlechtstriebes bei Menschen und Tieren führen zu sich fest einfahrenden Fehlverhaltensweisen. Sie können sich im Teufelskreis einschleifen und dann zu tief greifenden Lebensbehinderungen führen. Die gesunde Entwicklung des Geschlechtstriebes beim Menschen braucht nicht, wie bei Tieren, in das Ziel einer sexuellen Triebbefriedigung allein einzumünden. Der Mensch erwirbt die Funktion des Sich-Ergänzens, die später zu differenzierten, nur dem Menschen zugeeigneten Lebensvollzügen eingesetzt werden kann.

VIII. Schlussfolgerungen

Die vorausgegangenen Kapitel sollen verdeutlichen: Man kann bei Tieren experimentell Fehlverhaltensweisen hervorrufen, die sehr ähnlich aussehen wie die Anfangssymptome neurotisch gewordener Menschen. Diese Art von Symptomen und diese Art von Neurosen, die auf Triebverdrängung und deren Ausdrucksweisen beruhen, kann ein Mensch grundsätzlich nur in seinen ersten Lebensjahren erwerben. Das ist unanfechtbares Erfahrungsgut in der Psychotherapie. Diese Beobachtungen, so scheint mir, berechtigen dazu anzunehmen, dass die primäre Triebentfaltung beim Menschen sich teilweise noch nach Gesetzen von Instinkthandlungen vollzieht. Wenn die vier Lebenstriebe sich entfalten, unterliegen sie deshalb wie bei Jungtieren in Prägungsphasen einer relativ starren Festlegung. Im Laufe der Ontogenese des Menschen scheint sich dieses Primat dann zugunsten einer im Normalfall sich steigernden Plastizität und Wahlmöglichkeit seiner Handlungen einzuschränken.

Anscheinend gibt es nun freilich innerhalb der menschlichen Triebbereiche nur einen Handlungsvollzug, den der Mensch angeborenerweise vollständig parat hat und der als fertige Instinkthandlung abläuft. Das ist das Verhalten des neugeborenen Säuglings bei der Nahrungsaufnahme. In den meisten anderen Triebbereichen des Menschen gibt es eine so angeborenerweise festgelegte Handlungsabfolge nicht mehr. Fast immer sind die Handlungsvollzüge mit Erlerntem durchsetzt. Andererseits beweisen uns aber bestimmte neurotische Fehlverhaltensweisen, dass die Lernfähigkeit des Menschen in seiner Kindheit bei aller Dynamik seines Gehirns keineswegs unbegrenzt plastisch, dass das Kind keineswegs unbegrenzt anpassungsfähig ist. Bei unzureichender Beachtung der Grundbedürfnisse des Kindes, bei unzureichender Ausgestaltung der

Grundtriebe in den ersten Lebensjahren, kann es zu partiellen Fehlentwicklungen kommen, die im Verlauf ihrer weiteren Fehlbahnungen eine mehr oder weniger große Starrheit der naturgegebenen Gesetzlichkeiten zeigen.

Von den Triebgesetzen lernen

Aber selbst die Instinkthandlungen bei Tieren sind nicht alle vollständig angeboren. In den sog. sensiblen Phasen kann das junge Tier »lernen«, die richtigen Merkmale seines Triebobjekts zu erkennen. Ist diese Objektwahl aber erst einmal getroffen, so wird sie späterhin relativ wenig verändert. Das Vorhandensein einer sog. Objektprägung in einer nur begrenzten Zeitspanne deutet darauf hin, dass das Verhalten des jeweiligen Tieres in begrenzter Weise modifizierbar ist, dass aber das Gesamtverhalten dennoch von angeborenen Instinktmechanismen bestimmt wird.

Es kann nun freilich keineswegs davon die Rede sein, dass in diesen Bereichen bei Kindern und Tieren völlig gleichartige Handlungsvorgänge vorliegen. Schon die sehr viel größere Länge der jeweiligen sensiblen Phasen beim Menschen und die Tatsache, dass die Therapieresistenz sowohl bei neurotischer Verwahrlosung als auch bei neurotischer Perversion doch immer einmal wieder durch langfristige psychotherapeutische Bemühungen durchbrochen werden kann, spricht dafür, dass wir den Terminus einer irreversiblen Prägung nicht vorbehaltlos auf den Menschen übertragen können. Z. B. ist beim Menschenkind das Mutter-Erkennen, Mutter-Unterscheiden, Gernhaben und *deswegen* Nachahmenmögen kein Prägungsvorgang. Er beruht nicht, wie dieser, allein auf einem gedächtnismäßigen Einstanzen einiger optischer und akustischer Merkmale. Er ist ein Lernvorgang, in welchem die positive Gefühlsbeteiligung ein bestimmender Faktor ist, der sich in der Säuglingszeit darüber hinaus über Monate hinzieht und der auch eine gewisse Offenheit für die Bindung an andere

Personen als natürlicherweise an die Mutter enthält. Die Überlebenschancen bei Mutterverlust sind deshalb beim Menschen größer als beim mutterlosen Tierbaby. Die Modifikationsmöglichkeit ist beim Menschenkind größer. Wenn auch oft wiederholte »schlechte Erfahrungen« in der frühen Kindheit, die den natürlich erwarteten Lebensnotwendigkeiten des Kindes nicht entsprechen, auch gravierend sind, so ist es grundsätzlich doch möglich, dass sie durch bessere Erfahrungen noch korrigiert werden können.

Die Möglichkeit, in sensiblen Phasen grundlegende Erfahrungen zu machen, scheint sich also bei höher entwickelten Lebewesen differenziert zu haben. Abstammung heißt aber auf jeden Fall Verwandtschaft, und das bedeutet, dass Vergleiche von Mensch und Tier biologisch sinnvoll sind, und zwar ebenso in der Anatomie wie im Verhalten.

Diese Tatsache berechtigt zu einem Vergleichen und Auswerten der Befunde: Die Tierverhaltensforscher können uns an Tieren einfache Strukturen aufzeigen, die geeignet sind, unser Verständnis über die Entfaltungsbedingungen des Menschen zu vertiefen. Die Neurotisierbarkeit des Menschen gerade in der frühen Kindheit zeigt uns

1. den Vorrang des Triebgeschehens in den ersten Lebensjahren des Menschen und

2. seine Abhängigkeit von bestimmten biologisch festgelegten »natürlichen« Entwicklungsbedingungen, die nicht ungestraft vernachlässigt werden dürfen.

Die Hirnforschung ist – wie wir zeigen konnten – auf dem Weg, diese Prämissen kinderpsychotherapeutischen Erfahrungen zu bestätigen. Aber ist nun all dieses Untersuchen und Vergleichen nicht geeignet, die Furcht des Menschen vor einem übersteigerten Biologismus zu verstärken? Ich würde sagen: keineswegs. Nachdenken darüber führt zu einer konträren Erkenntnis: Wenn wir entdecken, dass ein erwachsener Mensch wider bessere Einsicht und trotz schlechter Erfahrung dennoch unter der Vorherrschaft der immer gleichen wie triebhaften Handlungsvollzüge steht, so können wir aussagen, dass er teilentwicklungsgehemmt, dass er nicht ausgereift ist, dass ihn z. B. Triebfrustrationen partiell auf einer kindlichen Stufe festbannen. Denn gerade der Mangel an frühkindlicher Triebbefriedigung führt den Menschen in die Starre immer gleicher Handlungsvollzüge, so dass der Eindruck einer unentrinnbaren Determiniertheit entsteht.

Dass das bei einer großen Zahl von Menschen heute der Fall ist, darf nicht zu dem Schluss führen, dass der Mensch dem Tiere gleich unter dem Diktat seiner Triebe stehen muss, sondern nur, dass viele Menschen Neurotiker sind.

Die Zunahme der Neurosen heute wird deshalb ein kollektives Problem, weil es uns mit Hilfe der Medizin gelingt, die Säuglingssterblichkeit herabzusetzen, weil unser Leben in einer unzulässigen, die Grenzen überschreitenden Weise denaturiert ist und weil unsere Zeit so anmaßend war, das Erfahrungsgut, das natürlicherweise bei der frühen Kinderpflege von Müttern und Großmüttern auf die Töchter überging, plötzlich keine Beachtung mehr geschenkt wurde. Stattdessen setzte die neue Zeit seit der Mitte des vergangenen Jahrhunderts zum großen Teil laienhaft auf den Vorrang von Hygienemaßnahmen. Die unaufgebbare Beachtung dessen, was das Neugeborene seelisch braucht, wurde hintangestellt und geriet darüber hinaus im Zuge einer familienfeindlichen Tendenz in das Fahrwasser feministischer Frauenansprüche.

Eine ganze zivilisierte Welt begann mit dem Kind im technischen Zeitalter wie mit einem Apparat umzugehen, den der Mensch nach seinen eigenen Prioritäten einzustellen in der Lage sein könne, statt wenigstens an den negativen Erfahrungen klug zu werden oder an der Ähnlichkeit der frühen Kindheit mit der der höheren Säugetiere Grundlegendes zu lernen.

Stattdessen begann eine leichtfertige Vorstellung darüber, dass der Mensch autonom sei und seine eigenen Lebensmaßstäbe selbst setzen könne, das Feld zu beherrschen. Das führte zu dem verheerenden Krankenstand in der jüngeren Generation und zu einer allgemeinen Schwächung des Leistungsstandes in den zivilisierten Gesellschaften.

Obgleich die Tierverhaltensforschung jünger ist als die Kinderpsychotherapie, ist es in der Zookunde schon fast eine Binsenweisheit, dass man durch Anpassung an die lebensnotwendigen Entwicklungsbedingungen der Tiere Triebstörungen vermeiden kann. Es ist ebenso beglückend wie beschämend, dass man es in der Zookunde aufgrund der genau beobachtenden nachdenklichen Forschung von Zookundlern der 50er und 60er Jahre in den vergangenen Jahrzehnten geschafft hat, den meisten gefangenen Tieren durch Anpassung an ihre Lebensbedingungen in den Zoos ein Umfeld zu schaffen, in dem es nur noch selten zu Verhaltensstörungen kommt, wie sie dort früher zuhauf auftraten. Eine entsprechende kollektive Psychohygiene und Prophylaxe gegen seelische Erkrankungen und schwerwiegende chronischen Lebensbeeinträchtigungen in Bezug auf den Menschen ist in Deutschland noch weit davon entfernt, auch nur erkannt zu werden. Viele seelische Fehlentwicklungen ließen sich sicher verhindern, wenn es gelänge, den Menschen in ihren ersten Lebensjahren zu einer gesunden Triebentfaltung zu verhelfen. Während nämlich die Triebentfaltung beim Tier lediglich einmündet in genetisch und artspezifisch festgelegte Weisen der Erfüllung lebens- und arterhaltender Handlungen, werden in einem gesunden Entwicklungsprozess des Menschen die Triebfunktionen zur speisenden Energie. Wenn sie primär genügend, befriedigend und an adäquaten Objekten getätigt sind, wird es dem Menschen geradezu erst möglich, die Vorherrschaft primitiver Instinktmechanismen zu überwinden. Und erst dann kann es ihm gelingen, Entwicklungsstufen zu erklimmen, in denen er in der Lage ist, auf Grund von Reflexion und Einsicht nach freiem Entschluss zu handeln und Seele und Geist eigenschöpferisch

zu entfalten in einer Weise, wie es ihm allein unter den Geschöpfen vorbehalten ist.

IX. Der seelisch gesunde und der kranke Lebensaufbau beim Menschen

Das Vergleichen der Verhaltensstörungen von Kindern mit Tieren kann uns lehren: Es gibt vier Hauptlebenstriebe, die der Mensch zumindest mit höheren Tierarten gemeinsam hat: Den Nahrungstrieb, den Bindungstrieb, den Selbstbehauptungstrieb und den Geschlechtstrieb. Sie bilden die unumgängliche Basis aller höheren Lebewesen. Diese Triebe werden von Instinkten gesteuert. Diese treten während der Reifung des Gehirns und dem entsprechenden physischen Entwicklungsstand des Geschöpfes nach einem einheitlichen Grundmuster, dem angeborenen Auslösemechanismus, in Funktion. Diese Vorgänge differenzieren sich durch vielfältige Lernprozesse bzw. sie sind auf eine gewisse Variabilität durch Veränderung der Abläufe hin angelegt, ja geradezu angewiesen. Sie besitzen allerdings eine relativ starre Grundstruktur, die von der Finalität der Abläufe bestimmt wird. Das heißt, es besteht eine dranghafte Intention, mithilfe von Auslösemechanismen das Triebziel zu erreichen. Es kommt zu mehr oder weniger schwerwiegenden Entgleisungen, wenn das Ziel des jeweiligen Triebes während der Zeit seiner Ausprägung – in den so genannten sensiblen Phasen – nicht erreicht wird. Bei den vier Trieben heißen die Ziele:
- Beim Nahrungstrieb: Sättigung durch Arbeit,
- beim Bindungstrieb: Geborgenheit durch Nähe,
- beim Selbstbehauptungstrieb: Lebenserhaltung durch Selbstverteidigung,
- beim Geschlechtstrieb: Geschlechtliche Identität und Ergänzung, später dann auch Fortpflanzung.

1. Die Ausbildung der Charakterstrukturen

Besonders in ihren ersten Entfaltungsphasen ist es von größter Bedeutung, dass die Triebfunktionen erfolgreich eingeübt werden; denn sonst gehen sie »krumme Wege«, d.h. es prägen sich von diesen Phasen her Defizite bzw. immer neu überschießende Selbstheilungsversuche aus, die bei leichten Behinderungen im Erwachsenenalter zu unterschiedlichen Charakterstrukturen, bei schweren Beeinträchtigungen zu typischen seelischen Erkrankungen bzw. zu antisozialem Fehlverhalten führen.

Bei der Behinderung des Nahrungstriebes in Statu nascendi entwickelt sich eine depressive Charakterstruktur, bei solchen des Bindungstriebes entsteht eine schizoide, bei denen des Selbstbehauptungstriebes eine zwanghafte und bei denen des Geschlechtstriebes eine hysterische (histrionische) Charakterstruktur.

Die typischen Färbungen dieser Strukturen werden dadurch hervorgerufen, dass die Seelenlage nicht vollständig ausgewogen ist. Prävalenzen weisen darauf hin, dass durch die mangelnde Befriedigung der Grundbedürfnisse am Lebensanfang völlig unbewusst weiterhin der Versuch unternommen wird, das nachzuholen. Beim Nahrungstrieb z. B. durch ein vordringliches Interesse am Nahrungsbereich, beim Bindungstrieb manchmal geradezu in einem taktlosen undiffenzierten Nachlaufen, einem Sich-aufdrängen, beim Selbstbehauptungstrieb mit unangemessenen sich selbst verteidigenden Aggressionen, selbst wo nicht eigentlich etwas zu verteidigen ist, bei unzureichend gelungenen Vorprägungen zur geschlechtlichen Identifikation durch ein chamäleonartiges Buhlen um Anerkennung.

Es muss in diesem Zusammenhang aber auch erwähnt werden, dass sich bei der Beobachtung von Lebensverläufen mit positiven Entwicklungen die Aussagen der Neurobiologen über die grundsätzliche Dynamik des Gehirns bestätigt: Es

gibt Ausgestaltungen, bei denen das nicht ganz Gelungene der
Triebentfaltung in den sensiblen Phasen – die einzelnen Perso-
nen nicht mehr beeinträchtigend – in den Hintergrund tritt.
Für diese Fälle habe ich eine andere Nomenklatur gewählt.
Ich spreche dann vom Hingabe-, Einsiedler-, Ordnungs- und
Darstellungstyp; denn diesen Personen ist es im Laufe ihres
Lebensaufbaus gelungen, die Defizite weitgehend zu integrie-
ren, so dass es unangemessen wäre, Bezeichnungen aus der
Neurosenlehre beizubehalten. Es finden hier keine unrealisti-
schen, stereotypen Einbrüche mehr statt, sondern allenfalls
gewissermaßen »normale« Prävalenzen z. B. eine Freude am
Schauspielern beim Darstellungstyp, eine gewisse Neigung zur
Perfektion und Selbstgerechtigkeit beim Ordnungstyp, ein ge-
legentliches Überschreiten des kritischen Abstandes beim Einsiedlertyp und eine leicht übersteigerte auf sich selbst bezoge-
ne Hilfsbereitschaft beim Hingabetyp.[1)]
    Aber so erfreulich Entwicklungen sind, bei denen die Defizi-
te sich nicht mehr ebenso unversehens wie stereotyp störend
einmischen, so wünschenswert wäre es, durch ein gekonntes
Vorbeugen zu verhindern, dass so viele Menschen mit sie be-
schwerenden Beeinträchtigungen durch ihr Leben gehen müssen. Wie viel leistungsfähiger könnte unsere Gesellschaft sein,
wenn viel mehr Menschen ein seelisch gesunder Lebensaufbau
gelingen würde! Wie viel weniger Unglück im Einzelschicksal,
wie viel weniger Seelenverkrüppelung, die zu Konflikten, ja, zu
Tragödien in den Familien und anderen Gemeinschaften führen, wäre möglich, wenn hier eine allgemeine Informiertheit
vorhanden wäre und die Gesellschaft Anstalten machen würde,
ihren Status zu verbessern, indem durch Einsicht in die Gewichtigkeit dieser Zusammenhänge mit umfänglichen Vorbeu-
gungsmaßnahmen einem weiteren halsbrecherischen Niedergang entgegengewirkt werden würde!
    Um das zu veranschaulichen, soll die Theorie noch einmal
mit Hilfe der Pyramiden über den seelisch gesunden und den

seelisch kranken Lebensaufbau dargestellt werden, in der Hoffnung, einen Überblick zu erzielen, um daraus im Schlusskapitel auf die daraus zu folgernden, zu ändernden Umgangsweisen mit den Kindern – vornehmlich in ihrer ersten Lebenszeit – hinzuweisen.

2. Die seelisch gesunde Entfaltung *(S. Abb. 7)*

Nach meinem Konzept könnte man den Lebensaufbau mit einer hoch hinaufbaubaren Pyramide[2)] vergleichen, deren Höhe und Stabilität entscheidend vom fest gefügten Fundament abhängt. Die Säuglingszeit hat die allergrößte Bedeutung. Sie bildet die grundlegende Basis, wie ich in Kapitel IV und V ausführlich dargelegt habe.

Zufriedenheit, ja, ein grundsätzlich optimistisches Lebensgefühl und eine allgemeine Lebenslust entstehen hier auf dem Boden eines adäquat abgesättigten Nahrungstriebes in der sensiblen Phase seiner Konstituierung. Und das bildet die psychische Voraussetzung zur späteren Lern- und Leistungsfähigkeit (Grüner Teil, unterer Kasten).

Und darüber hinaus bereitet die gelungene Bindung an die Mutter die Lebensstimmung Urvertrauen, Geborgenheit und eine allgemeine Bindungsfähigkeit vor. Auch ein stabiles Selbstwertgefühl hat in der Befriedigung der beiden Grundlebenstriebe in der Säuglingszeit ihre Basis. (Blauer Teil des unteren Kastens). Die Konstituierung der beiden Grundlebenstriebe (Nahrungstrieb und Bindungstrieb) lässt sich zeitlich nicht vollständig voneinander trennen. Sie geschehen beide in der Säuglingszeit und überlappen sich deshalb. Das ist im Schaltbild dadurch gekennzeichnet, dass sie jeweils in einem einzigen Kasten zusammengefasst sind, aber dennoch durch die grüne (Nahrungstrieb) und blaue (Bindungstrieb) Färbung voneinander unterschieden werden sollen. Die Unterteilung ist besonders bei der Darstellung des kranken Lebensaufbaus wichtig, weil sich die Auswirkungen zu verschiedenartigen Störungen im Erwachsenenalter ausprägen können.

Aber die beiden folgenden Entfaltungsphasen (rot und gelb umrandet), die bis ins Schulalter hineinreichen, sind von nicht viel geringerer Bedeutsamkeit. Stellt sich der Mensch dann im 2. Lebensjahr auf die Beine, so beginnt er jetzt auch zu sprechen – und das heißt, er fängt an, auf die allein dem Menschen vorbehaltene Möglichkeit, sich verbal zu artikulieren, zuzuwachsen. Und das ist gleichzeitig die sensible Phase zur Entfaltung des Selbstbehauptungstriebes in Form eines unübersehbaren Uregoismus mit einem Egotrotz, der die armen Mütter umso mehr erschreckt, je vitaler ihre Sprösslinge sind und sich entsprechend gebärden, obgleich dieser Trieb – Konrad Lorenz hat ihn unzureichenderweise »Aggressionstrieb« genannt – ebenso gesund wie notwendig ist.

Eine Unterkategorie des Selbstbehauptungstriebes ist der Besitztrieb, das Bedürfnis zu haben und behalten, das bei gesunden Kindern jetzt unverblümt zum Ausdruck kommt. (Das ist ausführlich bereits im Kapitel V dargestellt worden). Das aufmüpfige Verhalten des Kindes in dieser Phase wird besonders von bemühten Eltern meist pädagogisch falsch eingeschätzt. Die Eltern gehen von der Vorstellung aus, dass ihr süßer Spatz allemal gut sein müsse. Die jetzt in Erscheinung tretende Urwüchsigkeit ängstigt die Mütter und lässt die Väter fürchten, dass hier die Gene der Schwiegermutter sichtbar würden.

Aber die Entwicklung des Selbstbehauptungstriebes ist urnormal und als zweite Stufe der Basistriebe lebenswichtig, damit sich ein gesundes Durchsetzungsvermögen und Selbständigkeit entfalten können. Zwar müssen unsere Kinder nun auch in liebevoller Konsequenz der Erziehenden ihre Grenzen kennen lernen, aber gewiss ohne Gewaltanwendung.

Grundsätzlich gilt: Erst muss sich die Pflanze Mensch entfalten; dann erst ist ein pfleglicher Zuschnitt das Gebot der

Stunde, und das heißt: Erst sekundär gilt es, den Kindern möglichst konsequent zu einem Beachten der Belange der anderen, und das heißt zu einem rücksichtsvollen Benehmen, zu verhelfen. Aber in der ersten Trotzphase geht es zunächst um die Notwendigkeit eines stabilen Ego und um die Fähigkeit, sich selbst zu verteidigen – auch seinen Besitz. (Das hören christliche Eltern gar nicht so gern – und doch gilt auch hier: Alles zu seiner Zeit!) Unsere Kinder werden nicht als Engel geboren. Sie sind zunächst kleine Wildlinge, die allerdings bedachtsamer Zähmung bedürfen. Aber zunächst muss das Ich die Gelegenheit bekommen, sich zu konstituieren, sonst kann unsere spätere Bemühung um Kultivierung nicht greifen; denn das Aufblühen des schöpferischen Geistes und der Sprache liegt nun einmal im Zeitfenster des Selbstbehauptungstriebes – eben in der Zwei- bis Fünfjährigkeit.

Zur gelb umrandeten Stufe von unten: Die grundlegende Phase zwischen dem 5. und 7. Lebensjahr hat die Vorprägung der geschlechtlichen Identität zur Aufgabe. Was das bedeutet, ist in dem vorangehenden Kapitel bereits ausgeführt worden.

Hier soll noch einmal darauf hingewiesen werden, warum bisher allein von den Lebensphasen an der Basis die Rede war: Der Mensch ist zwar gewiss von Anfang an Mensch und kein Affe; und dennoch werden die Voraussetzungen zur Lebensbewältigung sehr gesetzmäßig zunächst eben durch Basistriebe geschaffen, die den biologischen Gesetzmäßigkeiten entsprechen, wie man sie auch bei höheren Säugetieren bereits antrifft.

Und andererseits: Den Menschen als ein sich entfaltendes Wesen zu verstehen, das viel mit Tieren gemein hat, ist durchaus mit der Gottesvorstellung des Theismus vereinbar, ja, sie ergibt sich aus diesem Tatbestand, wenn man es ernst nimmt, dass der Mensch aus Erde geschaffen ist. Die Thesen dieses Buches sind deshalb keine Konzession an atheistische Evolutionstheoretiker. Blinde Auslese und zufällige Mutation reichen nicht aus, die Entstehung des Menschen zu erklären.

Aber unsere Verwandten sind sie schon, die höheren Säugetiere; dennoch ist der Mansch – gesund entfaltet – grundsätzlich anders als alle Tiere – zum Sprechen, zu Reflexion und Einsicht = Vernunft und zu freiwilliger altruistischer Liebe fähig ist.

Das also gilt es zu unterscheiden: Der Mensch hat zwar einen einmaligen Geist und eine unsterbliche Seele – und dieser Hauch Gottes existiert keimhaft von Anbeginn an als sein mit Tieren unvergleichbares Spezifikum; aber die grundlegende Voraussetzung zu dessen Entfaltung – hin zu einer menschlichen Lebensbewältigung, die Basis, ist vornehmlich biologischer Natur.

Elf deutsche Hirnforscher bestätigen in einem im Oktober 2004 publizierten Manifest diese Grundlinie: »Vieles spricht dafür, dass neuronale Netzwerke (des menschlichen Gehirns, Verf.) als hochdynamische, nicht lineare Systeme betrachtet werden müssen. Das bedeutet zwar, sie gehorchen mehr oder weniger einfachen Naturgesetzen, bringen aber aufgrund ihrer Komplexität völlig neue Eigenschaften hervor.«

Was am Lebensanfang pädagogisch richtig oder falsch gemacht wird, könnte man deshalb in der Tat schon von unseren Hunden lernen, manches sogar bereits von Ratten und Mäusen. Und in Bezug auf die Entwicklung von Medikamenten macht das die Forschung ja bereits seit langem. Aber dass es die vier Haupttriebe des Menschen sind, die in den ersten Lebensjahren »Zeitfenster« haben und dass die Synapsen des Hirns nur optimal sprießen, wenn sie phasen- und naturgerecht durchlaufen werden, war in der Wissenschaft bis heute nicht hinreichend bekannt, was außerordentlich notwendig wäre, um daraus die zu folgernden pädagogischen Prämissen zu entwickeln, statt Verderbnis erzeugend zu meinen, das Urkonzept nach eigener laienhafter Maßgabe abwandeln zu können.

Das ist einer der Hauptgründe für das Kinderchaos heute, für die Massen von Verhaltensstörungen schon im Kindergarten, für die pädagogisch nicht zu bewältigende Unruhe im Grundschulalter und damit für das absinkende Leistungsniveau und die Massenneurosen im Erwachsenenalter: Durch pädagogisch falsche unnatürliche Maßnahmen werden eben die vier Grundtriebe in den ersten sieben Lebensjahren unzureichend entfaltet bzw. dabei gestört, wozu im Kleinkindalter frühe Kollektivierung, andere ängstigende Erfahrungen und lärmende Unruhe, wie z. B. auch eine Dauerberieselung mit Fernsehen erheblich beiträgt.

Das ist deshalb meine Aussage: Phasenspezifisch müssen die vier Grundtriebe des Menschen zur natürlichen Befriedigung gebracht werden. Nur eine gesunde Basis, nur gesund entwickelte Triebe, versetzen den Menschen in einen Status, auf dem der unbeschädigt entfaltete Geist offen wird für verbale Belehrung, sodass sie optimal greifen kann.

Und die weitere Kultiviertheit des Herangewachsenen hängt dann davon ab, ob er nach einer Phase sorgsamer kognitiver Bildung im Schulalter – durch die Integration des Kreatürlichen in die erworbene geistige Struktur – im Erwachsenenalter einen Status erreicht, der so stabil ist, dass er seine maßvoll verwendeten Triebe als Kraftquelle einsetzen kann. Dann, nur dann, hat er die Chance, dass sie sich nicht wuchernd verselbständigen.

Herr im Seelenhaus kann der Mensch nur werden, wenn er seelisch und geistig so gesund aufgewachsen ist, dass er in der Lage ist, seine Triebe sowohl realitätsgerecht zu nutzen wie sie ebenso pfleglich einzudämmen und zu sublimieren. Davon sind wir heute durch die 30-jährige Enthemmungsideologie und die darauf beruhende Verwahrlosung unseres Bildungssystems weiter entfernt denn je.

Zurück zur Pyramide auf die vierte, blau und grün umrandete Stufe: Die ersten Früchte der gesunden Basis des Säuglingsalters erntet das Kind, bzw. seine Eltern, in der Schulzeit. Durchhalte- und Konzentrationsfähigkeit sind Eigenschaften, die es jetzt braucht und die ihm dann ebenso zur Verfügung stehen (grünes Feld Mitte) wie die Möglichkeit, sich in die Gemeinschaft einzuordnen (blaues Feld Mitte), wenn die Entfaltung des Nahrungs- und des Bindungstriebes in der Säuglingszeit ohne Defizite und Traumata vor sich gegangen ist.

Der Erwerb einer stabilen Selbstbehauptung in der ersten Trotzphase macht jetzt (s. die nächste rot umrandete Stufe) eine pflegliche Ablösung von den Eltern in der 2. Trotzphase, der Pubertät, unter der Einwirkung des 2. Schubs von Geschlechtshormonen möglich. (Der erste erfolgte unter der Geburt.)

Und die Möglichkeit, auf das andere Geschlecht zugehen zu können, baut sich nach einer stabilen Prägung der geschlechtlichen Identität in der Fünf- bis Siebenjährigkeit jetzt – im jungen Erwachsenenalter – als Lust auf Partnerwahl auf. (s. die sechste gelb umrandete Stufe).

Erst der stabile Aufbau dieser sechs Stufen bildet die Voraussetzung zu einer spezifisch menschlichen Ausgestaltung im Erwachsenenalter, erkennbar z. B. in einer gelingenden Existenzgründung nach einer abgeschlossenen Berufsausbildung (grüner Teilkasten) und einer vollen Soziabilität, einer einsatzfreudigen Gemeinschaftsfähigkeit (blauer Teilkasten).

Nach der Überwindung der beiden Ablösungsphasen als Kind und als Jugendlicher kann sich (s. den oberen roten Kasten) die Möglichkeit zu einer echten geistigen Unabhängigkeit herauskristallisieren. Der in dieser Weise Reifgewordene ist nun in der Lage, z. B. dem verderblichen Trend der Massenmedien nicht kritiklos aufzusitzen. Er verfügt über eine auf dem Boden von Bildung und Ausbildung entwickelte eigenständige Urteilsfähigkeit und über eigenschöpferischen Geist. Erst als Folge eines geraden Lebensaufbaus also kann der Mensch deshalb schließlich als Erwachsener echte Willensfreiheit entwickeln.

Auf der höchsten, farbig vereinten Stufe ist dargestellt: Nun
ist die Kraft zu überpersönlicher Verantwortung und eben
auch die Möglichkeit zur Ausgestaltung seiner religiösen Bedürfnisse gegeben. Für dieses spezifisch Menschliche, für opferbereite Liebe und Glauben hat er zwar von Anbeginn an eine Anlage; (der Mensch sei genetisch religiös, ließ kürzlich ein
Genetiker verlauten); aber er kann die spezifisch menschlichen
Himmelsgaben nur in die Realität umsetzen, wenn Anlagen
und Umwelt durch eine phasengerechte Erziehung sorgfältigst
Raum gegeben worden ist.

Die Gefühle von Sicherheit und Geborgenheit in Statu nascendi, die durch natürliche Angemessenheit des Umgangs mit
den Kindern entstehen, sind neben einer Vorbild-gebenden
Haltung der Erziehenden und ihrem kognitiven Einsatz im
Schulalter also die Voraussetzung, um einen Status zu erreichen, in dem Bindung an Gott – als Frucht der frühen Bindung des Kindes an seine Eltern, echte persönliche Freiheit als
Frucht eines pfleglich entwickelten Selbstbehauptungstriebes
und Verantwortung für die Nächsten als Frucht männlicher
und weiblicher Vorbilder zum Tragen kommen.

Nachdrücklich muss noch einmal betont werden, dass dieser
Status gewiss auch nur erreicht werden kann, wenn im Schulalter durch das Elternhaus, in der Schule und durch die Kirche wirklich Bildung vermittelt und Kultivierung geübt worden ist. Aber das kann eben nur greifen, wenn der Boden
hinreichend vorbereitet ist.

Dass der Status unserer Jugend in dieser Hinsicht so mangelhaft ist, liegt zwar einerseits daran, dass wir die Schulen
und Universitäten der destruktiven sozialistischen Ideologie
ausgeliefert haben, aber andererseits mussten die Bemühungen der pädagogisch Tätigen immer erfolgloser werden, weil
die Bildbarkeit bereits der jungen Kinder häufig so unzureichend vorhanden ist, dass die besten Pädagogen nur noch wenig ausrichten können. Nur mit Hilfe der sehr sorgsamen,

sehr gekonnten Bemühung um die Erfüllung der Entfaltungsbedingungen kann schließlich das eigentliche Wesen des
Menschseins Wirklichkeit werden. Diese Voraussetzungen
sind unabdingbar. Erst sie schaffen einen kraftvollen Status
und die Möglichkeit, darauf eine wahrhaft kultivierte Lebensform aufzubauen, die erst dann jegliches Vergleichen mit Tieren gänzlich übersteigt.

Das begreifbar zu machen, ist das Anliegen dieser Schrift:
Wir sind erst auf dem Weg zum Menschen, ja, wir geraten in
die Gefahr zurückzufallen und (um mit Goethe zu sprechen)
»tierischer als jedes Tier zu werden«, wenn wir nicht im technischen Zeitalter schnellstens lernen, dass wir auch bei der Erziehung der Kinder nicht alles machen dürfen, was wir tun
könnten und was uns Erwachsenen zweckdienlich erscheint
oder was uns von den elektronischen Medien kurzsichtig als
erstrebenswert eingeblasen wird.

Es ist ein uns Müttern unbekömmlicher Riesenanspruch zu
meinen, wir könnten alles zur gleichen Zeit haben: Selbstver-
wirklichung im Erwerbsleben, zu Hause ein Nest mit seelisch
gesund heranwachsenden, glücklichen Kindern und einen
zum Hausdienst abgestellten Partner. Der jetzige Zustand unserer Gesellschaft ist Beweis genug dafür, dass das selten funktioniert.

3. Das instabile Fundament und die negativen Auswirkungen *(S. Abb. 8)*

Wenn keine gesunde Basis vorhanden ist, geschieht das, was
mit der im Fundament gespaltenen Pyramide dargestellt werden soll. Die im Säuglingsalter falsch behandelten Nahrungs-
und Bindungstriebe bewirken bereits im Ansatz, dass die seelische Mitte unzureichend bleibt. Statt sattsamer Befriedigung
entsteht schon hier Unausgeglichenes: Ungesättigte Gier

und/oder Resignation als Folge des unzureichend befriedigten Nahrungstriebes, (grüner Teil im Kasten ganz unten), Mattigkeit und/oder sich durch häufiges Schreien äußernde Friedlosigkeit als Folge des unzureichend befriedigten Bindungstriebes. (Blauer Teilkasten unten). Der Trieb will so befriedigt sein, wie es das Naturgesetz verlangt. Das Kind sucht seine Mutter mit den Augen, mit dem Mund, über Geruch und Gehör. Wie gesagt: Es muss sich an sie binden.

Es muss aber auch durch möglichst natürliche ihm angemessene Nahrungsvermittlung gesättigt werden, und zwar immer, wenn es danach verlangt. Es ist ein trauriges Faktum, dass diese natürliche Vorgegebenheit, die sich nach Angebot und Nachfrage beim Stillen vollständig natürlich von selbst ergibt, in den vergangenen 50 Jahren – besonders seit Erfindung der Kunstnahrung – einer instinktlos gewordenen Menschheit immer mehr aus dem Gedächtnis geriet, so dass der depressive Charakter in den zivilisierten Gesellschaften immer häufiger vorgeprägt wurde und mittlerweile zum internationalen Boom geworden ist. (Vier Millionen Depressive schätzt eine Auszählung und Hochrechnung von Bayerischen Ärzten für Deutschland.)

Auf den zum Teil grünen und zum Teil blauen Kästen links und rechts oben ist deshalb Folgendes dargestellt: Geschieht die natürliche Grundbefriedigung des Nahrungs- und des Bindungstriebes in Statu nacendi nicht, und wird das nach einer immer stärker werdenden Schieflage in den folgenden Lebensstufen durch die Kindheit hindurch fortgeführt, so erwächst daraus im Erwachsenenalter unter Umständen auf dem Boden von Angst vor der Gier (grüner Teilkasten oben) eine depressive Charakterstruktur (grüner Anteil des obersten Kasten links), oder wenn Bindung nicht gelebt werden konnte, kommt schließlich Angst vor neuer Enttäuschung an Menschen auf, die unter Umständen in eine schizoide Charakterstruktur einmündet (oberstes blaues Felder links).

Aber es kann auch als Folge eines unbefriedigten Nahrungstriebes orale Gier dominant werden und dann in Form von
Alkoholismus, Rauchsucht, Rauschgiftsucht, Fresssucht und
anderen Essstörungen unfrei machen (rechts oben grünes Feld
mit der Kennzeichnung: Orale Süchte). So haben wir z. B. einen Boom der Fettleibigkeit in unserer Gesellschaft, dem nur
die Überdisziplinierten mit dem anderen Extrem, der Mager-
sucht, in gefährlich falscher Weise zu entfliehen suchen. Im
übelsten Fall stehen dann Eigentumsdelikte an (grüner Anteil
im obersten Feld rechts).

Die fehlende Bindung (blauer Anteil im Kasten darunter)
kann sich im Erwachsenenalter in einem blinden, wahllosen
Kontaktieren als Kontaktsucht zeigen gelegentlich bis hin zu
einem friedlosen Vagabundieren. (Blauer Anteil des obersten
Kasten rechts). Der am Lebensbeginn unzureichend gesättigte
Trieb setzt sich dann wuchernd, immer neu gegen die Vernunft überschießend durch, hemmt den Menschen in seinen
spezifisch menschlichen Vollzügen und behindert seinen Le-
benserfolg. Im schlimmsten Fall – wenn meist auch der Bindungstrieb beeinträchtigt ist – können Kriminalität und Verwahrlosung anstehen (oberste Leiste im oberster Kasten rechts
oben).

Was geschieht, wenn der Selbstbehauptungstrieb in der
Kleinkinderzeit nicht zu seinem Recht kommt?

Auf der zweiten Stufe, (die zweiten roten Kästen von unten)
im Kleinkindalter, macht der verhinderte Trieb entweder (besonders bei Prügelerziehung) zunächst übergefügig, oder bei
einer antiautoritären, d. h. eigentlich vernachlässigenden Erziehung provozierend aggressiv.

Die beiden rotmarkierten Kästen oben links und rechts sollen Folgendes verdeutlichen: Bei gewaltsamer, aber auch bei
»vergewohltätigenden« Über-Erziehung in der Vorgeschichte
entspringt im Erwachsenenalter daraus eher ein Zwangsneurotiker (oberster Kasten Mitte links). Er hat so viel Angst vor sei-

nen eigenen, massiv angestauten Aggressionen, dass sich die gequälte Natur durch Gewaltfantasien oder ähnliche Zwänge mit Notventilen entlasten muss (roter Kasten darunter, links oben Mitte). Oder es entsteht bei brutaler Vorgeschichte in der Erstphase ein herrschsüchtiger Charakter, (roter Kasten oben Mitte), auf jeden Fall ein egomaner Erwachsener, im übelsten Fall ein gewalttätiger Krimineller, etwa ein Hitler oder ein Stalin (ganz oben rechts Mitte).

Die dritten gelben Kästen von unten sagen aus: Die verhinderte geschlechtliche Identitätsfindung durch unzureichende oder fehlende Elternvorbilder bewirkt zunächst in der 5-7jährigkeit ein diffuses Minderwertigkeitsgefühl, das nicht selten durch Geltungssucht zu kompensieren versucht wird. Das hat im Erwachsenenalter dann entweder eine kaum brechbare Scheu vor dem anderen Geschlecht zur Folge oft auf dem Boden von Angst vor der Sexualität durch einen Menschen des anderen Geschlechts (gelbes Feld oben linke Mitte) bis zur Verdrängung des Triebes und der Entstehung eines hysterischen Charakters mit vielerlei psychosomatischen Symptomen (oberster Kasten, gelb umrandeter Teil), oder es entwickelt sich jenes ruhelose Suchen und Schweifen, wie wir das bei allen Perversionen beobachten (die gelben Felder oben ganz rechts). Bei entsprechender Vorgeschichte können sich hier vielfältige Fehlbahnungen ergeben von der Promiskuität bis zu Perversionen und im übelsten Fall von Sexualdelikten bis zur Hochstapelei.

Ein kleiner Rückblick noch auf die Zwischenstufen: Die unzureichende Basisfestigkeit wird bereits im Schulalter sichtbar (die blau umrandeten vierten Kästen von unten), indem die in der Säuglingszeit angelegte Unausgeglichenheit sich verstärkt, und als antriebslose Inaktivität (grünes Feld links) und/oder als ungerichtete Aktivität (grünes Feld rechts) in Erscheinung tritt. Heute nennt man das ADHS. (Aufmerksamkeits-Defizit-Syndrom mit Hyperaktivität.) Die aus dieser Unausgeglichen-

heit erwachsenden Leistungsstörungen im Schulalter können
aber auch mehr die Färbung des behinderten Bindungstriebes
tragen, (blauer Teilkasten links und rechts) und/oder dann
eher als passiver Widerstand mit Versuchen des Sich-Aufdrän-
gens bei Lehrern oder Mitschülern verschwistert sein.

Die gespaltene Pyramide will durch das Auseinanderklaffen
aufgrund der fehlenden Ursprungsmitte verdeutlichen: Dass
extrem gegensätzliches Verhalten sich dadurch im Laufe des
Lebens verstärkt, was aber mehr oder weniger dominant
durchaus in ein und derselben Person zum Ausdruck kommen
kann. Das soll durch die Pfeile in der Mitte angedeutet werden.

Auf den fünften roten Kästen von unten ist dargestellt: In
der Pubertät fliegen bei unausgeglichener Ich-Entwicklung
dann die Fetzen, Hass auf die Eltern bricht auf, und endet
nicht selten damit, dass die jungen Erwachsenen die Beziehung zum Elternhaus abbrechen (fünfter roter Kasten von unten, rechts), und/oder die Herangewachsenen – besonders die
weniger vitalen unter ihnen – bleiben unselbständig im El-
ternschlepp hängen – meistens dann aber in unseliger Hass-
Liebe untermischt mit aggressiven Abscheulichkeiten im Umgang mit den Angehörigen (fünfter Kasten von unten, rot
umrandet, links).

Mit den gelb umrandeten sechsten Kästen von unten soll
gezeigt werden: Hier geht es schon um die jungen Erwachsenen und die Auswirkungen ihres Kinderschicksals aus der
5-7jährigkeit: Die unzureichenden Vorbilder während des ersten gelben Zeitfensters machen nun im jungen Erwachsenal-
ter zweigeschlechtliche Bindungen unmöglich, sodass Verein-
samung entsteht (linker gelb umrandeter Kasten). Oder die
Beziehungen bleiben flüchtig und misslingen dadurch –
(sechster gelb umrandeter Kasten rechts) – ein besonders häufiges Schicksal bei Scheidungswaisen. Da die Scheidungen in
Deutschland im Jahr 2003 mit 230 000 auseinander gehenden

Paaren und an die 170 000 unmündigen neuen Scheidungswaisen einen Höchststand erreicht haben, kann angenommen
werden, dass sich die Schwierigkeiten auf diesem Sektor ebenfalls weiter vermehren werden *(s. Abb. 9)*.

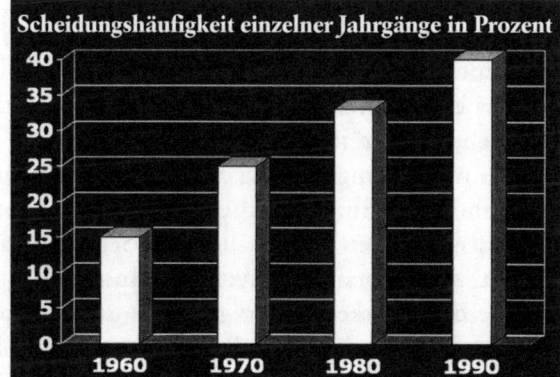

Abb. 9:
Verbandstagung
2004 – Verant-
wortung für die
Familie e.V.

Bilanz: Eine Fülle von Lebenskraft verschleißt sich in oft
schwerwiegenden, lebenslänglichen Unausgeglichenheiten.
»Bei 10 bis 15 Prozent geht in der ersten Phase etwas schief«,
mutmaßt der Bremer Hirnforscher Gerhard Roth, »und wie es
scheint, sind es diese dann, die für den Rest ihres Lebens die
unterschiedlichsten Probleme haben werden, sich in der Gesellschaft zurecht zu finden.«[3]

Die seelische Instabilität kann in der Tat eine vollgültige
Ausgestaltung der Anlagen verhindern. Ja, im schlimmsten
Fall droht mehr: Selbstvernichtung als Folge eines Loser-
Schicksals – als direkter oder per Sucht schleichender Suizid.
Das ist dann die tragische Gefahr von unerkannten, unthera-
pierten Fehlentwicklungen, die sich in Teufelskreisen bis zur
endgültigen Hoffungslosigkeit verstärkten. Das wusste bereits
Shakespeare angesichts eines zwangsneurotischen Hamlet,
dessen Selbstbehauptungstrieb offenbar so unzureichend entwickelt war, dass er »von des Gedankensblässe angekränkelt«
zum zeitgerechten Handeln unfähig blieb.

Heute liegt der Schwerpunkt mehr auf den millionenhaft gezüchteten Depressionen durch die Störung des Nahrungstriebes am Lebensanfang, die sich besonders häufig als Essstörungen und als orale Süchte zeigen. Allerdings besteht seit einiger Zeit die Hoffnung, dass die Wiedereinführung des Stillens hier bereits eine leichte Abschwächung bewirkt hat. Vom Jahr 2002 zum Jahr 2003 hat sich in der Statistik ein leichter Rückgang in der Kriminalität – vor allem der Diebstähle – bei Jugendlichen abgezeichnet.

Aber nicht weniger häufig entsteht Bindungsunfähigkeit, die eine kinderlose Singlegesellschaft zur Folge haben muss, weil die Basisstufe eben zu oft schon mit Schäden durchwirkt worden ist, sodass generell psychische Instabilität und unzureichende Belastbarkeit die Folge ist. Es ist deshalb eine traurige Gegebenheit, dass 15 bis 20 Prozent der jungen Menschen kein Abschluss einer Ausbildung gelingt und auch 25 Prozent der Studenten ihr Studium ohne Abschlussexamen abbrechen.

Die Hirnforschung bestätigt die Schlussfolgerungen aus dem instabilen Lebensaufbau insofern, als sie bei Fehlentwicklungen, die in der frühen Kindheit während der Hauptentfaltungsphase des Gehirns entstanden sind, die Willensfreiheit in Frage stellt. Zumindest für alle Kategorien, die im rechten oberen Bereich der gespaltenen Pyramide dargestellt sind, trifft diese Einschränkung in der Tat mehr oder weniger zu. Wenn die beschädigten Triebe blind zur Selbstheilung drängen, bekommt das Verhalten Suchtcharakter. Und das bedeutet, dass der Trieb wie ein Pferd mit seinem Reiter, dem Willen, durchgeht, während dieser ohnmächtig im Steigbügel hängt.

Diese durch die Hirnforschung beleuchtete Realität bewirkt (endlich!) ein neues Nachdenken in Bezug auf unsere Rechtssprechung und die forensische Psychiatrie. Hans-Ludwig Kröber, Spezialist in diesem Fach, postuliert deshalb zu Recht: »Wer durch Besonderheiten seines Gehirns Straftaten begeht, kann dafür strafrechtlich nicht verantwortlich sein. Man kann ihn nicht bestrafen. Man sperrt ihn aber, um die Mitmenschen vor ihm zu schützen, ein.«[4]

Und Wolf Singer, vom Max-Planck-Institut Frankfurt, bekräftigt in einem Spiegel-Interview in zynischer Tonart: »Unsere Sichtweise gegenüber Übeltätern wird sich eben ändern müssen. Dieser arme Mensch hat Pech gehabt. Er ist am Eckpunkt der Normalverteilung angelangt. Ob nun aus genetischen Gründen oder aus Gründen der Erziehung, die gleich mächtig in die Programmierung von Hirnfunktionen eingehen, ist unerheblich. Ein kaltblütiger Mörder hat eben das Pech, eine niedrige Tötungsschwelle zu haben. Das heißt natürlich nicht, dass man tatenlos zusehen sollte. Natürlich muss die Gesellschaft reagieren. Einmal muss versucht werden, seine Hemmschwelle anzuheben, etwa durch Schulungs- und Therapieprogramme. Außerdem muss sich die Gesellschaft schützen, indem sie deren Freiraum begrenzt«.[5]

Als langjährige Gutachterin beim Jugendgericht ist mir oft genug bei solcher Problematik die Ausweglosigkeit deutlich geworden, in der die Jurisprudenz in vielen Fällen heute schon steckt: Die Möglichkeit der Aburteilung des Delinquenten zu Gefängnisstrafe setzt Einsichtsmöglichkeit in die strafbare Handlung voraus. Er muss in der Lage sein, Einsicht in das Unrechtmäßige seiner Tat zu haben und danach handeln zu können. Aber gerade wenn die Straftat Suchtcharakter hat (und das ist leicht daran zu erkennen, dass eine Kette von Straftaten nach dem gleichen Muster geschehen ist), ist wohl der erste Teil dieser Bedingung, aber nicht der zweite gegeben. Wie viele der heutigen Gefängnisinsassen sind abgeurteilt worden, weil ihnen wider bessere Einsicht der Sachverständigen, Fähigkeit zur Willensfreiheit zugesprochen wurde, nur um sie nicht länger weiterhin ihre Serienverbrechen begehen zu lassen, sondern sie endlich wegzusperren. Es ist hier längst eine lediglich verdeckte Ausweglosigkeit entstanden, die durch die Hirnforschung nun zwar aufgedeckt, aber auch nicht im Entferntesten gelöst werden kann; denn die, die im Singerschen Sinn »Pech haben«, sind mittlerweile in unserer boomenden Suchtgesellschaft Legion geworden! Vergeblich habe ich bereits vor 34 Jahren, (s. Jugendgericht in der Klemme. In: Mut zum Erziehen, Göttingern 1970, S.114 ff) auf diesen Missstand hingewiesen und auch darauf, dass die Zahl der seelisch Kranken unter den Kriminellen vermutlich in den nächsten Jahrzehnten so anwachsen würden, dass das eine generelle Unlösbarkeit zur Folge haben müsse. Wie sollte unsere mit Kranken ohnehin bereits überlastete Gesellschaft heute eine solche Vielzahl geschlossener psychiatrischer Anstalten erstellen können? Wir müssen deshalb auf ein intensives Vorbeugungsprogramm setzen, das verhindert, dass immer mehr Menschen von oft gemeinschaftsschädigenden Süchten beherrscht werden, statt einsichtig und willensfrei handeln zu können.

4. Vorgaben für einen seelisch gesunden Lebensaufbau

Die einzelnen pädagogischen Konsequenzen sollen das Thema im anschließenden Kapitel sein. Jetzt ist zunächst nur eines wichtig zu verstehen: Wir müssen uns beim Erziehen an das halten, was wir als Entfaltungsbedingungen der Spezies Mensch vorfinden. Diese Vorgaben zu kennen und zu beachten, das ist uns Erziehern aufgegeben. Das gilt es neu zu lernen. Sonst setzen wir uns auf Dauer weiter verderblichen Abgründen aus.

Nachdrücklich soll aber bereits hier schon – wegen der so allgemein und weit verbreiteten Fehlvorstellung auf diesem Sektor – betont werden: Die Hauptbasis in der Säuglingszeit entsteht zunächst eindeutig mit Hilfe einer Passung allein zwischen zwei Personen : Dem hilflos geborenen Kind und seiner leiblichen Mutter. Sie, nicht irgendwer sonst, wird im gesunden Fall für diese Aufgabe hormonell zugerüstet. Damit die Basis gelegt wird, indem die beiden Haupttriebe zur Entfaltung gebracht werden, ist unmittelbar die Mutter und keine andere Person gemeint. Natürlich hat auch der Vater in dieser Situation bereits eine grundlegende Funktion als der Beschützer der Familie. Aber es ist ein falscher Ansatz zu meinen, Vater und Mutter seien in dieser Situation austauschbar. Gewiss, in der Not ist manches dennoch möglich, auch der Mutterersatz durch einen Vater, eine Großmutter oder eine liebevolle Bezugsperson. Aber grundsätzlich ist es klug, sich über die biologischen Vorgaben nicht hinwegzusetzen.

Dennoch hat auch der Vater eine unaufgebbar wichtige Funktion während der langen Kindheit seiner Sprösslinge. Er sollte für sie als verantwortungsbewusster Vormacher wirksam werden; denn er ist in seinem geschlechtspezifischen Charakter so anders als die Mutter, dass wir jetzt von der Hormonforschung lernen können, warum sie so typisch ausgerechnet mütterlich und väterlich verschieden sind, die Geschlechter: Sie sollen sich gerade darin ergänzen. Gerade die typischen Verschiedenheiten von Mann und Frau lassen erkennen, dass sie als Ergänzungen im Hinblick auf eine optimale Erziehung der Kinder programmiert sind. Und das wird deshalb mithilfe von Östrogen und Testosteron hormonell vorbereitet. Sogar dieses ist uns also von unserem Schöpfer offenbar vorgegeben, weil Gott die Familie als DEN Ort hinaufzupflanzender Zukunft für so immens wichtig hält! Nur durch eine sich gegenseitig ergänzende, opferbereite, gemeinsame und doch höchst individuelle Erziehung lässt es sich offenbar erreichen, dass die erwachsen gewordenen Kinder in einer optimalen, echt menschlichen Weise Liebe zu leben und friedfertig zu sein vermögen. Und dies ist nach christlicher Auffassung überhaupt das Ziel Gottes mit seinem Geschöpf Mensch.

Wie schwer haben wir es heute, das zu begreifen: Das Natürliche am Anfang ist zunächst auch das Optimale! Hier hat

Gott auch für den Menschen vorgedacht – nicht nur für die Tiere allein! Aber die Anwendung seines Hauchs, selbstlose Liebe, und Verantwortung der Eltern für ihre Kinder, erwartet er von uns Menschen als eine Entscheidung in Freiheit; denn Freiheit ist nun einmal die Vorbedingung für echte Ego-Überwindung – aus Liebe, aus Dankbarkeit, zur Verwirklichung echt selbstloser Opfer. Und diese Qualitäten erst machen den Einsatz der Eltern für ihre Kinder chancenreich.

Die Hirn- und Hormonforschung wie auch die evolutionäre Psychologie sind heute glücklicherweise dabei, die unsinnige Ideologie von der Gleichheit der Geschlechter vom Tisch zu wischen. Nun müssen wir neu lernen, dass die spezifischen Besonderheiten der Frau: Hellhörigkeit, Redetalent, Hautempfindlichkeit, Spontaneität sowie ein feinerer Geruchs- und Geschmackssinn Eigenschaften sind, die für die Pflege und das Aufziehen von Kindern vorrangig besonders wichtig und von höchstem Wert sind, sogar im Blick auf die spätere Intelligenzentfaltung!

Die neue Forschung liefert so im Grunde einen direkten Beweis für die Wahrheit des Christentums. Nicht Dressur macht den Menschen zum Menschen und erst recht nicht selbst ausgedachte ideologische Konzepte. Auf die hellhörige, opferbereite Liebe für jede dieser Wunderblumen, die uns in die Wiege gelegt werden, kommt es an. Jedes einzelne ist schließlich ein nicht wiederholbares Einzelexemplar, das höchster Feinfühligkeit bedarf. Deshalb bekommen wir normalerweise nur ein Kind auf einmal und das zweite – bei natürlichem Umgang mit diesem – erst nach 1 ½ bis zwei Jahren.

Kollektive können einem derart feinsinnig ausgedachten Konzept des Schöpfers – besonders für die ersten drei Lebensjahre – gewiss nie und niemals gerecht werden! Bei diesem Stand der Forschung jetzt noch auf die Idee zu kommen, flächendeckend Kinderkrippen einzurichten, – wider alle Missachtung auch des 70-jährigen Großexperiments der Ostblockländer mit deren Großkollektivierung der Kinder vom Säuglingsalter ab – ist deshalb bei unserer so bedrohlichen gesellschaftlichen Lage geradezu verantwortungslos.

Wir sind heute durch törichte Umwege, durch den ideologischen Geist der Beliebigkeit, und durch die unsägliche Absicht der Feministinnen, uns Frauen zu Männinnen machen zu wollen, in der Gefahr, durch solchen nicht kindgerechten Unsinn unsere Zukunft zu verspielen.

Wir haben aber auch neu die Chance, aus den Konsequenzen der Erfahrungswissenschaft, vereint mit der neuen Hirnforschung, Einsicht zu gewinnen und sie pädagogisch umzusetzen, in der Hoffnung, so eine neue kulturelle Hochblüte zu erreichen, wie sie in dieser gekonnten Gezieltheit bisher vermutlich nur bei einzelnen Exemplaren der Spezies Mensch erreicht worden ist. Daran mitzuwirken ist jeder von uns gefordert – handelt es sich doch letztlich lediglich um ein fröhliches Horchen und um ein daraus entstehendes Gehorchen, zu dem wir von unserm Schöpfer – und zwar jeder einzelne höchst persönlich – in Freiheit bestimmt sind. Dazu brauchen wir das Gebet um Gnade, dazu brauchen wir Glück – doch wir können, wir müssen auch selbst viel tun!

Abschließend soll die Struktur dieser Anthropologie noch einmal in einer Übersicht und in einem daraus entwickelten Diagramm zusammengefasst dargestellt werden *(s. Abb. 10 und 11).*

Dominanzen in der zivilisierten Menschheit:

Hingabetyp   Einsiedlertyp   Ordnungstyp   Darstellungstyp
Depressive,   schizoide,   zwanghafte,   hysterische

CHARAKTERSTRUKTUREN

Diese Ausprägung entsteht durch unterschiedliche Entfaltung der
Basisantriebe des Menschen:
Nahrungs-, Bindungs-, Selbstbehauptungs-, Geschlechtstrieb
Wenn in der Frühphase Defizite erworben und verdrängt wurden
treten folgende Behinderungen auf:

Taten-   Kommunikations-   Wehr-   Partner-
losigkeit   losigkeit   losigkeit   losigkeit

Darauf bauen sich u. U. folgende psychische Erkrankungen auf:
Depression, Schizoidie, Zwangskrankheiten,
psychosoziale Leiden

Bei Durchbrüchen durch die gehemmten Defizite entstehen
unter Einschränkung der Willensfreiheit folgende Suchtstrukturen:

Fresssucht   Taktlosigkeit   Ordnungssucht   Geltungssucht
Trunksucht   Klammersucht   Besitzsucht   Sexualsucht
Stehlsucht   Kontaktsucht   Herrschsucht   Perversität

Der Zielzustand bei seelisch gesunder Entwicklung:
Die voll entfalteten Triebe werden zur Energiequelle als:
Aktions-, Kommunikations-, Erfindungs- und Vereinigungslust
Das führt zu:
Einsatzfreude, Nächstenliebe, Gestaltungsfreude und
Ergänzungsfähigkeit

Daraus erwächst Verwirklichungsmöglichkeit von Gottes Idee:
Der Mensch:
KRAFTVOLL, LIEBEVOLL, IDEENREICH UND
VERANTWORTUNGSBEWUSST, OPFERBEREIT,
DANKBAR, WILLENSFREI, FRIEDLIEBEND
und mit der Fähigkeit zur Bindung an Gott

Abb. 10

X. Pädagogische Konsequenzen

Was ist zu tun? Das bedarf als Konsequenz der vorausgegangenen Aussagen eigentlich keines eigenen Kapitels. Es ist schließlich nicht einfach damit getan, jetzt Rezeptchen an Rezeptchen zu reihen. Hoffnung auf Einhalt in der verhängnisvollen Fahrtrichtung unserer Gesellschaft kann nur von einer grundlegenden Einstellungsänderung ausgehen. Dem muss aber Einsicht in das Falsche und Bewusstsein über die Möglichkeit einer besseren Zukunft vorausgehen.

1. Der überpersönliche Bezugspunkt

Einiges Grundlegende dazu ist in den vorangehenden Kapiteln bereits angeklungen. Die Spezies Mensch und die höheren Tierarten sind gewissermaßen aus dem gleichen Stoff und – miteinander vergleichbar – in ähnlichen Strickmustern gewirkt. Das bedeutet weder, dass die Affen unsere direkten Vorfahren sind, noch dass der Mensch keine anderen Lebensaufgaben hat als diese seine Verwandten – im Gegenteil. Er verfügt über Besonderheiten, die ihn von allen anderen Geschöpfen abheben. Er ist daraufhin angelegt, innerhalb seiner Ontogenese differenzierte Sprache, Reflexion und Einsicht durch Lernen mithilfe seines fantastisch dynamischen Gehirns zu entfalten. Zwar selten – aber doch immerhin in Gestalt einzelner Exemplare – schafft er es darüber hinaus, die in ihm angelegten Möglichkeiten wirklich zu vollenden: Zur vollen Ausgestaltung seiner Begabungen, zur vollen Freiheit seines Willens und zu einem echt selbstlosen Altruismus zu gelangen.

Diese Erkenntnis auf dem Boden verschiedener Wissenschaftsdisziplinen entspricht eigentlich – nur in einer anderen Sprache – der biblischen Aussage in der Genesis: Dem Menschen, aus Erde gemacht, und das heißt den Naturgesetzen unterworfen, wird der Hauch Gottes – und das heißt Geist und Liebe – eingegeben und der Auftrag erteilt, der Statthalter der irdischen Schöpfung zu sein (seid fruchtbar, mehrt euch und macht euch die Erde untertan).

Der Menschgewordene Gott verdeutlicht dann viele Jahrhunderte später seinem Statthalter unmissverständlich direkt, mit welchem Plan, auf welches Ziel hin das Unternehmen Mensch gedacht ist: Er soll sich »hinaufpflanzen«, d.h. sich dergestalt geistig seelisch verfeinern, dass es ihm gelingt, in freier Entscheidung durch seinen persönlichen Lebenseinsatz »das Reich Gottes auf Erden« (und damit seine Ebenbildlichkeit mit dem Schöpfer) zu verwirklichen. Das heißt: der Liebe, der Mitmenschlichkeit ist der höchste Rang unter seinen Werten einzuräumen.

Hier schließt sich der Kreis: Die Möglichkeit, sein Ich aus Liebe zu den anderen zu übersteigen hat einige Voraussetzungen. Der Mensch kann sie nur wahrnehmen, wenn er sich als Geschöpf begreift und sich – auch noch als Homo technicus – freiwillig der Naturordnung unterwirft; denn das ist die Voraussetzung dazu, dass er dann einen Status anpeilen kann, in dem ihm – allerdings nur, wenn er seelisch gesund aufgewachsen ist – echte Handlungsfreiheit, nicht nur eine vermeintliche, erreichbar wird. Wenn ein solcher optimaler seelisch-geistiger Status von einer erheblichen Zahl von Menschen erreicht werden könnte, ließe sich hoffen, darauf eine wahrhaft menschliche Gesellschaft aufzubauen.

Das setzt aber voraus, dass die Priorität auf einer artspezifischen, sehr gekonnten Erziehung – ganz besonders in den ersten Lebensjahren – gesetzt wird; denn die Basistriebe müssen während ihrer Konstituierung befriedigend abgesättigt sein, damit die Kultivierung spätestens vom Grundschulalter ab greifen kann.

Beide Phasen der Hinführung zu einem Lebensaufbau, der erst dann den Namen »menschlich« verdient, sind von gleicher

Wichtigkeit. Die Zwischenstufe, das Schulalter, lässt sich nicht erfolgreich absolvieren, ohne einen sehr sorgfältigen Ausbau der ersten. Keine fruchttragende Baumkrone ist ohne eine breitflächige Verwurzelung und Stammbildung zu erhoffen. Das heißt: Die frühen Jahre der Kindheit müssten auf der Basis eines gründlicheren Wissens, mit einer viel größeren Sorgfalt, mit viel mehr Einsicht in die später schwer revidierbare Störbarkeit Beachtung erfahren.

Das gehört noch nicht zum Erkenntnisstand der Industrienationen. Und das ist durch die viel größeren Denaturierungsmöglichkeiten in den entsprechenden Ländern geradezu verhängnisvoll. Allerdings versuchte das Präsidentenpaar Clinton der USA in den 90er Jahren, sofort nach dem Bekanntwerden der neurologischen Forschungsergebnisse, mit zwei bedeutsamen Konferenzen im Weißen Haus einen Anstoß zu pädagogischen Konsequenzen zu geben: »Wenn in 40 Jahren die junge Generation so kaputt ist, dass wir das dann nicht mehr bezahlen können, so zahlen wir doch besser jetzt,« rief er avantgardistisch aus. Aber dann wurde das Familienthema durch die persönlichen Probleme des Präsidenten geradezu begraben. Rasch wurde es um das Existenzproblem wieder still im Welttheater.

Dass nach der Erhärtung kinderpsychotherapeutischer Einsichten durch die Fortschritte in der Hirnforschung also am Beginn der 90er Jahre nicht sofort Notprogramme der Sanierung weltweit eingerichtet wurden, lag aber vor allem an der Furcht der wirkmächtigen Frauenverbände vor einem Rückschritt der Emanzipation, obgleich sich mit einiger Vernunft aus der Bemühung um eine innerfamiliäre Kleinkinderzeit keineswegs eine reaktionäre Entwicklung zu ergeben braucht. Es käme nur darauf an, der so tief bedeutsamen Arbeit der Mütter – besonders in den ersten Lebensjahren ihrer Kinder – die Beachtung und Anerkennung zuteil werden zu lassen, die ihnen zusteht, die sich eben gerade auch aus der Erkenntnis um die Spätfolgen bei unzureichender uninformierter Betreu-

ung ergeben haben. Schon zu Beginn der 80er Jahre habe ich
der Regierung das Konzept »Mutter als Beruf« unterbreitet;
denn nun zeichneten sich auch bereits die Spätfolgen der Ge-
burtenstagnation deutlich ab. Dieser Vorschlag zu einer um-
fassenden staatlichen Initiative blieb noch ohne Erfolg. Als
Notbehelf bemüht sich mein Freundeskreis z. Z. um die Er-
richtung regionaler Elternschulen.

Dass die europäischen Nationen jetzt immer noch mehrheitlich in der Sackgasse verharren, ist eine beängstigende Tatsache.
Das liegt aber zum großen Teil auch daran, dass die Konsequenzen aus den Ergebnissen der Hirnforschung und aus den kinderpsychotherapeutischen Erfahrungen in den Medien nicht im
mindesten die Beachtung erfahren, die ihnen zukommen müssten. Das wird außer durch die eben erwähnten ideologischen
Gründe auch dadurch bewirkt, dass es einigen Nachdenkens bedarf, um Plausibilität entstehen zu lassen: Die frühkindliche
Amnesie, die Unfähigkeit, sich das Erleben der eigenen ersten
Lebenszeit in die Erinnerung rufen zu können, ist einer der
Gründe dafür, der zweite, dass der Mensch, solange er noch sehr
unmittelbar der Natur unterworfen war, nicht die Möglichkeit
hatte, in diesem Bereich auf breiter Basis so katastrophale Fehler
zu machen wie heute. Wenn die Pflegemaßnahmen zu weit vom
Urkonzept abwichen, bzw., wenn schweres Schicksal seine Erfüllung verwehrte, starben die Menschenkinder früher ähnlich häufig wie elternlose Tiere. Der in erheblicher Zahl unzureichend
entfaltete Mensch ist eine Neuheit des Industriezeitalters.

Die Möglichkeit in den Anfangsphasen des menschlichen
Seins in breiter Front von den natürlichen Vorgaben abzuwei-
chen, blieb dem Menschen des 20. Jahrhunderts deshalb durch
die Fortschritte in der Technik und der Medizin sowie durch
den Wohlstand in den zivilisierten Gesellschaften vorbehalten.
Hier erst entstand eine leichtfertige Mentalität, die dazu ver-
führte, sich unnachdenklich mehr Freiheiten herauszuneh-
men, als das dem Menschen bekommen konnte. Er begann

auf vielen Gebieten seine geschöpflichen Vorgaben zu missachten und seine Grenzen zu überschreiten. Unerkannt – und deshalb am verheerendsten – wirkte sich das durch das Verkennen der durch Naturgesetze fest geregelten Entfaltungsbedingungen der Spezies Mensch aus. Die Folgen zeigen sich als gigantische Schwächung der zivilisierten Gesellschaften und in einer immer mehr fortschreitenden Einbuße ihrer wirtschaftlichen Gedeihlichkeit; denn auf die Dauer wird die Zahl der Menschen, die das Bruttosozialprodukt erarbeiten können, zu klein. Ja, nicht nur das: Viele von ihnen haben nicht mehr genug Kraft zu heiraten und Familie zu bilden. Dass sich das auf Dauer zu einem Existenzproblem ausweitet, ist nach etwa 40-jähriger Fehlbahnung jetzt bereits sichtbar *(s. Abb. 12)*.

Das ist unsere Situation, die, weil sie in ihren Zusammenhängen und Ursachen nicht durchschaut wird, verzweiflungsvoll anmutet. Doch nun glimmt durch täglich neue Ergebnisse – ausgerechnet in der Technik(!), nämlich der Anwendung der Computertomographie in der Neurologie – Hoffnung auf; denn wie soll es weiter möglich werden, den nackten Beweisen von Vorgängen und ihren Schlussfolgerungen daraus auszuweichen, die zuvor durch Erfahrungswissenschaft zwar ertastet, aber nicht absolut sicher belegt werden konnten?

Sie beziehen sich vor allen Dingen auf die Erkenntnis, dass sich das Gehirn des Menschen zunächst durch die Aktivierung der älteren Zentren mit einer enormen Bandbreite in der ersten Lebenszeit des Menschen aufbaut. Wenn das artgerecht geschieht – so zeichnet es sich jetzt bereits ab – aber nur dann entsteht eine eigentlich noch ungeahnte Ausbaumöglichkeit. Und dies entspricht den Erfahrungen psychotherapeutischer Kinderpraxis. Wenn in den ersten Kinderjahren so viel falsch gemacht werden kann, wenn es möglich ist, dass hier gesunde Kräfte lahm gelegt oder fehlgepolt werden, dann muss auf eine gesunde Pädagogik der ersten Lebenszeit der allergrößte Wert gelegt werden.

Und damit sind wir dann bei den kleinen und so grundlegend wichtigen Einzelheiten, die in einem solchen Buch zum Schluss doch auch noch gesagt werden müssen. Die Grundlinien zu erkennen ist einfach: Phasengerecht muss die Begleitung des Menschen während seines gesamten Lebensaufbaus sein. Jedes theoretisch ersonnene apodiktische Postulat für Erziehung ist ein gefährlich falsches Konstrukt. Das Menschenkind bedarf viel mehr der hellhörigen, aufmerksamen Begleitung, ähnlich wie der junge, zarte, verletzliche Keimling einer kostbaren Pflanze, und das heißt mit einer besonderen Achtsamkeit in den ersten Lebensjahren des Kindes.

Hier ist einfühlsame Hellhörigkeit am Platze. Hier sollte man der Natur abzulauschen suchen, was sie vorgibt. Jane Goodall wusste, was für ihren kleinen Sohn am wichtigsten ist, nachdem sie lange genug in der freien Wildbahn Afrikas die Schimpansen-Mütter im Umgang mit ihren Babys beobachtet hatte. Wenn wir jetzt nur, neu aufmerksam geworden, unvoreingenommen hinhören und dabei mit einer neuen Leidenschaft die höchste Priorität einzig allein auf das Gedeihen des Kindes legen würden, weil Kinder schließlich die Garanten jeglicher Zukunft sind, wenn wir uns davon frei machen würden, in diesem Feld weiter mehr oder weniger bewusst irgendwelche anderen Interessen und machtanmaßende Ziele zu verfolgen, sondern dergleichen zurückzustellen in der Einsicht, dass es um Sein oder Nichtsein geht, ja, dann ist es vielleicht sogar möglich, mit einer gezielten Intensität eine Einstellungsänderung in der Gesellschaft ins Auge zu fassen, die großer, bahnbrechender Fortschritt sein könnte. Dazu aber bedarf es vor allem zunächst einer tief greifenden Information der Bevölkerung über eine optimale Lebensbegleitung des Kindes vom ersten Tag an, an dem das Herz zu schlagen und das sich aufbauende Gehirn des Kindes im Mutterleib – und das geschieht sechs Wochen nach der Zeugung – zu arbeiten beginnt.

2. Eine neue Einstellung zur Schwangerschaft

Die pränatale Medizin ist bis in die Mitte des vorigen Jahrhunderts von der Neurologie sträflich vernachlässigt worden. Man hielt den Fötus im Uterus vor aller Unbill des Lebens geschützt. Erst die Contergan-Katastrophe nötigte aufgeschreckt, diese grundsätzliche Fehlvorstellung aufzugeben. Dass der Schutz für das Ungeborene wesentlich sorgfältiger sein müsse, wurde von da an durch eine neue Vorsicht im Hinblick auf die Medikamente umgesetzt. Aber dann platzte die Hirnforschung mit ihren Einsichten über die Stressbarkeit des Fötus heraus und machte die Beobachter geradezu atemlos. Jetzt schälte sich heraus, was das Ungeborene bereits alles beeindruckt: Mozartmusik z. B. führt zur Beruhigung, harter Rock zu aufgeschreckter Unruhe. Das Kind, so war die neue Einsicht, beginnt mit der Entfaltung seines Gehirns offenbar bereits zu erleben! Schon während der Schwangerschaft der Mutter entwickelt sich sein Gehör, sein Geschmackssinn, ein Teil seiner Motorik, und es reagiert auf starken Stress der Mutter mit beschleunigtem Herzschlag, und das lässt vermuten: Es kann dann auch bereits Schmerz empfinden bzw. darauf mit Abwehr reagieren.

Das war den Medizinern neu. Die Neurologin Lise Eliot beschreibt ausführlich, wie positiv sich eine möglichst stressfreie Schwangerschaft der Mutter auf die Hirnentfaltung des Kindes auswirkt und meint, dass ihm sogar die Zeit der mütterlichen Übelkeit dienlich sei, da sie geeignet sei, die hektischen Aktivitäten der werdenden Mutter einzudämmen.[1]

Diese Forschungsergebnisse zwingen dazu, im Hinblick auf das Gedeihen des Kindes um eine beschütztere Schwangerschaft der Mütter bemüht zu sein. Das müsste zunächst einmal heißen, den Mutterschaftsurlaub, der zur Zeit nur die letzten Wochen vor der Geburt umfasst, auf die gesamte Schwangerschaft vom zweiten Monat ab, auszudehnen. Solche Maßnahmen würden bedeuten, der Natur wirkungsvoll nachzulauschen. Jede Schwangere mit einer gesunden Emotionalität entwickelt ohnehin vom zweiten Monat ab ein Bedürfnis nach Ruhe, nach Passivität.

Die Schwangeren unserer Zeit sind hingegen meistens einem hektischen Berufsleben ausgeliefert. Sie gleichen in ihrer Lebensweise eher einem wild agierenden Handfeger als einer Frau »in Erwartung«. Die Fortschritte in der Forschung aber lassen einen anderen Tenor als empfehlenswert erscheinen. Zu Recht warnen die Mediziner immerhin schon davor, in den letzten Wochen vor der Geburt lange Flugreisen zu unternehmen. Aber wer der jungen Schwangeren hält das – meistens aus Mangel an Informiertheit – schon ein? Wem wird vermittelt, dass ein Ungeborenes u. U. einen lang anhaltenden Distress erlebt und womöglich als ein unruhiges Schreikind zur Welt kommt. Die Konsequenz aus der neuen Einsicht, dass das Kind bereits als Ungeborenes Schäden während der Hirnentwicklung davontragen kann, sollte zu weit mehr anregen als zur Vorsicht bei gewissen Medikamenten und um schadstofffreie Ernährung allein. Ausgedehnte Ruhepausen der werdenden Mütter bei sanfter klassischer Musik tun auch dem schon früh hörfähigen Kind im Mutterleib wohl, fügen die Hirnforscher hinzu.

Allerdings sollte auch der Umgang mit Medikamenten und Genussgiften nicht kleingeschrieben werden: Kinder von Raucherinnen haben meist ein geringeres Geburtsgewicht, diese haben durch die Aufnahme des giftigen Nikotins bereits Verzögerungen in der Hirnentwicklung!

Überhaupt ist jetzt durch die neue Forschung etwas bestätigt worden, das wir bei unseren Anamnesenerhebungen lange zuvor schon hatten lernen können: Ein normales Geburtsgewicht um die 3.500 Gramm herum ist ein Bonus für einen kraftvollen Lebensstart. Kleinwüchsige Kinder – schon ganz und gar die mit einem Geburtsgewicht unter 2500 Gramm –

brauchen meistens eine längere Zeit der Entwicklung, bis sie schulreif sind. Offensichtlich muss das zum Zeitpunkt der Geburt weniger ausgereifte Gehirn genug Zeit zum Nachholen seines Rückstandes bekommen. Auch mehr Anregung in den ersten Lebensjahren ist dann nötig, um schließlich in der Schule mithalten zu können. Durchgängig ist ein solches Nachholen von Defiziten aus der Phase des Hirnaufbaus während der Kindheit zwar grundsätzlich möglich, aber es sollte als sehr wichtig erkannt werden, weil im Erwachsenenalter lang eingebahnte Störungen kaum vollständig ausgeheilt werden können.

Jungen Frauen z. B., die sich zuvor dem Schlankheitswahn verschrieben, sollte deshalb mit besonderer Dringlichkeit ein gesundes Maß und Ausgewogenheit der Ernährung während der Schwangerschaft anempfohlen werden. Viel spätere Mühsal, ja Schulnot kann so vorbeugend erspart werden; denn Frühgeburt bedeutet Risikofaktor.[2] Kinderpsychotherapeuten halten sich deshalb schon lange an die Faustregel: So viele Monate zu früh geboren, so viele Jahre später einschulen. (Einsicht dieser Art müsste infolgedessen eine Änderung der Einschulungsgesetze zur Folge haben.)

Aber solche Gesichtspunkte allein reichen noch keineswegs aus. Der werdenden Mutter sollte vielmehr von der gesamten Umwelt achtsame Rücksicht zuteil werden. Eine Gesellschaft, die die Schwangerschaft einer Frau so ernst nimmt, wie sie ihrer Bedeutung nach für die gesamte kinderarme zivilisierte Welt de facto ist, könnte sich vieles ausdenken, um die werdenden Mütter so stressfrei wie möglich bis zum Geburtstermin zu begleiten – Haushaltshilfen z. B., Beschäftigungshilfen für bereits vorhandene Kinder, ehrenamtliche Einkauf- und Umzugshilfen, damit die Schwangere nicht überbürdet wird. Es sollte auch z. B. so etwas wie Medienächtung stattfinden für Frauen des öffentlichen Lebens, die als Schwangere in dieser Hinsicht unverantwortliches Verhalten zeigen.

Einen solchen Fall hat z. B. die Bundesrepublik vor der Regie-
rungswahl im Herbst 2002 erlebt. Der Kanzlerkandidat der
CDU/CSU Edmund Stoiber zog drei Monate vor dem Wahl-
termin plötzlich seine künftige Familienministerin aus dem
Hut: Katherina Reiche. Sie war hochschwanger und erzählte
vor laufender Kamera, dass sie nun noch intensiven Wahl-
kampf (und eine Vorstellung auf dem Moskauer Parkett) plane,
und dass sie ihr Kind nach der Geburt im Spätherbst zu der
Tagesmutter geben würde, bei der auch bereits ihre Erstgebo-
rene in Obhut sei. Aber zukünftige Familienminister brauchen zumindest einen hohen unideologischen Informations-
status auf dem Boden der neuen Forschungsergebnisse, wenn
sie gewählt werden wollen.

3. Konsequenzen für die Säuglingszeit

Eins ist dringlich: Die neuen Erkenntnisse sollten das vergessene
Urwissen um die Notwendigkeit einer umhegenden Sorge für
Mutter und Kind wieder beleben, und erst recht natürlich für
die Zeit nach der Geburt! Was für verheerende Irrwege sind hier
besonders in den vergangenen 40 Jahren beschritten worden!

Wer z. B. hatte in der Medizin die zum Usus gewordene
Gepflogenheit in den Wöchnerinnenstationen der Kliniken
eingeführt, das Kolostrum, die Erstmilch abzupumpen und
wegzuwerfen? Sie enthält – wie wir jetzt wissen – einen massiven Immunschutz, der einer hochdosierten Impfung gegen
Infektionskrankheiten gleichkommt.[3]

Wer hatte veranlasst, dass gesund geborene Kinder ihren
Müttern erst zwölf Stunden nach der Geburt wieder zuge-
reicht werden?

Wer hatte die gefährlichen falschen Maßnahmen anberaumt,
dass die Babys den Wöchnerinnen nur im Vier-Stunden-Rhyth-
mus zum Stillen gebracht werden und nachts – wenn überhaupt – von Säuglingsschwestern mit Flaschennahrung versorgt

werden? Wie unnatürlich, wie falsch! Und mit wie viel Befehlsgewalt wurde diese Klinikgepflogenheit den »dummen Müttern« übergestülpt und ihr Protest als ungehörig abgetan.

Heute herrscht glücklicherweise weltweit in der Medizin Einigkeit über den Wert des Stillens für die physische Gesundheit. Auch in ihrem späteren Leben bleiben ehemals Gestillte von Krankheiten eher verschont als Ex-Flaschenkinder, heißt die Bilanz. Gestillte Kinder leiden später weniger als halb so oft an Diabetes Typ1 und fast viermal seltener an entzündlichen Darmerkrankungen. Sie sind seltener übergewichtig, und besser gewappnet gegen Herz-Kreislauf-Erkrankungen sind sie auch.[4)]

Aber in den Kliniken wurden jahrzehntelang Anti-Stillkampagnen durchgeführt! Oft war es nicht einfach nur falsch Gelerntes, was vom Klinikpersonal zum großen Nachteil der Neugeborenen auf den Wöchnerinnenstationen umgesetzt wurde. Oft war es einfach lediglich Ignoranz oder falsche Vorstellung über das, was nötig ist, um der jungen Mutter beim Einpendeln des Stillvorgangs behilflich zu sein.

Die Zahl der Berichte von Müttern über diese Vorgehensweisen in den Kliniken der 70er und 80er Jahre, die ich mir in der Praxis anhören musste, sind Legion. Oft wurden die Mütter sofort entmutigt:

»Das wird sowieso nichts, das lassen Sie nur gleich.«

»Ihre Milch ist viel zu dünn, davon wird Ihr Kind im Leben nicht satt.«

»Nach Kaiserschnitt darf man nicht stillen«, und eine Vielzahl weiterer falscher Anweisungen. Sie würden Bibliotheken füllen.

Es ist deshalb ein echter Fortschritt, dass das Stillen als unermesslicher Wert für das Kind wieder erkannt und nun dem Bedürfnis der meisten Mütter Rechnung getragen wird, ihr Kind gleich unmittelbar in ihrer Nähe haben zu wollen. Das so genannte »Rooming-in« hat die Barbarei der Säuglingszimmer mit einer Schar von Babys, die sich nach der Mutter die Lunge ausschreien, glücklicherweise weitgehend beendet; denn natürlich bestätigt die Forschung, dass seelisch gesunde Mütter instinktiv nichts sehnlicher wünschen, als dass sie ihr Kind in den Armen halten und es sich nach dem Stress der Geburt an ihrer Brust erholen kann; denn das gelingt ihm dann auch leichter, weil es seine Mutter am Geruch, an der Stimme, am Herzschlag wieder erkennt und es sich dadurch leichter beruhigt. Der Stresspegel im Gehirn des Neugeborenen sinkt damit auf ein normales Maß – ein wie die Hirnforscher herausgestellt haben – unermesslich wichtiger, seelisch stabilisierender Vorgang (siehe Seite 86).

Das Erschreckende an diesen gefährlich uneinfühlsamen Maßnahmen bestand darin, dass mitten »im Jahrhundert des Kindes«, dem 20., gerade seine Belange hinter denen der Frau geradezu verschwanden! Als wenn es ihr wirklich dienlich wäre, auf der Wöchnerinnenstation von ihrem nach ihr verlangenden Neugeborenen nicht im Nachtschlaf gestört zu werden! Manche der Säuglingsschwestern dieser Jahre setzten aus Freundlichkeit für die junge Mutter ihren Ehrgeiz darein, ihr beim Abschied aus der Klinik stolz ein Baby zu präsentieren, das sich nachts nicht mehr meldet. Das hatte es nach stundenlangem Schreien bereits – wie wir heute wissen bedenklich resigniert – aufgegeben. Aber der ununterbrochene, erholsame Nachtschlaf der Mütter in der Klinik hat einen hohen Preis, der später vielleicht mit vielen sorgenvoll schlaflosen Nächten bezahlt werden muss.

Eigentlich war es deshalb folgerichtig, dass als Gegenbewegung gegen diese vertechnisierte Klinikhandhabe eine Bewegung zur Hausgeburt mit oft bereits sehr viel verständigeren Hebammen entstand. Aber aus blindem Gefühl geborene reaktive Maßnahmen auf Missstände können grundsätzlich nicht das Optimale sein. Auch das Geschehen der Geburt ist eine ebenso große Schicksalsweiche auf dem Lebensweg des

Menschen und bedarf, wenn Komplikationen eintreten, nicht selten rascher, gekonnter, oft auch chirurgischer Hilfe. Diese Möglichkeit der modernen Medizin sollten wir dankbar in Anspruch nehmen.

Im übrigen gilt allerdings auch für die Geburt: Je natürlicher sie möglich sein kann, um so eher sollte man sich dafür entscheiden, wenn die Möglichkeit dazu vorhanden ist. Jede Narkose ist Einwirkung auf das Gehirn des Kindes. Bei der Einleitung eines Kaiserschnitts ist sie allerdings unumgänglich.[5]

Diese Empfehlung gilt deshalb nur für die Situation, in der echte Alternativen vorhanden sind. Ein per Sectio zur Welt befördertes Kind hat einen wesentlich besseren Einstieg, als wenn es unter der Geburt einen Sauerstoffmangel erleidet oder gar mit hoher Zange geboren wird. Vor allem die schweren Angstkrankheiten des Erwachsenenalters mit Panikattacken können hier ihre Ursache haben, so lehren gründliche Erhebungen bei Erwachsenen über die Komplikationen bei ihrer Geburt.

Aber es gibt nicht nur das Geburtstrauma, sondern nun besonders in den sensiblen Phasen der Hauptlebenstriebe – wie wir das in den vorangehenden Kapiteln bereits an einigen Fällen beschrieben haben – lebensbestimmende Beeinträchtigungsmöglichkeiten, die aber mit Wissen ohne viel Aufwand vermieden werden können, wenn man mit den Säuglingen und Kleinkindern nur angemessen umgeht. Nahe bei der Mutter, so nahe wie möglich, ist das erste Gebot und gilt für das erste halbe Lebensjahr. Solange ist es empfehlenswert, das Kind voll, weitgehend ausschließlich, zu stillen. Das Kind sollte in dieser Zeit immer angelegt werden, wenn es danach verlangt. Die Brust ist ein Organ, das auf Angebot und Nachfrage reagiert: Sie produziert umso mehr, je öfter und je vollständiger sie geleert wird. Das ist in der Tat genauso wie bei höheren Säugetieren. Bei richtiger Handhabe gibt es deshalb sogar Mütter, die es mit Drillingen aufnehmen können. Und wenn sofort angelegt wird, können fast alle Mütter ihren einzigen Säugling zufriedenstellend sättigen, ohne dass daran viel herumgewogen werden muss. Erfahrungsgemäß verlieren diese Säuglinge nur noch wenig an Geburtsgewicht. Auch Milchstau (mit Fieber) oder Hohlwarzen sind kein Grund, aufzugeben. Solche Schwierigkeiten lassen sich bewältigen, wenn man sich dann nur kompetent helfen bzw. beraten lässt (z. B. durch den Verein VFA Uelzen oder die Still-Liga (La Leche League in München).

Wenn sich der Vorgang erst eingespielt hat, lässt sich das in zunehmendem Maße an dem Zufriedenheit ausstrahlenden Kind erkennen. Sättigung, Leibnähe, viel Hinwendung und ungestörte Schlafphasen können das erreichen. Die Stimme der Mutter, besonders wenn sie in einem hohen Sing-Sang spricht, ist beruhigend und stimulierend für die Hirnentwicklung – ebenso wie häufiger sanfter Hautkontakt. Klassische Musik – besonders leise Instrumentalmusik von Mozart wird deshalb seit einigen Jahren von den Neurowissenschaftlern besonders empfohlen.

Wenn unsere zivilisierten Gesellschaften erst einmal erfasst haben, was hier auf dem Spiel steht, werden sie durch Mithilfe bei einem ihn seelisch gesund erhaltenden Lebensstart des künftigen einsatzfähigen Bürgers hier Prioritäten in ihren sozialen Maßnahmen setzen wollen; denn das beugt dann dem unseligen Zustand vor, sonst später all die kaputtgemachten Seelen betreuen zu müssen, ohne ihre Arbeitsfähigkeit noch wieder herstellen zu können, wie es heute bereits – unbezahlbar werdend – in der Bundesrepublik der Fall ist.

Zum Beispiel wird es dann einsichtig und folgerichtig, dass es durch kostenlos bereitgestellte Hilfen den jungen Müttern möglich gemacht werden sollte, dass das Kind in seinem ersten Jahr Mittelpunkt im Leben der Mutter sein kann. Von der Familie sollte der Neuankömmling zwar umrankt, aber nicht fortgesetzt gestört werden.

Gibt es Einbrüche im Schicksal, sollte die junge Mutter mit Vorrang staatliche Hilfe erhalten. Eine verantwortungsbewusst gewordene Gesellschaft sollte dann kompetente Familienhelferinnen bereitstellen, die für solche Situationen ausgebildet sind. Ohnehin sollte ein Familienjahr für junge Frauen nach dem Schulabschluss obligatorisch werden – analog zum Wehrdienst für die Männer. Mädchen, die sich in Kindheit und Jugend mit Babys beschäftigt und sie betreut haben, werden bessere Mütter – das ist bei der Spezies Mensch nicht anders als bei den Schimpansen.

Auch der Vater sollte einbezogen sein und die junge Mutter – sie abschirmend – umgeben; aber in der Säuglingszeit die Rollen zu tauschen, ist ideologischer Unsinn, wie ich es bereits im Kapitel 6 begründet habe.

Die Erfahrung lehrt, dass die erste Lebenszeit des Kindes bei seiner Mutter Großglück für beide sein könnte, wenn sich ein Stil dieser Art einrichten lässt. Das ist aber üblicherweise leider nicht oft möglich, weil der jungen Mutter in unserer Gesellschaft solche Hilfen nur selten zuteil werden. Das bleibt Wunschtraum, der sicher nur durch mehr Bewusstsein der Bevölkerung über unsere gefährdete Lage und Druck auf die Politiker Wirklichkeit werden könnte. Angesichts der jetzt erkennbar gewordenen Bedeutung der frühen Kindheit für die Persönlichkeitsentwicklung, angesichts der bereits eingetretenen Schwächung unserer Gesellschaft, sollten dringend Rahmenrichtlinien ausgearbeitet werden, die jeder Mutter eine besinnliche Zeit mit ihrem Baby garantieren würde.

Allerdings wäre es Unsinn, sie aufgrund des neuen Wissens mit hektischer Überstimulation auszufüllen. Blinder Eifer schadet nur – und gerade das Pyramidenschema sollte uns gelehrt haben, dass Extreme oft einander ähnliche negative Ergebnisse zeitigen.

Mehr Aufklärung über die hohe Bedeutung der Säuglingszeit, mehr Anerkennung der Mütter, die sich dieser Aufgabe gewissenhaft stellen, sollte aber auch jetzt schon zu unprofessionellen Hilfen anregen; z. B. dadurch, dass die unabkömmlichen berufstätigen Großmütter zusammenlegen und davon eine Haushaltshilfe für die ersten 18 Lebensmonate ihres Enkels zur Verfügung stellen. Je höher der Zeitaufwand der Mütter für ihr Baby, je intensiver die Anregung des Kindes durch sie und die Bindung an sie, umso mehr zahlt sich das später aus, weil das Gehirn sich in den sensiblen Phasen für den Nahrungs- und den Bindungstrieb jetzt optimal und stressfrei entfalten kann.

Das heißt allerdings auch in dieser Hinsicht nicht, ein einseitiges Prinzip zu reiten. Entfaltung des Kindes begleiten, bedeutet nicht, ihm ideologisch Ausgedachtes zuzumuten, es bedeutet vielmehr, ihm zur Seite zu stehen. Zuerst brauchen die Kinder etwa 13 Stunden Schlaf innerhalb von 24 Stunden, nach einem halben Jahr oft schon drei Stunden weniger. Dabei ist es sinnvoll, die Wachphasen am Tag behutsam auszudehnen, damit sich die Schlafphase der Nacht verlängert.

Ähnlich ist es mit der Nahrungsaufnahme: Sie sollte anfangs in der ersten so wichtigen sensiblen Phase jederzeit gewährt werden; aber es ist sinnvoll, sehr allmählich ohne Krampf einen Vierstundenrhythmus einbahnen. Ein einjähriges Kind fühlt sich umso eher geborgen, je eher es zwischen Tag und Nacht eingewöhntes Gleichmaß erfährt.

Wie oft ist mir im Laufe der Jahre von Müttern berichtet worden, dass sie ihr erstes Kind unter unzulänglichen Startbedingungen und falschen Ratschlägen mühselig durch die Säuglingszeit gebracht und danach mit vielen weiteren Komplikationen zu kämpfen gehabt hätten. Vor der Geburt des zweiten Kindes habe sie sich über das hier dargestellte Triebmodell informiert. Eine dieser Mütter schrieb jüngst: »*Wie verschieden haben sich meine beiden Söhne entwickelt. Jetzt sind sie 18 und 16 Jahre alt. Wie mühelos kommt der Jüngere mit allem zurecht – sogar mit der Schule. Wie kompliziert macht sich unser Ältester hingegen das Leben und wie viel weniger ist er mit sich selbst zufrieden! Unser Jüngster strahlt das Glück, das wir beide in der Säuglingszeit genießen durften, geradezu als Lebensfreude in die Welt hinaus!«* Solche Berichte sind unter meiner Post keineswegs singulär.

Gewiss gibt es dennoch Kinder, die von Anfang an sehr große Mühe machen. Manchmal ist hier anscheinend bereits in der pränatalen Zeit bzw. unter der Geburt so viel Stress entstanden, dass die Neugeborenen nicht mit einfachen natürlichen Mitteln zu beruhigen sind. Dennoch möchte ich vor drastischen Maßnahmen (z. B. das Kind nicht aufzunehmen, sondern über Stunden schreien zu lassen) dringend warnen. Das einzige, was die überstressten Neurone eines Kindergehirns beruhigen kann, ist die kontinuierliche Leibnähe. Schreihälse im Tuch fest an den Leib zu binden (das hat Jirina Prekop mit ihrer Festhaltetherapie deutlich gemacht), Leibnähe Tag und Nacht, viel Streicheln des Köpfchens, viel flüsternde Ansprache, viel schaukelnde Bewegung können das Gehirn, das Daueralarm schlägt, dennoch allmählich zur Ruhe bringen. Wenn man erst einmal weiß, was man da tut, dass hier lebenswichtige Heilung geschieht, dann halten Eltern dergleichen erfahrungsgemäß auch durch, ohne dabei selbst in die Knie zu gehen. Die spätere Diagnose ADS kann bei solchem rechtzeitigen Ausheilen überflüssig werden, so dass die Versuchung, später dann zum Ritalin zu greifen, gar nicht erst entsteht.

Es erübrigt sich nach den Ausführungen dieser Schrift, darauf hinzuweisen, dass aus Verantwortungsbewusstsein und Liebe für das Kind nicht ohne Not von diesem Konzept abgewichen werden sollte. Man stecke lieber jetzt zurück, man nehme es lieber jetzt auf sich, hier präsent zu sein. Die Opfer, die hier erbracht werden, pflegen sich auszuzahlen, und vor allem: Schließlich wird man später belohnt durch herangewachsene Kinder, über deren fröhliche Leistungs- und Liebesfähigkeit man glücklich sein kann.

Hundertfältig bewährt sich dieser Einsatz, selbst wenn er zunächst Kraft kostet. Wenn man hier erst einmal die modischen Einflüsterungen zu künstlicher Unzufriedenheit überwunden hat, wenn den jungen Eltern klar geworden ist, welchen höchsten Wert ihr Einsatz hat (und wie er deshalb eines Tages auch wieder entsprechend von der Gesellschaft eingeschätzt werden wird), dann wird das Leben mit den Kleinkindern auch nicht länger etwas sein, das von den jungen Frauen gefürchtet werden muss wie heute, weil sie meinen, sie könnten sich dabei langweilen, ihnen könnte zwischen »Kindern, Küche und Kurzschlaf« die Decke auf den Kopf fallen, so dass der Dienst an der Kasse bei Aldi Flucht in eine interessantere Lebensform sei.

Wenn den Müttern erst wieder, auch mit Hilfe der elektronischen Medien, deutlich gemacht worden ist, was da bei ihrem Kind in seinen rasanten Entwicklungsschritten alles entdeckt sein will, wenn sie die Lust gepackt hat, ihnen dabei singend, spielend, sprechend, vormachend und später auch vorlesend zu helfen, dann werden sie neu entdecken, was für ein Kunstwerk ihnen da in die Wiege gelegt ist und ihnen wird das Herz aufgehen, wenn sie mit offenen Augen und Ohren entdecken, was es bedeutet, von einem Baby so zärtlich, so strahlend geliebt zu werden, wie es das von dem Zeitpunkt ab tut, indem es seiner Mutter das erste dankbare Lächeln schenkt, nachdem es wieder einmal an der Brust satt geworden ist.

4. Genuss der Kleinkinderzeit

Ohne Zweifel ist die Eingewöhnung des Kindes in einen maßvollen Umgang mit seinem Selbstbehauptungstrieb die größte Herausforderung für seine Erziehenden. Schaut man in die Geschichte, so scheint es, als sei es der Spezies Mensch bisher nie gelungen, mit seinen Territoriumskämpfen zurechtzukommen. Die Pathologie der Selbstbehauptung herrscht aufs

Ganze gesehen umfänglich vor. Sein Ich zu verteidigen macht den Menschen in einem erheblichen Ausmaß angriffsbereit und ist einer der Hauptimpulse nicht nur von Gruppierungen, sondern auch jedes einzelnen Menschen. Sich das Lebensrecht gegenseitig streitig zu machen, sich in Kriegen zu dezimieren, sich gegenseitig zu vertreiben und auszurotten, nicht allein nur, wenn der Lebensraum zu eng wurde, macht die Geschichte der Menschheit zu einer endlos bejammernswerten Angelegenheit. Wird es ihr auf ihrem klein gewordenen Stern je gelingen, den Ausbruch blindwütiger Aggressionen etwa durch organisierten Zusammenschluss, durch eine Weltpolizei zu bezwingen? Wird es je möglich werden, auch nur mit seinem persönlichen Nachbarn, ja, mit den Menschen, mit denen man unter einem Dach zusammenlebt, langfristig friedlich auszukommen, ohne durch unangemessene Übergriffe der Selbstverteidigung die jeweilige Szene zu vergiften? Wie kann das so mächtige, so elementare Bedürfnis nach Selbstverteidigung so eingedämmt werden, dass es nicht zu blutigen Grabenkämpfen eskaliert?

Wenn man über diese Frage ohne Kenntnis über die Gefahren der Fehlentwicklungen des Selbstbehauptungstriebes nachdenkt, kann man verstehen, wieso in den kultivierten Völkern über Jahrhunderte hinweg versucht worden ist, kleinen Kindern ihren eigenen Willen mit Gewalt auszutreiben. Eigenwille erschien als das Aufkeimen der bösen Aggression. Unter dem Motto:« Wehret den Anfängen« wurde deshalb von vielen Erziehern der Wille zu »brechen« versucht – meist mit Stock, Peitsche und anderen Methoden von Gewalt. Umso eher ist es verständlich, dass die fast üblichen Stauungen des aggressiv aufgeheizten Selbstbehauptungstriebes im Erwachsenenalter die eben beschriebenen Folgen haben mussten, wenn sich nur die Gelegenheiten dazu boten.

Aber ließe sich dem nicht vielleicht durch Wissen über das Wesen des Selbstbehauptungstriebes wenigstens heute gezielt entgegenwirken, wo das Ungute von Gewalt in der Erziehung immerhin schon halbwegs im Bewusstsein der Bevölkerung existiert? Jedenfalls sollte klarer erkannt werden, dass die Erziehung in der sensiblen Phase der Selbstbehauptung eine große, sehr bedeutsame Aufgabe ist. Das ist in dieser Schrift, so hoffe ich, deutlich geworden: Hunde und Menschen lassen sich gleichermaßen zu Bestien dressieren, wenn man sie im »Welpenstadium« durch Gewaltanwendung bissig macht. Dann entartet der gesunde Trieb zu pathologisch wuchernder Hyperaggressivität. Und das heißt: Prügelerziehung im Kleinkindalter ist eins der gefährlichsten Kriegslust-fördernden Mittel.[6]

Wenn man dies erst einmal begriffen hat, wird man in der Erziehung der zwei- bis fünfjährigen Kinder darauf bedacht sein, ihnen zwar einen angemessenen Spielraum ihres Territoriums und ihrer kleiner Besitztümer einzuräumen, ihr schrankenloses Ausweitungsbedürfnis aber sorgfältig und beharrlich auf ein angemessenes Maß zu begrenzen. Jedes Kind sollte auch in der Familie seinen ständigen Platz haben, den Stuhl, der ihm zusteht, sein eigenes Bett, seine Spielkiste, sein Schrankfach, ihm sollte Verfügung und Bewahrung seiner kleinen Besitztümer zugestanden werden. Es sollte aber auch mit geduldiger Konsequenz allmählich lernen, die Besitztümer seiner Nächsten zu respektieren.

Die besten natürlichen Erziehungshelfer sind dabei die Geschwister. Wenn hier Grenzsetzung in diesem Alter auch häufig noch auf rohe Weise geschieht, so haben Rivalitätskämpfe unter Geschwistern dennoch positiven Sinn. Sie können den alleinigen Machtgelüsten des Einzelnen Widerstand entgegensetzen. Einerseits kann so Selbstverteidigung geübt und andererseits Machtanspruch eingeschränkt werden.

Einzelkinder haben es deshalb auf diesem Feld schwerer. Es ist in solchen Fällen angebracht, jenseits der Dreijährigkeit nach »Übungsobjekten« im Umkreis Ausschau zu halten oder dem Kind durch Kindergartenbesuch Einübung dieser Art zu ermöglichen.

Dass extreme Erziehungsprinzipien in dieser Phase sehr schaden können, ist in den vorangehenden Kapiteln hinreichend deutlich geworden. Ein Laufen-lassen der Erziehung schürt Aggressionen, weil das wuchernde Ich kein Aggressionsobjekt findet, das sein Instinkt aber erwartet. Ebenso züchtet fortgesetztes massives Einschränken des Selbstbehauptungstriebes – mit welchen Mitteln auch immer – Angst und besonders in diesem Triebbereich geradezu planmäßig, zunächst meist latent, Aggressivität. Sie staut sich und führt zu jähzornigen Durchbrüchen. Dabei tun sich die Jungen, die durch die Ausschüttung des männlichen Geschlechtshormons Testosteron unter der Geburt von vornherein mehr zur Verteidigungsbereitschaft programmiert sind, schwerer als die Mädchen, die – bedingt durch das Östrogen – über weniger frontale Kampflust verfügen als die Jungen. Auch die gröbere Motorik der Jungen vermehrt ihre Konflikte mit der Mutter im Trotzalter. Dennoch ist das ungestörte Durchlaufen der sensiblen Phase für den Selbstbehauptungstrieb möglich, wenn zuvor eine Bindung an die Hauptbezugsperson erreicht werden konnte. Die Bindung an die Mutter grenzt die Vorübungen zur Befreiung von ihr auf ein erträgliches Maß ein.

Aber schließlich besteht die Kleinkindzeit nicht nur im Durchlaufen der Trotzphase. Auch diese Zeit kann trotz mancher Auseinandersetzungen für die Angehörigen – besonders für Mutter und Kind – weiterhin tief beglückend sein. Auch diese Phase hat ihr besonderes Timbre: Niemals wieder lässt sich so weiche zarte Haut streicheln, und wie beglückend ist es, wenn das Kind – noch unsicher auf den Beinen – mit strahlenden Augen und ausgebreiteten Armen den geliebten bekannten Personen seines Umfeldes entgegenläuft! Diese Freude sollte bewusst erlebt werden: denn das Kind entwächst schließlich seinen Eltern – oft schneller, als sich das wünschen lässt. Wie rasch sind sie groß, wie bald sind sie fort! Die Zeit der Eltern mit ihren kleinen Kindern kann sie zwar manchmal Nervenkraft kosten: aber das lässt sich mildern, indem man diese Zeit als ein Abenteuer des Aufwachens der Seelenkräfte des Kindes durch bewusstes gemeinsames Erleben zu genießen sucht.

Wie spannend ist z. B. das Lernen der Muttersprache, wie originell sind häufig die ersten Formulierungsversuche der Kinder mit manchen Sprachneuschöpfungen, mit gelegentlichen Weisheiten, die uns verkopften Erwachsenen gar nicht mehr einfallen! Was gibt es hier zu bestaunen bei dieser rasanten Entwicklung des Babys zum Kleinkind!

In diesem Alter halten fast alle Eltern, die ihre Kinder aufmerksam beobachten, sie für intelligent. Und sie sind das auch wirklich! Was ihr Gehirn hier jetzt an Lernfülle und Lernpensum schafft, überschreitet weit das, was wir jenseits der 50-Jährigkeit noch zustande bekommen, so erzählen uns die Hirnforscher. Wie gut, dass wir als Helfer parat stehen dürfen bei diesem gigantischen Aufbauprozess des menschlichen Gehirns! Wie wichtig ist es, dabei Herz und Ohren offen zu halten für das, was beim Ansprechen des Kindes nun wieder als Echo herauskommt! Die Hirnforscher bestätigen uns, wie viel unsere Anregungen in dieser Zeit zur Entfaltung der Intelligenz beitragen!

Und wenn die Kinder dann erst einmal mit ihrem schier unerschöpflichen Wissensdurst zu fragen beginnen! Wie nachdenklich muss uns sogar manche Frage machen, wie sehr kann die eine oder die andere uns lehren, dass wir so wissend gar nicht sind, wie wir uns das einbilden, dass wir viele gar nicht wirklich voll beantworten können. Kürzlich verblüffte ein vierjähriger Jakob seine Großmutter indem er sich mit folgenden Worten vor ihr aufbaute:» Ich habe ein Problem: Sitzt der liebe Gott im Himmel eigentlich immer an derselben Stelle? Dann kann er die Menschen doch gar nicht alle auf einmal sehen, die doch so verschieden weit von ihm weg sind.«

Wer die Wichtigkeit einer gelingenden Hirnentwicklung in den sensiblen Phasen der vier Hauptlebenstriebe erst einmal erfasst hat, wer sich bewusst ist, was es für eine Lust ist, dabei der Ansprechpartner eines Kindes zu sein, ja, wer kommt dann noch auf die Idee, das Kind von morgens bis abends in eine Herde von Gleichaltrigen zu stopfen, in der Hoffnung, dass das ein Profi besser leisten könne? Er kann es gewiss nicht – das ist sicher. Er kann noch so gut ausgebildet sein. Er ist allein durch die Zahl seiner Schützlinge damit überfordert. Und jeglicher Sound und Song aus irgendeiner Röhre ist ebenfalls nicht im mindesten gleich wertvoll wie der dialogische Kontakt, das Vorlesen und besinnliche Betrachten von Bilderbüchern sowie das zweisame und schließlich gemeinschaftliche Spiel! Ja, die Forschung in den USA hat es bereits herausgefunden: Ein dauernd eingeschalteter Fernsehapparat im Kinderzimmer hemmt geradezu die Synapsen – die Sprachentwicklung bleibt zurück![7]

Aber nicht nur das: Zwischen dem 6. und 20. Lebensmonat sind besonders die Hirnregionen aktiv, in denen sich das »Emotionsgedächtnis« entfaltet.[8] Jetzt ist es besonders wichtig, die natürliche Neugier des Kindes zu unterstützen und ihnen altersentsprechend Lernangebote zu unterbreiten. Jetzt ist es von höchstem Wert, die Interessensrichtungen der Kinder zu beobachten und zu fördern. Begabung der verschiedensten Art kündigt sich schon hier an und will gefördert sein. Offenbar öffnet sich auch in dieser Zeit das Fenster für Musikverständnis. Deshalb sollte mit den Kindern in dieser Phase vor allem erst einmal viel gesungen werden. Viele der jungen Menschen heute haben im Kleinkindalter zu wenig gesungen, berichten die Ohrenärzte, sodass ihre Stimmbänder sich nicht zu einer optimalen Länge entwickelt haben. Deshalb lassen sich immer weniger Kandidaten für eine Gesangsausbildung finden!

Überhaupt scheint in dieser Phase die Bedeutung der Musik für die Hirnentfaltung mächtig zuzunehmen. Mozart ist auch

hier bei den Hirnforschern in den USA der Favorit. Die rechte Hirnhälfte wird vermutlich sogar durch Klavierspielen ab
dem 4. Lebensjahr besonders angeregt, wie Studien der University of California in Irvine mutmaßen.[9]
Lernzeit lässt sich verpassen. Manches, was in der Kleinkinderzeit an Begabung nicht entdeckt wird, verkümmert und
lässt sich später nicht einfach jederzeit reaktivieren, mahnen
die Synapsenforscher.[10]
Auch das ist längst Erfahrung von Kinderpsychotherapeuten: Kinder, denen in der Vorschulzeit in Gemeinsamkeit mit
einem Erwachsenen aus bebilderten Büchern unter viel Austausch über das Betrachtete vorgelesen wurde, lernen das Lesen
– wie auch das orthographisch richtige Schreiben schneller, ja,
meist bleiben sie lebenslänglich bibliophil! Wer will sich also
wirklich diesen den Müttern, den Vätern, den Großeltern zu-
fallenden Auftrag rauben lassen? Er ist doch auch nicht im
Mindesten Kärrnerarbeit; denn das Kind kommt uns in diesem Alter mit seinem unerschöpflichen Wissensdurst in einer
beglückenden Weise entgegen! Wir müssen uns nur die Zeit
nehmen – mit dem Kind auf dem Schoß oder nah nebenein-
ander platziert –, diese Aufwachphase des menschlichen Geistes
zu begleiten. Und wie treffsicher wusste schon Goethe, dass
man am besten von dem lernt, den man liebt. Und diese Liebe
des Kleinkindes brandet geradezu hoch wie die Synapsen in seinem Hirn, wenn man sich ihm hellhörig zuwendet!
Je früher das Kind in die Krippe gekarrt wird, um so mehr
verhindert das hingegen eine stressfreie Hirnentwicklung. Im
Alter von neun Monaten hat sich das Kind, das von seiner
Mutter bisher gestillt und gepflegt wurde, fest an diese gebunden. Es zeigt allen Menschen in seiner Umgebung diese Vorliebe für sie, besonders wenn irgendetwas Unbekanntes und
deshalb Unheimliches hinzukommt. Es rückt dann in dieser
Phase des »Fremdelns« fest an sie heran und kuschelt sich bei
ihr ein. Es gönnt fremden Gesichtern kein einziges Lächeln

mehr und gibt das erst auf, wenn es erlebt hat, dass die Mutter mit der unbekannten Person freundlich umgeht.[11]) Was geht wohl in der Seele des Kindes vor, wenn es jetzt plötzlich jeden Morgen um 6.00 Uhr aus dem Schlaf gerissen und in eine Krippe transportiert wird? In den Kapiteln IV und V ist dargestellt worden, was dadurch objektiv an Krankheitsgefahren für das spätere Leben heraufbeschworen wird.

Aber es geschieht meist auch jetzt direkt für die Mutter etwas höchst Unangenehmes, das sie überhören und verdrängen muss, um davon nicht erschreckt berührt zu werden: Das Kind mag in der Krippe oder der Kita sogar von einer einfühlsamen Erzieherin schließlich geschickt beruhigt worden sein; wenn die Mutter dann wieder auftaucht, um das Kind abzuholen, muss sie etwas Beklemmendes erfahren: Das Baby versucht, sie zu übersehen. Da ist plötzlich ein Schleier über dem Kontakt, da wendet sich das Kind von ihr weg. Und wenn dieser Vorgang sich über Wochen und Monate wiederholt, geht ein Stück Urvertrauen als Grundlebensstimmung verloren. Bei viel Vitalität wird das Kind von diesem Zeitpunkt ab häufig aber auch schwieriger im Umgang: Es spuckt der Mutter den Spinat auf das Lätzchen zurück, es wird ein Nörgler nicht nur beim Essen, es versteift sich aufs Neinsagen und auf laute Wutattacken – oder es bekommt jetzt eine Kette von Krankheiten, so viele und so gravierende, bis die Mutter sich gezwungen sieht, sich von ihrer Erwerbstätigkeit beurlauben zu lassen und mit ihrem Kind zu Hause zu bleiben.

Wie kann sich eine junge Völkergemeinschaft wie das neue Europa, mehrheitlich auf einen solchen Unsinn der kollektivistischen Kleinkindbetreuung als eine optimale Erziehungsform einlassen? Liegt es daran, dass dort Männer, unverheiratete Karrierefrauen und schuldbeladene Kita-benutzende Mütter regieren, die meinen, sich durch eine Mehrheit von Sünderinnen von ihren Schuldgefühlen entlasten zu können? Aber diese pflegen sich zu einem dann nicht mehr löschbaren

Schuldbewusstsein auszuweiten, wenn sie erst einmal bei den Kindern in der eigenen Familie durch deren Verhalten im Erwachsenenalter die Folgen zu sehen bekommen. Eins ist gewiss: Es ist im Hinblick auf die seelische Gesundheit und die geistige Entfaltung der Bevölkerung das schlechteste Modell, das sich denken lässt. Es wird in Zukunft so teuer und so kontraproduktiv wie kein anderes, es ist niemandem dienlich – nicht dem Gedeihen der Wirtschaft, nicht der viel beschworenen Solidargemeinschaft und erst recht nicht den geplagten Eltern, wenn ihre Mühen in Vergeblichkeit enden; denn die seelischen Defizite ihrer herangewachsenen Kinder zeigen sich dann allemal als ein wenig dankbarer Egoismus, weil sie über den Tellerrand ihres fundamental geschwächten Ich nicht hinausblicken können. Aber am meisten trifft die unbekümmerte Unangemessenheit der ihnen aufgezwungenen Lebensform die Abgeschobenen selbst, denen man so das Geschenk des Lebens durch eine Minderung der Grundstimmung manchmal sogar lebenslänglich verbaut.

5. Probleme der Vorschulzeit

»Wann soll ich mein Kind in den Kindergarten schicken«, haben mich im Laufe der 40 Jahre meiner Bemühungen um den Fortbestand des christlichen Abendlandes zahllose Mütter gefragt. Die erste Gegenfrage lautet:»Muss es denn in den Kindergarten?«

Die jungen Mütter sind darüber regelmäßig sehr verblüfft. Sie haben bereits ohne nachzudenken das Klischee übernommen, dass es ihre Pflicht sei, ihr Kind spätestens im Alter von drei Jahren in den Kindergarten zu bringen, obgleich glücklicherweise der Besuch dort noch freiwillig ist. Der Kindergarten, die Kindertagesstätte – soweit hat man den Müttern schon die Möglichkeit geraubt, an den Wert ihres eigenen Erziehens zu glauben – sei besser, als das, was sie, die Mutter, für ihr Kind tun kann. Es brauche professionelle Anregung und den Umgang mit Gleichaltrigen. Braucht das jedes dreijährige Kind bereits wirklich? Ja, kann es das Kollektiv überhaupt schon unbeschadet aushalten? Woran lässt sich das erkennen? Gewiss nicht an der laienhaften Vorstellung, dass eine solche Lebensweise für ein dreijähriges Kind grundsätzlich nötig sei. Waren Chagall, Einstein und Beethoven in einer Kita? Und wären sie vielleicht gar nicht das geworden, was sie wurden, wenn sie unter wochenlangen Tränenausbrüchen beim Abschied und Bauchweh am Abend dort gelandet wären?

Meine zweite Gegenfrage an Mütter mit diesem Problem lautet deshalb: »Wie sieht denn Ihr Alltag aus? Sind Sie zu Hause anwesend? Haben Sie Zeit für Ihr Kind? Ist es umgeben von Spielgefährten? Ist es dabei glücklich und zufrieden? Kommen Sie mit Ihrem Alltag zurecht, ohne darunter zusammenzubrechen?«

Und wenn das alles bejaht wird, stelle ich die nächste Frage: »Aber warum soll es dann dort hin?«

Und dann kommt regelmäßig die Antwort: »Weil ich schief angeguckt werde, wenn ich mein Kind nicht dort hingebe.«

Ja, das ist Gefahr für die Mütter: Dass sie ihr Gefühl für das Richtige, das sie aus der Beobachtung im Zusammenleben mit dem Kind gewonnen haben, seufzend in den Keller ihrer Seele packen, um sich an das anzupassen, was die Mehrheit für richtig hält. Aber es gibt keinen auf der Welt, der besser beurteilen kann, was für ihr Kind das Richtige ist, als die leibliche Mutter!

Das soll nicht heißen, dass es den meisten Kindern im Vorschulalter nicht gut tun kann, ein oder zwei Jahre für einige Stunden am Morgen den Umgang mit Gleichaltrigen einzuüben – vor allem, wenn sie als Einzelkinder groß werden müssen und zu Hause keine Spielgefährten haben. Besonders wenn die Kinder mit Freude in den Kindergarten gehen und dort angeregt werden, darf man das für richtig halten. Die Kinder zeigen schließlich im Trotzalter auch den Müttern unmissverständlich, dass die Entfaltung des Selbstbehauptungstriebes grundsätzlich heißt, Unselbständigkeit hinter sich zu lassen, um mit dem Leben allein zurecht zu kommen. Doch eine zu frühe, zu zwanghafte Kollektivierung kann der Notwendigkeit dieser Ausgestaltung durchaus im Wege stehen! Der Mensch ist als Ameise nicht gedacht! Wenn Regierungen Programme zur Frühkollektivierung vorrangig fördern, darf man den Verdacht haben, dass hier gänzlich andere Interessen am Werk sind als die möglichst optimale Entfaltung von Individuen![12]

Die neuen Erkenntnisse der Hirnforschung und die der Kinderpsychotherapie sollten so rasch wie möglich eine Umgestaltung in der Pflege von Säuglingen und Kleinkindern zur Folge haben.[13] Der natürliche Hintergrund für ein Kleinkind und seine Mutter ist die Familie. Dass es in den sensiblen Phasen der Hirnentwicklung zu seinem individuellen Recht kommt, ist heute zu einem zwingenden Gebot geworden und kann ganz gewiss am ehesten von den Personen geleistet werden, von denen es abstammt, die es lieben und die sich für es verantwortlich fühlen. Das kann prinzipiell von keinen professionellen Helfern in der gleichen urtümlichen Qualität geleistet werden, wenn das familiäre Umfeld auch nur einigermaßen natürlich und seelisch gesund ist.

Eine Gesellschaft, die die neuen Forschungsergebnisse ernst nimmt, wird hier Prioritäten setzen und alles dafür einsetzen, dass Jungmütter nicht aus finanzieller Not gezwungen sind, von ihrem Kleinkind fortzugehen; denn flexible Väter und nicht berufstätige Großmütter können hier zwar durch ihr Einspringen sicher mehr leisten als jede Fremdbetreuung; aber der Zeitraum von der Geburt bis zum dritten Lebensjahr des Kindes ist nun einmal ein spezieller Auftrag an die Mutter, wie die neuen Forschungsergebnisse nachhaltig belegen. Mutterschaft ist in dieser Zeit keine Rolle, die man beliebig auswechseln und an eine Vielzahl fremder Personen delegieren kann, ohne dem Kind etwas Grundlegendes vorzuenthalten.

Diese Schrift will verdeutlichen: Es muss beim Erziehen grundsätzlich darum gehen, das zu tun, was für das individuelle Kind und die optimale Entfaltung seines Gehirns, und d. h., seiner Seele und seines Geistes, das Richtige ist. Der Maßstab dafür muss eine hellhörige Beobachtung seines sich entfaltenden Wesens in seiner besonderen persönlichen Situation sein. Dazu gehört vor allem auch ein rechtes Maß zwischen Außeneingriffen und besinnlicher Ruhe. Schon das kleine Kind muss zu sich selbst kommen dürfen. Ein hektisches Überagieren mit Lernprogrammen und vielerlei Ortswechsel dient nicht einer kontinuierlichen Entfaltung des Gehirns. Die Rückschlüsse aus den neuen Forschungsergebnissen dürfen deswegen auf gar keinen Fall in einer hektischen Überstimulation bestehen. Extreme in der Erziehung taugen grundsätzlich nicht, weil sie künstliche Verkrampfung bedeuten, statt dem Kind ein natürliches Wachstum zuzubilligen. Übertreibungen mit Hirnübungsprogrammen müssen unbedingt vermieden werden.

Das betrifft – wie gesagt – auch die Frage nach dem Zeitpunkt für den Besuch des Kindergartens oder anderweitiger Fremdbetreuung. Eltern von Kleinkindern sollten nach umfänglicher langzeitiger Beobachtung ihres Kindes fragen: »Hat es bereits Freude daran, sich mit Gleichaltrigen zu messen und von ihnen zu lernen? Oder ist anderes in seinem Alltag für es noch von viel größerem Interesse? Denn dieses, das Interesse, ist ein Kriterium dafür, sich diesem Bereich intensiv zu widmen, weil es hier etwas Wichtiges zu lernen gibt und manchmal auch bereits spezielle Begabungen eingeübt sein wollen.

Die Zeit vom 2. bis zum 5. Lebensjahr ist die sensible Phase für die Entfaltung des Selbstbehauptungstriebes, des Besitztriebes, der Selbstverteidigung und der handelnden Weltbewältigung. Dafür ist das Kind mit Neugier, mit Einfallsreichtum und d. h. mit Kreativität ausgestattet. Im Rahmen des ihm Ungefährlichen sollte diesen Impulsen sehr individuell Raum gegeben werden. Sind der Umgang mit Kindermassen vom 3. Lebensjahr an dafür vorrangig geeignet? Wird durch das frühe Kollektiv sein Selbstbehauptungstrieb vielleicht so eingeengt, dass Selbstverteidigungsimpulse wuchern und d. h., dass dauernd aggressive Attacken notwendig werden? Ein Kind, das nach vier Wochen Kita zu Hause aggressiv oder gar zerstörerisch zu handeln beginnt oder – schlimmer noch – an seinen Locken drehend stumm in der Ecke sitzt, sollte man schleunigst wieder heimholen, ja, sich sogar von seiner beruflichen Tätigkeit beurlauben lassen, um hier keine Fehlentwicklungen einreißen zu lassen.

Gewiss, unser Gehirn hat eine dynamische Struktur, verheißen uns die Forscher. Auf Plattdeutsch heißt das: »Dat treckt sik all weller trecht. (Das zieht sich alles schon wieder von allein zurecht). Und in einer erheblichen Zahl von Fällen ist das auch glücklicherweise so – bei denen mit den robusten Genen und einem unaufgeregten Leben in den späteren Kinderjahren. Auch rechtzeitige Therapie kann offenbar die Defizite der ersten Lebenszeit doch wieder beseitigen. Aber ist vorbeugen nicht besser als heilen? Wollen Eltern wirklich solche Risiken eingehen?

Wenn ich bei meinen Vorträgen auf die Gewichtigkeit der Sorgfalt und den Wert des Einsatzes der Mütter und zusätzlich auch der Väter in den sensiblen Phasen der Hauptlebenstriebe hinweise, stehen nicht selten junge Menschen aus dem Osten auf und betonen: Sie seien Krippenkinder gewesen. Und das habe ihnen nicht geschadet. Nun, das ist beglückwünschenswert. Es gibt sogar einige rumänische Waisenkinder, deren aufgezeichnete Leere in ihren Hirnen in einem guten weiteren Verlauf ihrer Kindheit hat nachträglich aufgefüllt werden können.

Bis ins junge Erwachsenenalter hinein, so wissen die Hirnforscher, soll das möglich sein. Aber selbst wenn das durch einen hohen Mehreinsatz an nachholender Erziehung gelungen ist – kann jemand wissen, was bei diesem gezielten Aufwand an spezifischer Begabung auf der Strecke geblieben ist? Die Hirnforscher sind tief beeindruckt von der Entdeckung, dass von den Milliarden im Säuglingsalter sprießenden Synapsen eine erhebliche Zahl immer wieder lahm gelegt wird, zugunsten eines gezielten Einsatzes einer bestimmten Truppe in bestimmten Arealen.[14) Was also ist auf der Strecke geblieben? Wo ist verpasst worden, ein bestimmtes Areal zur Ausgestaltung zu bringen? Muss es nicht grundsätzlich bei der Erziehung von Kindern geboten sein, ihnen Voraussetzungen für eine optimale Hirnentfaltung zur Verfügung zu stellen, so dass es ihnen möglich wird, ihren genetisch programmierten Höchststand anzupeilen, ja, zu erreichen?

Die Beschäftigung mit den Phasen des Lebensaufbaus hat die Erkenntnis vermitteln können: Je stabiler das Fundament, desto größer ist die Hoffnung auf höchstmögliche Ausgestaltung. Müsste diese Erkenntnis nicht eine vordringliche Schlussfolgerung haben: Wie werde ich jeder einzelnen der Wunderblumen, die mir in die Wiege gelegt wurden, gerecht? Niemand kann den Eltern diese Verantwortung abnehmen; denn kein Staat, kein Lehrer und kein Erzieher wird später für das geradestehen, was sich lebenserschwerend auswirkt, wenn sich erst eine Fehlentwicklung angebahnt hat.

Das gilt auch für die vierte der sensiblen Phasen, der Konstituierung der geschlechtlichen Identität. Diese bedarf – um unbeschadet absolviert zu werden – nicht unbedingt der leiblichen Mutter, des leiblichen Vaters; aber natürlicherweise gelingt sie in der normalen Familie am ehesten, vor allem, wenn das Kind gelernt hat, seine Eltern zu lieben und diese ihm eine harmonische Ehe vorleben. Das ist heute leider nur noch selten der Fall. Erschwerte Situationen sind eher das Übliche: Scheidungsbedingtes Alleinerziehen, Zerstrittenheit der Eltern, Eheunfähigkeit eines der beiden oder Stiefelternschaft. Es wurde bereits beschrieben, dass sich, besonders wenn die gleichgeschlechtliche Identifikationsfigur schwach oder gar vom Kind ungeliebt ist, sich die geschlechtliche Identität u. U. in der sensiblen Phase nicht genug konstituiert. Aber auch wenn das Elternteil vom Gegengeschlecht negativ besetzt ist, können spätere Schwierigkeiten gravierend werden, weil die Lust zur Paarbildung sich dann nicht selten als blockiert erweist.[15] Dennoch sind in dieser Phase keineswegs ähnlich gravierende Schädigungsmöglichkeiten gegeben wie in den ersten drei Lebensjahren. Fallen die Eltern als Vorbilder aus, pflegen die Kinder auf die Suche nach Ersatz zu gehen. Lehrer und Lehrerinnen, Gruppenleiter bzw. -leiterinnen, Onkel, Tanten, Nachbarn, Pfarrer und Gemeindereferenten können, ohne das zu ahnen, diesen Part übernehmen.

Schwere Wunden können allerdings entstehen, wenn solche Identifikationsfiguren das andrängende Vertrauen des Kindes durch sexuellen Missbrauch zerstören. Dann allerdings können sowohl sexuelle Blockaden wie auch Sexualsucht oder perverse Fehlhaltungen vorgebahnt werden.[16] Selten werden solche Missstände rechtzeitig erkannt. Therapie ist dann nötig und oft erfolgreich. Aber auch hier ist vorbeugen grundsätzlich besser als heilen. Am meisten erstrebenswert ist immer noch ein gesundes Familienleben, in dem den Kindern Ehe vorbildlich vorgelebt wird.

6. Veränderte Schule

Dieses Kapitel kann nicht abgeschlossen werden, ohne noch einmal nachhaltig zu betonen, dass die schulische Misere, in der sich Deutschland befindet, – wie bereits auch anhand der Pyramide in Kapitel 6 dargestellt – zu einem erheblichen Teil darauf beruht, dass die Basis bei immer mehr Kindern instabil geworden ist. Schulischer Erfolg oder Misserfolg im Grundschulalter hängt u. a. davon ab, ob genug mütterlicher Liebeseinsatz jetzt eine stabile Leistungsfähigkeit möglich macht.

Stillen macht intelligent, ist bereits das Resümee. Um zwei Jahre sind die dual gepflegten Kinder den anders betreuten als Zehnjährige voraus. Solches Ergebnis jüngster Forschung ist immer noch schwer eingängig.

Der Laie vermag sich das allein mit Hilfe seines Verstandes so ohne weiteres nur schwer vorzustellen.[17] Auch hier hat die Hirnforschung eine Brücke geschlagen: Die Ausgestaltung der Intelligenz ist in der Tat zu einem erheblichen Teil von Anregung und Ansprache im Säuglingsalter abhängig. Messungen haben deshalb ergeben, dass Mütter, die ihre Kinder stillen, zehnmal so lange mit ihren Kindern beschäftigt sind als Flaschenkinder!

Was aber diese Tatsache der geminderten Leistungsfähigkeit bereits vom ersten Schulalter ab für Konsequenzen hat, das ist in Pisa bitter ans Tageslicht gekommen. Was müssten daraus für Konsequenzen gezogen werden? Als erstes müsste die von Ideologen erfundene, mit Ideologie durchsetzte Massenschule verschwinden. Gleiche Erziehung von Ungleichen kann nichts anderes erbringen als ein Absinken des Gesamtniveaus. Die vielen Kinder mit einem Aufmerksamkeitsdefizitsyndrom und anderen Auffälligkeiten müssten ihren jeweiligen Schwierigkeiten entsprechend zusammengefasst und gesondert beschult werden, in kleinen Gemeinschaften, mit besonders dafür ausgebildeten Lehrern, mit Sport als erstem Hauptfach und Werken als dem zweiten. Der Lehrer müsste die Schüler wieder konstant durch alle vier Jahre hindurch begleiten, damit er eine echte Bezugsperson zum Nachholen der Defizite werden kann. Es muss so individuell, so persönlich wie möglich zugehen. Nachholende Therapie, d.h. Erstellung einer Leistungsmotivation muss zumindest in den ersten beiden Grundschuljahren das Hauptziel sein.

Auch in Gymnasien und Realschulen sollte man sich – besonders vornehmlich in den Lehrplänen – ebenfalls um mehr Angemessenheit bemühen. Die Beschulung nach Geschlechtern – so hat der Vergleich gezeigt – kann auch hier mehr erreichen, als wenn man alles in einen Topf wirft. Männer und Frauen, und deswegen auch Jungen und Mädchen, haben eine unterschiedliche Hormonausstattung und deshalb unterschiedliche Gehirne. Sie haben infolgedessen unterschiedliche Begabungsschwerpunkte. Die Jungen sind den Mädchen in den abstrakten Fächern Mathematik, Physik und Latein weit überlegen, die Mädchen in den lebenden Sprachen und den musischen Fächern. Dementsprechend sollte der Fächerkanon eingerichtet werden, damit sie nicht – alle über den gleichen Kamm geschoren – ihre Motivation verlieren. Die Schullust zu erhalten, indem den Begabungsschwerpunkten der Kinder nachgegangen wird, ist eine Voraussetzung zum Erfolg.[18]

Die zweite Notwendigkeit liegt in der Vorbildfunktion der Lehrperson. Diese brauchen die Jugendlichen heute mehr als Kinder je zu anderer Zeit; denn der Scheidungsboom lässt sie häufig die Geborgenheit des Nestes verlieren, wobei der nur gelegentliche Umgang mit einem als verabscheuungswert erlebten Elternteils sehr viel stärkere Verunsicherung hervorruft, als etwa ein Unfall oder kriegsbedingter Verlust der Elternfiguren. Und ein Letztes: Die Schule muss dringend (vor allem auch in den Schulbüchern) von der Einseitigkeit eines linken Weltbildes, das nur unzureichend Lebenshilfe vermittelt, entrümpelt werden. Jugendliche können nicht allein mit Sartre, Camus, Süsskind und dergleichen hinreichende Lebensleuchttürme erfahren. Die Kultivierung der Jugendlichen kann nicht gelingen, wenn nicht Sinnfindung des Lebens als Ziel vermittelt wird. Eingepaukte Wissensquantität macht aus einem kleinen Wildling im christlichen Abendland noch zu keinem gebildeten Menschen. Hier müssen besonders in den Oberstufen Leitlinien vermittelt werden, was allerdings eine ganz neue Erziehung der Erzieher mit einem christlichen Weltbild als Grundlage in der Ausbildung zur Voraussetzung haben müsste.

Zum erfolgreichen Erziehen sind zwei Vorzeichen unabdingbar: Das Zulassen der Wahrheit, dass wir Menschen im Konzert des Lebens geschöpfliche Teilnehmer sind – versehen mit
der gleichen Urmelodie wie die Lebewesen in der Natur um
uns herum. Und als zweites, dass dennoch jeder Mensch individuelle Begabungen mitbringt. Erzieher müssen ihm hellhörig
helfen, sein besonderes Instrument zu finden und einzuüben,
damit er es schließlich in der Gemeinschaft zur Ausführung
bringen kann – mit seinem besonderen individuellen Part im
Konzert. Das setzt allerdings voraus, den Konzertmeister zu
akzeptieren, als den Spiritus rector einer sinnvollen Bestim-
mung. Aber wenn wir uns dazu herablassen, diese Demütigung
gegen unseren zur angemaßten Selbsterhöhung neigenden
Selbstbehauptungstrieb zu schlucken, erwerben wir die Möglichkeit zu einem Handeln, das auf die vom Dirigenten emp-
fangenen Maßstäbe setzt; denn das ermöglicht es uns, bei unserem Part zu bleiben und unsere Grenzen einzuhalten.

In Bezug auf die Erziehung erleichtert es uns unseren Umgang mit dem Kind, wenn wir es als ein geheimnisvolles Geschenk an die Eltern verstehen. Sie werden dann keine unge-
rechtfertigen Besitzansprüche erheben, und sie werden es –
indem sie ihr Wissen und ihre Erfahrung weitergeben – in Liebe und Verantwortung bei seinem Werdegang begleiten. Das
ist unter solchen Voraussetzungen grundsätzlich einfacher, als
es uns auf dem ersten Blick erscheinen mag; denn wenn wir
unter diesem Vorzeichen unseren gesunden Menschenver-
stand aktivieren, bekommen wir ungezählte Chancen für richtige Einsätze und Entscheidungen. Wir haben nämlich im Auge: Unseren Lebensdienst für Gott durch dieses Bemühen um
das Beste bei der seelisch geistigen Entfaltung unseres Kindes
zu erfüllen.

Das Kind und seine Belange in den Vordergrund zu stellen,
solange sich in der Vorschulzeit die vier Hauptlebenstriebe
entfalten, bedeutet keine Vergötzung des Kindes, wenn man

es vermeidet, dem sich geistig-seelisch ausgestaltenden Organismus mit einem starren Prinzip zu begegnen. Denn bereits vom ersten Trotzalter ab, entwickelt das Kind den Impuls, zu proben von uns fortzulaufen, um seinen eigenen Lebensauftrag anzutreten. Sie laufen uns ganz von allein – am Taktstock des großen Konzertmeisters hängend – davon. Da können wir ganz unbesorgt sein. Und für die Eltern selbst, zumindest bei denen, die es bei dem zukunfserhaltenden Level von 2,3 Kindern belassen haben, gibt es in unserer Gesellschaft nach der Erziehungszeit eine Vielfalt an Möglichkeiten zur Weiterbildung und Berufstätigkeit – schon ganz und gar ehrenamtlicher Art.

Allerdings: Um gesellschaftlich in ein gesundes Fahrwasser einzuschwenken, wäre mehr Unterstützung der Familie durch die Mithilfe des Staates dringend geboten. Dass hier so viel Uneinsichtigkeit herrscht, liegt vor allem an der wirkmächtigen Furcht der Frauenverbände, dass die Frau erneut ins Hintertreffen geraten könnte. Das hindert die Parteien, fundierten hilfreichen Konzepten Raum zu geben, wie z. B. dem Entwurf unseres Vereins VFA (Verantwortung für die Familie) »Mutter als Beruf«.[19] Solange dazu aber noch keine Silberstreifen am Horizont auftauchen, müssen wir uns zunächst einmal, soweit uns das nur irgend möglich ist, eigenständig für die seelische Gesundheit der Familien – der eignen und der unseres Umfeldes – einsetzen, in der Hoffnung, dass sich dieser Stil verbreitet und aus einer allmählich doch gesünder entfalteten Generation sich eine tief greifende Wende und ein Schwenk der Mächtigen, der Medien, hin zu einem gesunden Menschenbild vollzieht.

PET-Scan eines gesunden Gehirns

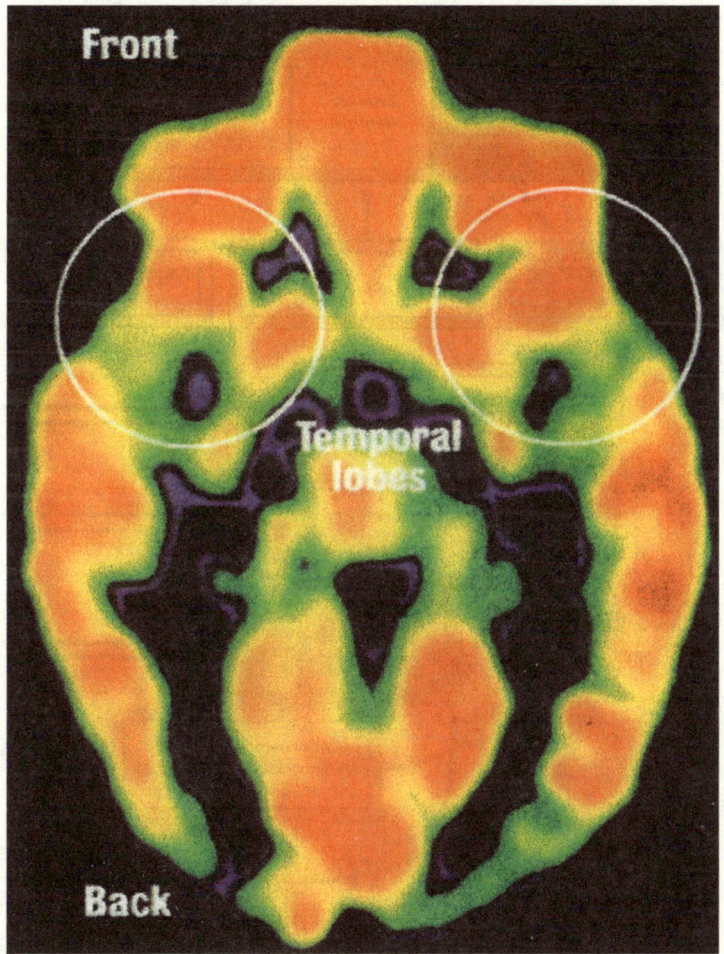

*Abb. 3   Aus: Newsweek Special edition: Your child. Spring/Summer 1997
Das gesunde Gehirn. Dieses PET Scan des Gehirns eines normalen Kindes zeigt
Regionen von hoher (rot) und niedriger Aktivität (blau und schwarz). Bei der
Geburt sind nur einfache Struckturen, wie die aus dem Hirnstamm voll funktions-
fähig; in Regionen wie den Temporallappen werden die Erfahrungen der frühen
Kindheit verschaltet.*

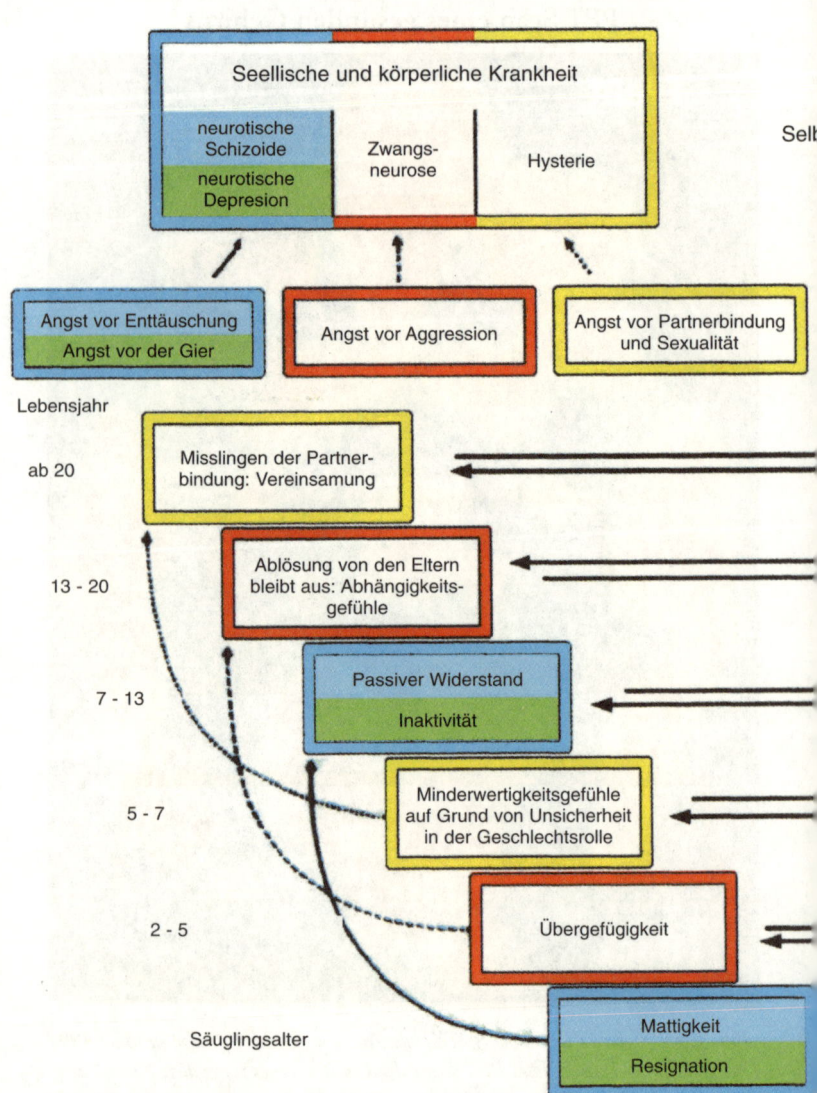

Abb. 8 Bei unzureichender Entfaltung des Gehirns u...
entsteht eine fundamentale Instabilität mit z...
lebenserschwerenden Beeinträchtigungen.

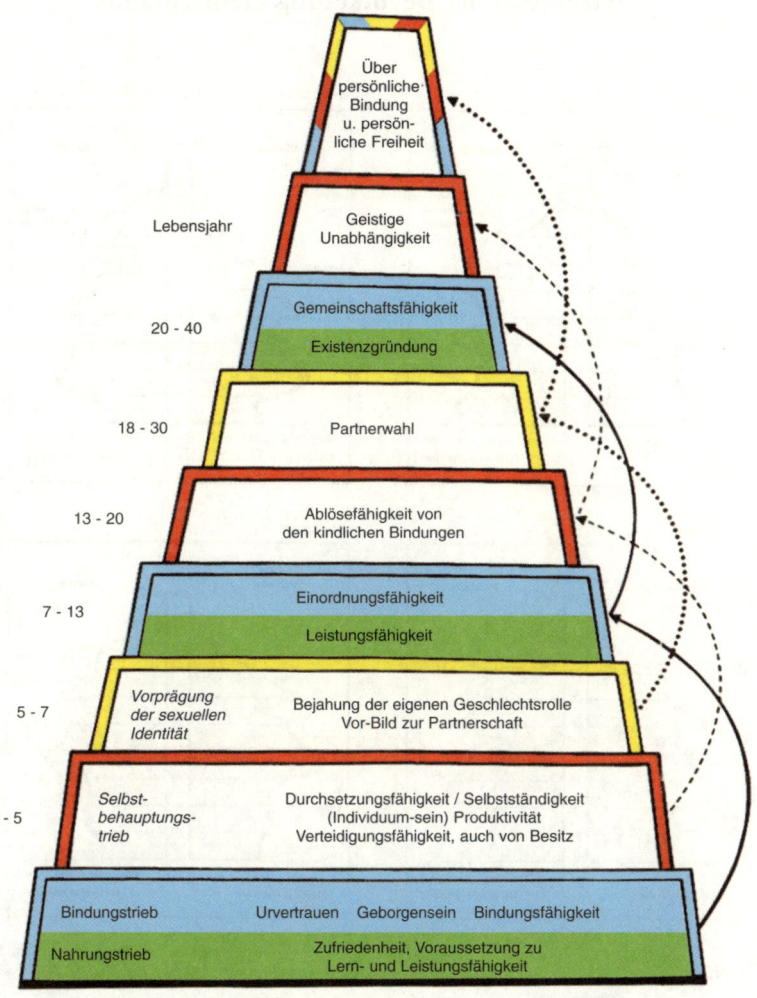

Abb. 7
Wird das Gehirn während seiner Konstituierung in den ersten fünf Lebensjahren
optimal entfaltet, so erwächst daraus die Möglichkeit zu einem stabilen differen-
zierten Lebensaufbau.

Altersaufbau der Bevölkerung Deutschlands

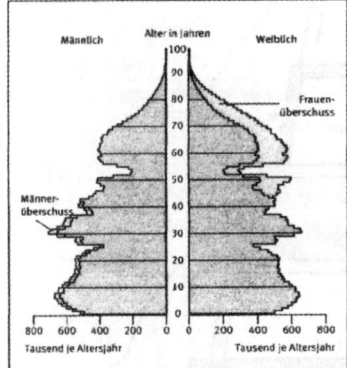

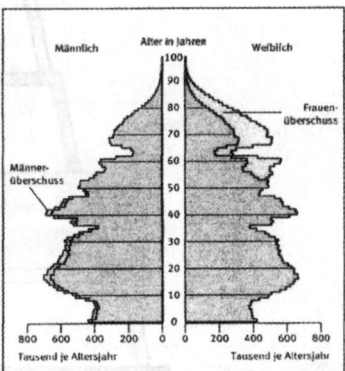

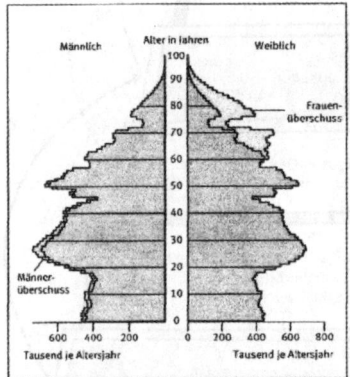

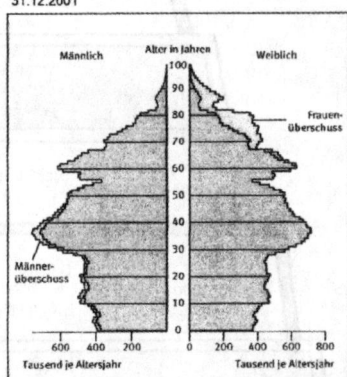

Abb. 12　　　　　*Aus: Statistisches Bundesamt, Statistisches Jahrbuch 2003*

PET-Scan eines nicht ausreichend stimulierten Gehirns

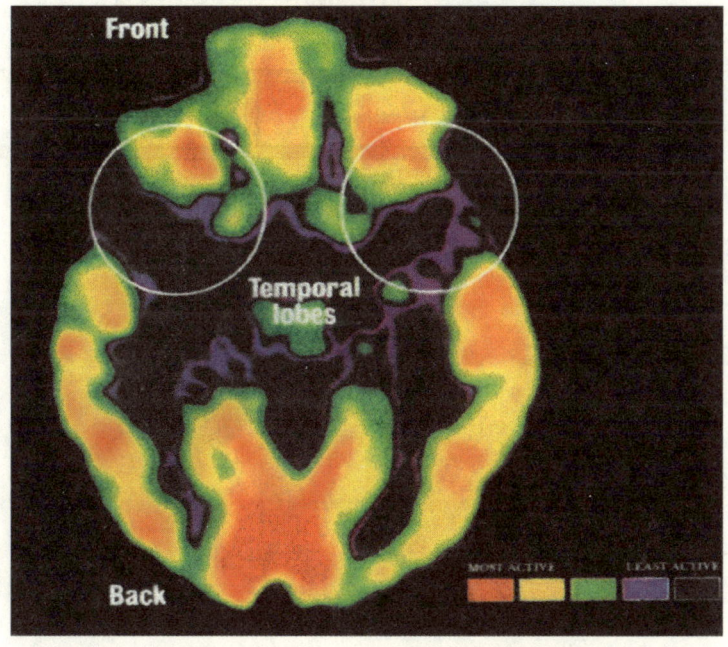

*Abb. 2   Aus: Newsweek Special edition: Your child. Spring/Summer 1997
Das unbenutzte Gehirn. Dieses PET Scan des Gehirns eines rumänischen
Waisenkindes, das kurz nach seiner Geburt institutionalisiert wurde, zeigt die
Wirkung einer extremen Deprivation in der Kindheit. Die Temporallappen, die
die Gefühle regulieren und Eindrücke von den Sinnen empfangen, sind nahezu
untätig. Solche Kinder leiden an emotionalen und kognitiven Problemen.*

mord

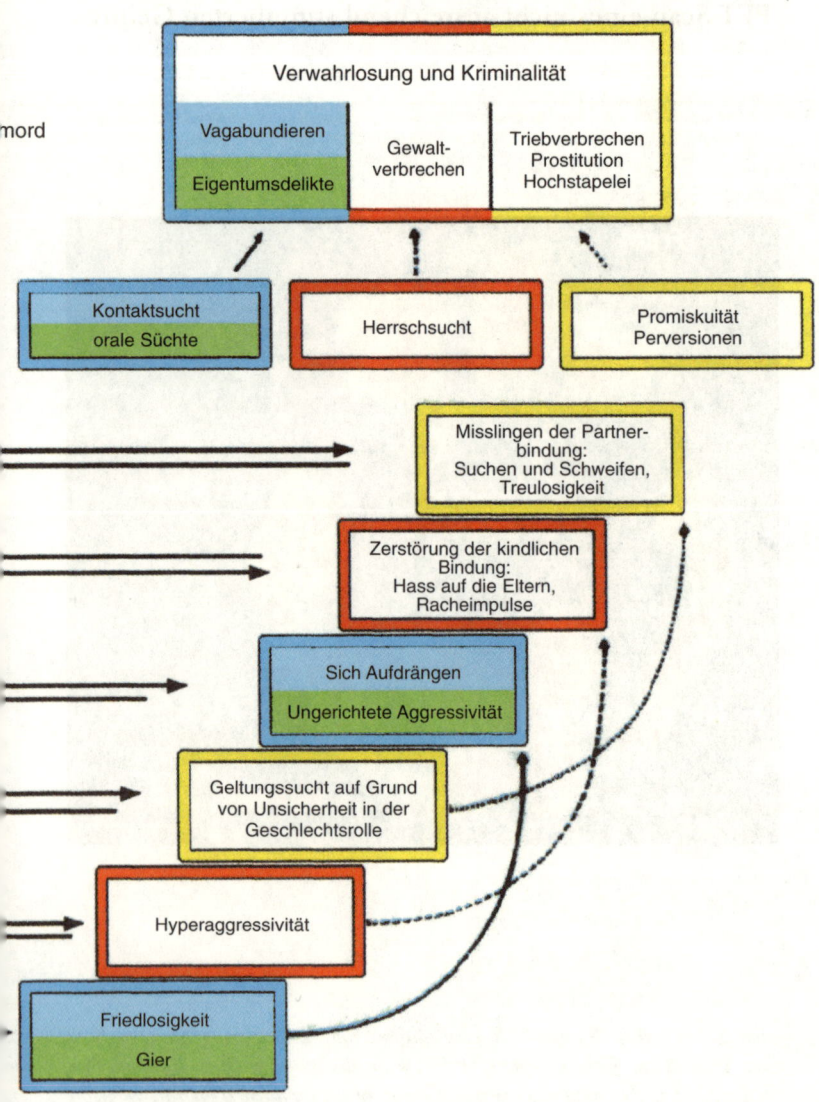

nd seiner Konstituierung in den ersten fünf Lebensjahren
ichen typischen, den Erstbeschädigungen entsprechenden,

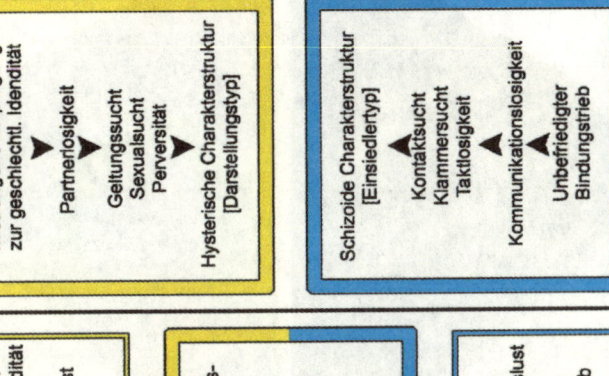
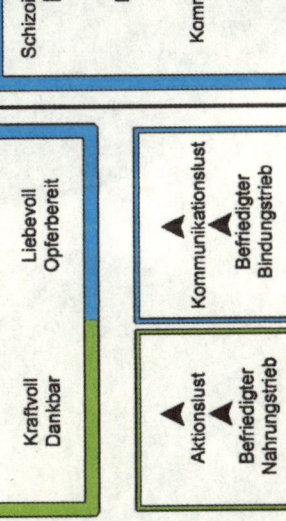

Abb. 11

Stoffwechselaktivität im Stirnhirn

Beilage des Buches »Geheimnis Gehirn« von Christa Meves, Resch-Verlag, Gräfelfing, 2005.

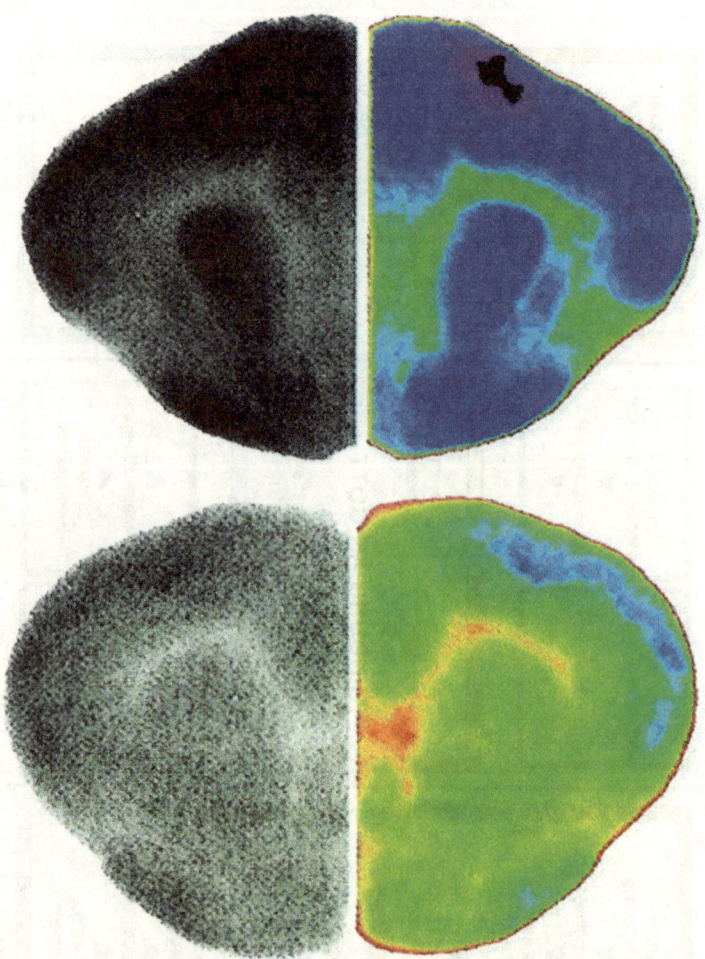

Abb. 1   *Aus: Gehirn und Geist 1/2003*

Die Stoffwechselaktivität im Stirnhirn eines Degujungtiers ist im Familienverbund wesentlich höher (oben), als wenn es von ihr getrennt ist (unten). Die linke Hälfte jeder Teilabbildung stellt jeweils das Originalradiogramm dar, die rechte die zugehörige Falschfarbdarstellung, an der sich die Stoffwechselaktivität gut ablesen lässt (von rot über gelb, grün und blau bis violett ansteigend). Entnommen aus: Bock, J. & Braun, K.: Die Narben der Kindheit. S.50

XI. Ein Maßnahmenkatalog

Wer Erzieherisches nun doch aber noch zu konkreten Empfehlungen zusammengefasst haben möchte, der mag sich an den im Folgenden niedergelegten Katalog der Erziehungsmaßnahmen halten, wie wir ihn schon tausendfach in den deutschsprachigen Ländern verteilt haben und weiter verteilen, nachdem sich gezeigt hat, dass sich jetzt bereits eine erhebliche Schar klarsichtiger Eltern danach ausrichtet.[20)] Diese setzen hier sehr bewusst ihre Prioritäten, um ihren Kindern gerecht zu werden und auf diese Weise letztlich allen Familienmitgliedern zu einer glücklichen Weiterentwicklung zu verhelfen. Auch so kann Ausbreitung realistischer Erziehungspraxis und allmähliche Einstellungsänderung hin zum Positiven geschehen.

1. Vorbereitung zu seelischer Gesundheit in der Schwangerschaft und im Säuglingsalter

- Eine werdende Mutter sollte sich einer ruhigen Lebensweise befleißigen und Stress möglichst vermeiden.
- Jedes gesund geborene Kind sollte in seinen ersten Lebensstunden unmittelbar am Körper der Mutter gehalten werden. Die Geburt ist für das Kind ein nicht selten ängstigender Vorgang. Es bedarf der Beruhigung und findet diese nachweislich am besten in der Leibnähe der Mutter, da es ihre Stimme und ihren Herzschlag bereits kennt.
- Das Kind sollte so bald wie möglich an der mütterlichen Brust angelegt werden. Die erste Milch der Mutter, das Kolostrum, enthält besondere Abwehrstoffe zum Schutz gegen Infektionen.
- Das Kind sollte – unter sorgsamer Pflege der Brustwarzen – immer dann angelegt werden, wenn es zu schreien beginnt.

Die häufige Saugtätigkeit des Kindes stimuliert die Milch-
produktion und ist Voraussetzung dafür, dass jede Mutter so
viel Milch hat, wie ihr Kind benötigt.

- Aus diesem Grunde sollte das Neugeborene Tag und Nacht
in unmittelbarer Nähe der Mutter sein.

- Auch bei Kindern, die mit unzureichendem Gewicht geboren werden und bei denen eine Brutkastenzeit unumgänglich ist, sollten diese Pflegeformen so bald wie möglich angewandt werden. In den USA hat eine Forschergruppe
erhärten können, dass das sog. »Känguru-Prinzip« die zu
früh Geborenen rascher ihr Untergewicht überwinden und
häufiger überleben lässt.

- Säuglinge sollten ein halbes Jahr in dieser Weise voll und
nach Bedarf gestillt werden, wobei ein Vierstundenrhythmus der Brustmahlzeiten angestrebt, aber nicht erzwungen
werden sollte.

- Diese Opfer der Mutter (und bei der begleitenden Fürsorge
auch des Vaters) zahlen sich später hundertfältig aus. Neue
Untersuchungen haben bewiesen, dass Kinder, die in dieser
Weise Geborgenheit, Bindung und Liebe erlebten, später
z. B. bessere schulische Leistungen zu erbringen vermögen
als ungestillte oder unnatürlich behandelte Säuglinge.

- Von Geburt an sollte mit den Kindern viel Kontakt gepflegt
werden. Je mehr die Kinder angesprochen und angeregt werden, umso besser entfaltet sich ihr Gehirn.

- Aber zu den natürlichen Bedürfnissen des Säuglings gehören auch ausgedehnte Ruhephasen, um dem Aufprall der
Außeneindrücke gewachsen sein zu können. Überstimulation verzögert die Entwicklung ebenso wie unzureichende
Anregung.

2. Pflegerische Grundbedingungen:

- Geben Sie Ihr Kind während der ersten drei Lebensjahre nicht ohne Not in fremde Hände. Die so wichtige Fähigkeit, später Bindungen einzugehen und sich sozial zu verhalten, bedarf der Vorbereitung durch die ungestörte Bindung zunächst vornehmlich an eine Person. Von der Natur ist dazu die Mutter vorgesehen. Ihre dreijährige Freistellung von der außerhäuslichen Berufstätigkeit ist deshalb ein wichtiger Schritt für mehr seelische Gesundheit. Jede verlässliche persönliche Betreuung des Säuglings ist besser als Kollektivversorgung in Kinderkrippen mit wechselnden Bezugspersonen. Allerdings können sich Väter, Großeltern, ältere Geschwister oder andere ständig in der Familiengemeinschaft lebende Personen an der Betreuung des Kleinkindes beteiligen.
- Geben Sie auch im Krankheitsfall Ihr Kleinkind nie ohne die Begleitung einer ihm vertrauten Person in ein Krankenhaus.
- Überlassen Sie es nicht Kindertagesstätten oder Kindergärten, bevor das Kind das verstehen und akzeptieren kann.
- Belassen Sie Ihr Kleinkind in Zeiten schwerer Krankheit der Mutter, wenn eine Trennung von ihr unvermeidlich ist, in der Obhut der ihm vertrauten Personen, am besten auch in der ihm vertrauten häuslichen Umgebung.
- Auf unumgänglichen Reisen sollte das Kind mitgenommen werden; aber es bedarf – besonders in den ersten drei Lebensjahren – dringend auch Zeiten der beschaulichen Ruhe und der Lärmabschirmung. Ein fortgesetzt laufendes Fernsehgerät behindert lt. neuesten Forschungen die geistige Entwicklung des Kleinkindes!
- Unterlassen Sie bis zum dritten Lebensjahr unangemessene Erziehungsmaßnahmen. Sauberkeitserziehung gelingt ohne Dressur, wenn die Gehirnentwicklung so weit gereift ist, dass das Kind die Vorgänge begreifen kann.

- Gehorsamsforderungen sollten sich in dieser Zeit noch auf diejenigen Maßnahmen beschränken, die zum Lebensschutz des Kindes zwingend notwendig sind. (Messer, Gabel, Schere, Licht...)
- Passen Sie sich bei der Nahrungsaufnahme dem Appetit des Kindes an, nicht umgekehrt!
- Nehmen Sie, falls Ihnen jenseits der Stillphase bis zum vierten Lebensjahr keine nahe, möglichst verwandte Person zur Verfügung steht, die ständig um das Kind sein kann, keine außerhäusliche Berufstätigkeit auf. Nehmen Sie, falls Sie finanziell ungesichert sind, besser die Sozialhilfe des Staates in Anspruch. Trennen Sie sich von dem Kind zur täglichen Arbeit erst, wenn eine kollektivistische Betreuungsform von ihm akzeptiert und auch ohne seelisches Leiden ertragen werden kann.
- Optimal ist es für ein Kind, im Schutzraum einer Familie mit Geschwistern und einander liebenden und verantwortungsbewussten Eltern sowie der Abstützung von Großeltern im Hintergrund groß werden zu dürfen.

3. Empfehlenswerte Erziehungsmaßnahmen während der späteren Kindheit

- Interesse = Dazwischensein der Eltern ist während der gesamten Kindheit und Jugend der Heranwachsenden notwendig.
- Nehmen Sie sich die Zeit, zu Ihren Kindern eine vertraute Beziehung aufzubauen. Beschäftigen Sie sich immer einmal auch allein mit dem einzelnen Kind. Vermitteln Sie ihm so das Gefühl von Zusammenhalt, von Verlässlichkeit, Geborgenheit und Wertschätzung.
- Beobachten Sie die Interessen des Kindes, regen Sie es spielerisch an zu schöpferischen Beschäftigungen und fördern Sie die sich abzeichnenden besonderen Neigungen und Begabungen.

- Lassen Sie es in den Schuljahren mit den schulischen Arbeiten nicht gänzlich allein. Halten Sie ein Auge auf das schulische Verhalten des Kindes und kümmern Sie sich verantwortungsbewusst um diese Belange. Protestieren Sie (am besten durch Lobby-Bildung) bei unpädagogischen schulischen Maßnahmen (Sexualkunde- und Religionsunterricht, Klassenfahrten mit heißen Nächten etc.)
- Bewahren Sie Ihr Kind vor Missbrauch von elektronischen Geräten: vor einem ständig laufenden Fernseher, Radio, Video, Walkman, Computer etc. Bemühen Sie sich statt dessen um gemeinsam gestaltete Wochenenden und Ferien in der Familie.
- Fordern Sie von Ihrem Kind vom Schulalter an: Rücksicht, Gemeinschaftssinn und (in Maßen) Sauberkeits- sowie Ordnungsleistungen und das Einhalten von Anstandsregeln. Machen Sie dem Kind verstehbar, dass diese Forderungen aus Liebe zu ihm geschehen. Angemessene Einschränkungen sind manchmal unumgänglich. Wenn sie folgerichtig sind, schaden sie nicht, sondern vermitteln dem Kind die Erfahrung seiner Grenzen.
- Um der Kinder willen sollten Eheschwierigkeiten möglichst hintangestellt werden. Scheidungswaisenschicksal beschädigt die Kinderseelen meist nachhaltig. Der Zusammenhalt des Elternpaares, am besten in sichtbarer gegenseitiger Achtung und Liebe, ist ein mächtiger Garant für seelische Stabilität des Kindes in dessen Erwachsenenalter.
- Finden Sie sich mindestens einmal pro Tag mit der Familiengemeinschaft zu einer gemeinsamen Mahlzeit zusammen. Zu teilen und sich mitzuteilen lassen sich so einüben. Das stärkt den Zusammenhalt.
- Leben Sie in Ihrer Familie den christlichen Glauben vor. Das heißt: Stellen Sie Ihre Handlungen und Ihr Sein primär unter das christliche Gebot opferbereiter Liebe. Beten Sie täglich mit den Kindern. Lassen Sie sie taufen, besuchen Sie mit ihnen gemeinsam den Gottesdienst, begleiten Sie sie

kirchlich in der Zeit von Firmung oder Konfirmation. Erzählen Sie ihnen von Gott und machen Sie ihnen Ihren Glauben verstehbar.

Zukunft ohne eine Akzeptanz und Bindung an Gott gibt es nicht! Ohne Anbindung an die Kirche neigt der Mensch darüber hinaus dazu, dieses Ziel leichtfertig zu vernachlässigen und aus den Augen zu verlieren. Viele Gesellschaften, in denen man den christlichen Glauben abschaffte, sind in diesem Jahrhundert gescheitert.

4. Bewahrung vor Gefahren im Jugendalter

- Wenn Sie diese Grundvoraussetzungen der Erziehung zu seelischer Gesundheit verwirklichen konnten, haben Sie eher die Möglichkeit, die Kinder jenseits der 10jährigkeit vor den Gefahren im Jugendalter zu warnen und sie zu bewahren: vor der Schädlichkeit des Rauchens, vor der Schädlichkeit von Rauschgift aller Art (auch vor den hirnzerstörenden Nervengiften Ecstasy und Haschisch), vor der Schädlichkeit für Ohren und Seelen durch Hardrock, vor der Schädlichkeit des Alkohols und eines wahllosen, übersteigerten Konsums (auch von Fernsehen), vor der Schädlichkeit der Beschäftigung mit Spielautomaten und vor dem Genuss stimulierender Tabletten.

- Ermutigen Sie die Jugendlichen, selbst dann entschieden »Nein« zu sagen zu Missbräuchen der beschriebenen Art, wenn alle anderen es tun und den Sich-Weigernden verhöhnen. Grundsätzlich ist hier einmal keineswegs keinmal!!! Warnen Sie Ihre Kinder nachhaltig und mit Fremdschilderungen davor, ihre eigene Willenskraft zur Umkehr zu überschätzen, wenn der gefährliche Weg erst einmal eingeschlagen ist!

- Das gilt besonders auch für die Desinformation auf dem Sektor der Sexualität. Vorehelicher Geschlechtsverkehr vom Jugendalter ab – womöglich mit wechselnden Partnern kann die Einbuße an seelischer und körperlicher Gesundheit zur Folge haben.

Das Kondom ist *kein* absolut sicheres Verhütungsmittel – nicht gegen Schwangerschaft, nicht gegen Aids! Treue der Paare zueinander ist die vernünftige Schlussfolgerung nach dem Auftauchen der tödlichen Geschlechtskrankheit und das Gebot der Stunde.

Darüber hinaus: Es ist angesichts dieser Lage unverantwortlich, Jugendlichen zu suggerieren, Homosexualität sei grundsätzlich eine angeborene, natürliche, normale Spielart von Sexualität. Das ist eine gefährlich Desinformation, weil sich manche Jugendliche in der so genannten »homoerotischen Phase« noch ganz harmlos vorübergehend in gleichgeschlechtliche Personen verlieben – ohne auch nur annähernd homosexuell zu sein. Sie werden aber zur Zeit durch unangemessene Aufklärung zum Praktizieren und »Outen« ihrer angeblichen Neigung gebracht und damit noch besonders zusätzlich HIV-gefährdet! (85 % der Aids-Toten starben zunächst nach homosexuellen Kontakten!) Jugendliche müssen nachdrücklich über Desinformationen dieser Art aufgeklärt werden.

Die Familie hat sich als absolut unaufgebbar erwiesen. Gerade durch die vielen negativen Auswirkungen eines unnachdenklichen Übermaßes an rigoros in Anspruch genommener Freiheit erweist sich das immer wieder neu. Neu hat sich damit gerade in unserer Zeit das Wissen bestätigt, dass die Familie eine Vorgabe des Schöpfers an sein Geschöpf Mensch ist, damit er gedeihliche Zukunft haben kann.

Liebevolle Selbstbeschränkung ist dazu die Voraussetzung und trägt gute, sinnerfüllende, glücklichmachende Früchte. Die Familie kann dann wieder zu einem Ort der Geborgenheit und des stärkenden Zusammenhaltes werden, ohne den es auch dem modernen Menschen schwer wird, sein Leben zu bestehen.

Anmerkungen

Einführung

1) Freud, S.: Studienausgabe. 70 Bde. Frankfurt a. M. 2001
2) Schultz-Hencke, H.: Lehrbuch der analytischen Psychotherapie. Stuttgart 1988
3) Dührssen, A.: Psychogene Erkrankungen bei Kinder und Jugendlichen. Göttingen 1992
   –: Psychotherapie bei Kindern und Jugendlichen. Göttingen 1960
4) Schwidder, W.: Neoanalyse. In: W.F. Frankl, V.E. von Gebsattel & J.H. Schultz (Hrsg.) : Handbuch der Neurosenlehre und der Psychotherapie, Bd. 3. München/Berlin 1959
5) Lorenz, K.: Über tierisches und menschliches Verhalten. Gesammelte Abhandlungen. Bd. 1 u.2 München 1992
6) Bowlby, J.: Maternal Care and Mental Health. World Health Organisation, Monogr. Ser.-Nr. 2 1952
   –: Frühe Bindung und kindliche Entwicklung. München 2001
7) Harlow, H.F. & Harlow M.K. Social deprivation in monkeys. SciAM. 207 (1962), 137-146
8) Kotulak, R.: Die Reise ins Innere des Gehirns. Paderborn 1998
9) Nash, M.: How a child's brain develops. Time Magazine. Vol.149.6.1997; Zit. n. Deutsche Liga für das Kind in Familie und Gesellschaft. Sonderdruck: Fruchtbarer Geist 1997, S.1-4
10) Bock, J. & Braun K.: Frühkindliche Emotionen steuern die funktionelle Reifung des Gehirns: Tierexperimentelle Befunde und ihre mögliche Relevanz für die Psychotherapie. Z. Psychotherapie. 7. Jahrg. 2002. Bd. 7. 2 190
11) Meaney, M.: Epigenetische Programmierung durch mütterliches Verhalten, Nature Neuroscience, 2004, zitiert nach FAZ 1. VIII. 2005, 31

Kinderpsychologie und Ethologie

1) Dührssen, A.: Heimkinder und Pflegekinder in ihrer Entwicklung. Beiheft zur Kinderpsychologie. Göttingen 1964
   Meves, Ch.: Problemkinder brauchen Hilfe. Stein 2002, S.78
2) Harlow, H.F.: Social deprivation in monkeys. Scientific American. 207. (1962c), S.137 ff

3) Schleyer, T.: Untersuchungen zum Einfluss des Kälberaufzucht-verfahrens auf die Ontogenese des Sozialverhaltens heranwachsender Rinder. Dissertation. Berlin 1998 S.204 f

4) Meves, Ch.: a. a. O. S.100 ff

5) Philbin, N.: Beitrag zum Verständnis von stereotypischem Verhalten bei Labor-Makaken. Dissertation, Inst. Neurol. London 2003

6) Schwidder, W. : a. a. O. S.171 ff

7) Schwidder, W.: a. a. O. S.175

8) Schwidder, W.: a. a. O. S.189

9) Eliot, L.: Was geht da drinnen vor? Die Hirnentwicklung in den ersten fünf Lebensjahren. Berlin 2001 S.56 ff

10) Eliot, L.: a. a. O, S.290

11) Schmidt, W.R.: Der Schimpanse im Menschen – das gottebenbildliche Tier. Gütersloh 2003, S.68/69

12) Illies, J.: Zoologie des Menschen. München 1971

13) Eliot, L.: a. a. O. S.418 ff

14) Zietz, K.: Abriss der Kinder- und Jugendpsychologie. Braunschweig 1959

15) Lorenz, K.: a. a. O. Bd. 2 München 1970 S. 251

16) Schmidt, W. R.: a. a. O. S.13 ff

17) Heinroth, O.: Beiträge zur Biologie. Berlin 1910

18) Tinberger, N.: Instinktlehre. Berlin/Hamburg 1964

19) Pawlow, J.P.: Sämtliche Werke. Berlin 1953

20) Bateson, P.: Imprinting. In: C. Heyes & L. Huber (Hrsg.): The Evolution in Cognition, S.85-102, Cambridge 2000

21) Hediger, H.: Mensch und Tier im Zoo. Zürich/Stuttgart/Wien. 965

22) Inhelder, E.: Skizzen zu einer Verhaltenspathologie reaktiver Störungen bei Tieren. Schweizer Archiv für Neurologie, Neurochirurgie und Psychiatrie. Bd.89. 1962

23) Holzapfel, M.: Über Bewegungsstereotypien bei gehaltenen Säugern. Z. Tierpsychol. I/II, 2. (1938), 46-72

24) Waal de F.: Unsere haarigen Vettern. München 1983

25) Fouts, R.: Unsere nächsten Verwandten. München 1998

26) Hauser, M.D.: Was Tiere wirklich denken. München 2001

27) Inhelder, E.: a. a. O. S.322

28) S Goodall, J.: Ein Herz für Schimpansen, Reinbeck, 1991

29) Schmidt, W.R.: a. a. O. S.112

Die Theorie der Instinkthandlung

1) Lorenz, K.: a. a. O. S.22
2) Solm, M.: Die Entschlüsselung des Gehirns. Spiegel Spezial 4/2003 S.61

Der Nahrungstrieb und seine Störungen

1) Foppa, K.: Lernen, Gedächtnis, Verhalten. Köln/Berlin 1963
2) Eliot, L.: a. a. O. S.179 u. S.225
3) Peiper, A.: Instinkt und angeborenes Schema beim Säugling. Tierpsychol. (1951), S.8
4) Peiper, A.: Die Eigenart der kindlichen Hirntätigkeit. Leipzig 1949
5) Lorenz, K.: Die angeborenen Formen möglicher Erfahrung. Tierpsychol. (1943), a. a. O. S.235-409
6) Eliot, L.: a. a. O. S.354
7) Eliot, L.: a. a. O. S.261 ff
8) Dührssen, A.: a. a. O. S.128
9) Hüther, G.: Bedienungsanleitung für ein menschliches Gehirn. Göttingen 2001
10) Annunciato, N. F.: Sozialentwicklung und Entwicklungsförderung im Kindesalter auf der Grundlage der Plastizität des Neurosystems. In: Fortschritte der Sozialpädiatrie. Bd. 2. Hrsg.: Th. Hellbrügge. Lübeck (1999), S.98
11) Scott, J.P.: Animal Behaviour. Chicago 1958
12) Inhelder, E.: a. a. O.
13) Foppa, K.: a. a. O., S.48 u. 37
14) Prechtl, H.F.R.: Die Eigenart und Entwicklung der frühkindlichen Motorik. Wschr.(1956), 34
15) Peiper, A.: Instinkt und angeborenes Schema beim Säugling in: Z. Tierpsychol. (1951), 8
16) Scott, J. P.: a .a. O.
17) Schleyer, T.: a. a. O. S.205
18) Dührssen, A.: psychogene Erkrankungen bei Kindern und Jugendlichen. Göttingen 1960. S.53
19) Spitz, R.: Nein und Ja. Stuttgart 1960. Vom Säugling zum Kleinkind. Stuttgart 1967
20) Philbin, N.: a. a. O. S.6
21) Schwidder, W.: Psychosomatik und Psychotherapie bei Störungen und Erkrankungen des Verdauungstraktes. In: Documenta

Geigy Acta psychosomatica. Nr. 7 Basel 1965

22) Schwidder, W.: Zur poliklinischen Behandlung psychogener Erkrankungen des Kindes- und Jugendalters. In Z. Kinderpsychol. I. (1952), 33-39

23) Kotulak, R.: Die Reise ins Innere des Gehirns. Paderborn 1998. S.133

24) Meves, Ch.: Unsere Kinder wachsen heran. Holzgerlingen 2002 S.69 ff

25) Boccia et al: zitiert nach Philbin. N. a. a. O. S.11

26) Meaney, M.: Epigenetische Programmirung durch mütterliches Verhalten. Nature Neurocience, zitiert nach FAS 31.2004

27) McEwen, B.S.: Stressful Experience, Brain and Emotions: Behavioral and Neurodocrine Correlates. The Cognitive Neurosciences, 1117-35. Cambridge, Mass. MIT Press. 1995

28) Cammeron, J.: Zitiert nach Die Welt 27.10.04. S.30

Der Bindungstrieb und seine Störungen

1) O'Connor, T.G. & Rutter, M.: Attachment disorder behavioural following early severe deprivation: extention and longitudinal follow-up. English and Romanian Adoptees Study Team. I am Acad Child. Adolesc, Psychiat. 2000, 39 (6): S.703ff

2) Dührssen, A.: a. a. O. S. 82 Göttingen 1964

3) Spitz, R.: Vom Säugling zum Kleinkind. Stuttgart 1967

4) De Caspar, A.J.& Fifer, W.P.: Of human bonding: Newborns prefer their mother's voices. Science. (1980), 208, S.1174 f

5) Eliot, L.: a. a. O. S.509

6) Lorenz, K.: a. a. O. S.270

7) Eliot, L.: a. a. O., S.436

8) Grossmann, K&K.E.: Bindungen – das Gefüge psychischer Sicherheit. Stuttgart 2004

9) Gray, P.H.: Theory and evidence of imprinting in human infants. J. Psychol. 46 (1958), S.159

10) Ambrose, J.A.: The Concept of a Critical Period for the Development of Social Responsiveness in Early Human Infancy. In: Fortschritte der Socialpädiatr. Hrsg. Th. Hellbrügge, Bd. 2 Lübeck 1999

11) Immelmann, K. & Meves, Ch.: Prägung als frühkindliches Lernen. Grzimeks Tierleben. Sonderband Verhaltensforschung. Zürich 1974, S.337

12) O'Connor, T. G. & Rutter, M. a. a. O. Matejcek, Z. & Lang-
    meier, L.: Folgen frühkinderlicher psychischer Deprivation bei
    Anstaltskindern. Prax. Kinderpsychol. (1970), S.85

13) Hellbrügge, Th.: Kindliche Sozialentwicklung und ihre sinnes-
    physiologische Grundlage. In: Fortschritte der Sozialpädiatrie.
    Bd. II. Lübeck (1999), S.165 ff

14) Gray, P.H.: a. a. O. S.166

15) Harlow, H.F.: Reifungsfaktoren im sozialen Verhalten. Psyche-
    Beiheft: Festschrift für R. Spitz. Stuttgart 1967

16) Spitz, R.A.: a. a. O. S.25

17) Melzack, R.: Effects of early perfectual restriction on simple
    visual discrimination. Science (1937), 155-161

18) Immelmann, K. & Suomi, S.J.: Sensible Phasen der Verhaltens-
    entwicklung. In: K. Immelmann (Hrsg.) : Verhaltensentwicklung
    bei Mensch und Tier. Berlin/Hamburg. (1982), 508-543

19) Grossmann, K.E., Grossmann, K., Winter, M. & Zimmermann,
    P.: Die Fähigkeit, liebevolle Bindung einzugehen. Frühe Kind-
    heit (1/2001) 11-13

20) Schmalohr, F.: Folgen früher sozialer Isolation bei Mensch und
    Tier. In: Z. Praxis Kinderpsychologie. 7, (1966) 246-251

21) Philbin, N.: a. a. O., S.3, 2, 1

22) Harlow, H.F. & Sealy, B.: Mothering in motherless mother mon-
    keys. The Brit. J. of Socialpsychiat. 1 (1966), S.63

23) Braun, K., Bock, J.: Die Narben der Kindheit, Zt. Gehirn und
    Geist 1 2003. 50 ff

24) Sapolsky, R. M.: Why stress ist bad for your brain. Science. 273,
    5276. 749 f, zitiert nach Kotulak, R., a. a. O., S.65

25) Matejcek, Z.: Über die Krippen in der Tschechoslowakei. Der
    Kinderarzt. 20. (1989), S.830

26) Meyer-Holzapfel, M: Das Verhalten der Bären. Handbuch der
    Zoologie 8/10. (1957), S.10

27) Harlow, H.F. Social deprivation in monkeys Scientific American
    207. (1962c), 137

28) Meves, Ch.: Problemkinder brauchen Hilfe. Stein. (2002), S.100

29) Meves, Ch.: Kindgerechte Sexualerziehung, Holzgerlingen 2001
    S.63 ff

30) Eliot, L.: a. a. O. S.463

31) Matejcek, Z.: Sozialentwicklung unter den Bedingungen der
    psychischen Deprivation und Subdeprivation. In: Fortschritte

der Sozialpsychiatrie. Hrsg.: Th. Hellbrügge Bd. 2 Lübeck 1999 S.265 ff

32) Papousek, M.: Frühe Phasen der Eltern-Kind-Beziehungen. Praxis der Psychotherapie und Psychosomatik. 34. (1989), 109-122.

33) Tomele, G.: Entwicklungs- und Rehabilitation beim Deprivationssyndrom. In: Fortschritte der Sozialpsychiatrie Bd. 2 Hrsg. Th. Hellbrügge: Lübeck (1999), 229

34) Velkey, L.: Erfahrungen mit der Morbidität der Krippenkinder in Ungarn. In: Z. Sozialpädiat, 12, (1990), 430-435

35) Meves, Ch.: Verhaltensstörungen bei Kindern und Tieren. Kinderpsychol. 8. (1967), 273-280

36) Beach, F.A. & Haynes, J. Effects of early experience upon the behaviour of animals. Psychol. Bulletin 51 (1954), 239-262

37) Klingel, H. & Klingel, U. : Die Geburt eines Zebras. Z. Tierpsychol. 23. 3. (1966), 72

Exkurs

1) Meves, Ch.: Der kalte Krieg der alten Schlange. In: Wunschtraum und Wirklichkeit. Freiburg 1972, Stein 1997 S.9

2) Meves, Ch.: Verführt. Manipuliert. Pervertiert. Gräfelfing 2003 S.43 f

3) Gorbatschow, M.: Perestroika. München 1987 S.147 ff

4) Dunovsky, J.: Morbidität von Kindern in Kinderkrippen in der Tschechoslowakei. In: Kinderarzt, 4. 798.1991

5) Matejcek, Z.: Psychosoziale Bewertung von Kinderkrippen. In: Kinderarzt.(1990), S.562

6) Schetelig, H.: Entscheidend sind die ersten Lebensjahre. Freiburg 1980. Schetelig, U.: Die erste Lebenswoche. Kassel 1980

7) Langmeier, J.& Matejcek, Z.: Psychologische Deprivation im Kindesalter. München, Wien, Baltimore 1977

Der Selbstbehauptungstrieb und seine Störungen

1) Dührssen, A.: a. a. O. Göttingen 1960 S.87

2) Lorenz, K.: Das so genannte Böse. Wien 1963

3) Eliot, L.: a. a. O. S.191

4) Meves, Ch.: Erziehen lernen. Gräfelfing 2002 S.49

5) Meves, Ch.: Von Träumen und Märchen. Stein 2002 S.41

6) Meves, Ch.: Die Bibel antwortet uns in Bildern. Hamburg/ Frankfurt 2000 S.10

7) Meves, Ch.& Illies, J.: Liebe und Aggression. Gräfelfing 1996, S.121 ff

8) Rasa, O. A. E.: Appetence for Aggression in Juvenile Damsel Fish. 2. Tierpsychol. Beih. 8.1971

9) Philbin, N.: a. a. O. S.2

10) Dührssen, A.: a. a. O. S.90

11) Schwidder: a. a. O. S.195

12) Poenicke, A.: Gorillas in Freiland und in Menschenhand. Mainz 1999 S.18 f

13) Lind, H.: The Activation of an Instinct caused by a Transition action. Behaviour 14, (1959), S.123

14) Rasa, O. A. E.: a. a. O.

15) Glueck, S.& Glueck, E.: Unrevealing juvenile delinquency. New York 1950

16) Kruesi, M. J. P. zitiert nach Kotulak, R.: a. a. O. S.106

17) Kotulak, R.: a. a. O. S.12

18) Riemann, F.: Grundformen der Angst. München 1967

19) Sapolsky, R.: Why stress is bad for your brain. Sicence 273, 5276. S.749

20) Rasa, A.: a. a. O.

21) Schwidder, W.: Psychosomatik und Psychotherapie bei Störungen und Erkrankungen des Verdauungstraktes. Basel 1965

22) Meves, C.: Aggression und Autorität, in: Mut zum Erziehen. Stein 2001. S.10

Exkurs

Meves, Ch. & Illies, J.: Aggression und Rangordnung, S.137-151 In: Meves, Ch. & Illies, J.: Liebe und Aggression, Gräfelfing 1996

Der Geschlechtstrieb und seine Störungen

1) Proceedings of the Royal Society of London, Bd. 271, 204 S.1331

2) Schutz, F.: Die Bedeutung früher sozialer Eindrücke während der »Kinder- und Jugendzeit« bei Enten. Z. angew. Psychol.1 (1964), 169-178

3) Immelmann, K .& Meves, Ch.: a. a. O. S.340

4) Schultz, J.H.: Perverse Fehlhaltungen. In: Handbuch der Neurosenlehre und der Psychotherapie, Bd. 3 München, Berlin. Bd. 2 1959, S.246 ff

5) Colemann, J. C.: Abnormal psychology and modern life. Chicago 1964

6) Schutz, F.: Homosexualität und Prägung. Psych. Forschung, 28. (1965), S.439 f

7) Inhelder, E.: a. a. O.

8) McDougall, W.: Psychopathologie funktioneller Störungen. Leipzig 1931

9) Ploog, D.W., Blitz, J. & Ploog, F.: Studies of social and sexual behaviour of the squirrel Monkey. Fol. primat. 1. (1963), S.29 ff

10) Uexküll, von T.: Grundfragen der psychosomatischen Medizin. Hamburg 1963

11) Matussek, P.: Störungen des Sexuallebens. In: Handbuch der Neurosenlehre und der Psychotherapie. Bd. 2, S.580-627 Berlin, München 1959

12) Vonholdt, C.: Bulletin aus dem Deutschen Institut für Jugend und Gesellschaft. 1.2.3. Jahrgang 200-04. Reichelsheim.

13) Van den Aardweg, G.: Das Drama des Homosexuellen. Stuttgart 1985

14) Nicolosi, J.: Homosexualität muss kein Schicksal sein. Neukirchen-Vlyn 1995

Der seelisch gesunde und der kranke Lebensaufbau beim Menschen

1) Meves, Ch.: Charaktertypen.Gräfeling 2000

2) Meves, Ch.: Pyramiden über den gesunden und den kranken Lebensaufbau der Person. Erziehen lernen. Gräfelfing 2000. S.241-243

3) Roth, G.: Das Gehirn und seine Wirklichkeit. Frankfurt.1994, zit. n.: Ochmann, F. & Schels, W. : So entsteht das Ich. Stern. 25 2002 S.82

4) Kröber, H.L.: Zit. n. DT Nr. 143 2003 S.12

5) Singer, W.: Spiegel Special. 4/2003. S.25

6) Meves, Ch.: Mut zum Erziehen. Stein 2001. S.77

7) Cohen, S.B.: Vom ersten Tag an anders: Das weibliche und das männliche Gehirn. Düsseldorf, Zürich 2003

Pädagogische Konsequenzen

1) Eliot, L.: a. a. O. S.10

2) Eliot, L.: a. a. O. S.70-73

3) Eliot, L.: a. a. O. S.226, 239

4) Focus 27. 2004 S.81

5) Eliot, L.: a. a. O. S.167, S.143 ff

6) Meves, Ch.: a. a. O. S.32 f

7) Eliot, L.: a. a. O. S.552

8) Eliot, L.: a. a. O. S.425

9) Eliot, L.: a. a. O. S.638

10) Eliot, L.: a. a. O. S.464

11) Eliot, L.: a. a. O. S.435 f

12) Meves, Ch.: Greift der Staat nach unseren Kindern? In: Verführt, Manipuliert, Pervertiert. Gräfelfing 2003

13) Meves, Ch.: Erziehen lernen. Gräfelfing 2000 S.10 ff

14) Eliot, L.: a. a. O. S.45 f

15) Meves, Ch.: a. a. O. S.136

16) Meves, Ch.: Eine traurige Bilanz. In: Trotzdem Mut zur Zukunft. S.121 f
Meves, Ch.: Wer Wind sät. Stein 2002 S.52

17) Meves, Ch.: & Günter, D.: Schulnöte. Gräfelfing 1996 S.88 ff

18) Meves, Ch.: Geschlechterpsychologie heute. In: Manipulierte Maßlosigkeit S.157 f

19) Meves, Ch.: Der Frauenkonflikt ist lösbar. In: Aufbruch zu einer christlichen Kulturrevolution. Stein 2002

20) VFA e.V. (Verantwortung für die Familie) mit Sitz in 29525 Uelzen

Literaturverzeichnis

Aardweg, G. van den: Das Drama des Homosexuellen. Neuhausen/Stuttgart 1985

Ader, R.: Social affecting emotionality and resistance to disease in animals. III. Early weaning and susceptibility to gastric ulcus in the rat. J. Comp. Phys. Psychol. 55 (1965), 600

–: Gastric erosion in the rat: Effects of immobilization and different points in the activity cycle. Science 145 (1964), 406 f.

Aichhorn, A.: Verwahrloste Jugend. Bern 1951

Alexander, F.: Psychosomatische Medizin. Berlin 1951

Altmann, M.: Naturalistic studies of maternal care in moose and elk. In: H. Rheingold (Hrsg.): Maternal behaviour in mammals. New York 1963, 233

Ambrose, J. A.: The concept of a critical period for the development of social responsiveness in early human infancy. In: B.M. Foss (Hrsg.): Determinants of infant behaviour II. London 1963

Annunciato, N.F.: Sozialentwicklung und Entwicklungsförderung im Kindesalter auf der Grundlage der Plastizität des Neurosystems. In: Th. Hellbrügge: Fortschritte der Sozialpädiatr. Bd. 2. Lübeck 1999

Bateson, P.: Imprinting. In: G. Heyes & L. Huber (Hrsg.): The evolution in cognition. Cambridge 2000, 85-102

Beach, F. A. & Haynes, J.: Effects of early experience upon the behaviour of animals. Psychological Bulletin 51 (1954), 239-262

Berkson, G., Mason, W. A. & Saxon, S. V.: Situation and stimulus effects on stereotyped behaviour of chimpanzees. J. Comp. Phys. Psychol. 56 (1963), 786-792

Berkson, G. & Davenport, R. K.: Stereotyped movements of mental defectives. Am. J. of Mental Defic. 66 (1962), 849-852

Berna, J.: Erziehungsschwierigkeiten und ihre Überwindung. Berlin/Stuttgart 1959

Biermann, G. (Hrsg.): Handbuch der Kinderpsychotherapie. München/Basel 1969

Blechschmidt, E.: Anatomie und Ontogenese des Menschen. Heidelberg 1978

Bock, J. & Braun, K.: Frühkindliche Emotionen steuern die funktionelle Reifung des Gehirns: Tierexperimentelle Befunde und ihre

Relevanz für die Psychotherapie. Psychotherapie 7,2 (2002),190-194

–: Die Narben der Kindheit. Z. Gehirn und Geist 1, 2003, 50-54

Bogerts B. & Braun, K.: Erfahrungsgesteuerte neuronale Plastizität, Bedeutung für Pathogenese und Therapie psychischer Erkrankungen. Nervenarzt 72 (2001),310

Bohm, E.: Lehrbuch der Rorschachpsychodiagnostik. Bern 1951

Bowlby, J.: Maternal care and mental health. World Health Organization Monogr. Ser. No. 2, 1952. Frühe Bindung und kindliche Entwicklung. München 2001

Brocher, T.: Psychosexuelle Grundlage der Entwicklung. Opladen 1971

Brisch, K & Hellbrügge, Th. (Hrsg.) : Bindung und Trauma. Stuttgart 2003

Buss, D. M.: Evolutionary psychology. Boston 2004

Cammeron, J.: Zitiert nach Die Welt 27.10.04. S.30

Casper de, A.J. & Fifer, W.P.: Of human bonding: Newborns prefer their mothers voices. Science 208 (1980), 1174-1176

Cohen, S.B.: Vom ersten Tag an anders: Das weibliche und das männliche Gehirn. Düsseldorf, Zürich 2003

Coleman, J. C.: Abnormal psychology and modern life. Chicago 1964

Dennis, W.: Infant development under conditions of restricted practice and minimal social stimulation. Genet. Psych. Mon. 23 (1941), 143

Dührssen, A.: Psychogene Erkrankungen bei Kindern und Jugendlichen. Göttingen 1992

–: Psychotherapie bei Kindern und Jugendlichen. Göttingen 1960

–: Heimkinder und Pflegekinder in ihrer Entwicklung. Beiheft Prax. Kinderpsychol. Kinderpsychiat. 1964

Dunovsky, J.: Morbidität von Kindern in Kinderkrippen in der Tschechoslowakei. Kinderarzt 21 (1990), 1180-1187

Eibl-Eibesfeldt, I.: Grundriss der vergleichenden Verhaltensforschung. München 1969

Eliot, L.: Was geht da drinnen vor? Die Hirnentwicklung in den ersten fünf Lebensjahren. Berlin 2001

Ernst, C.: Frühe Lebensbedingungen und spätere psychische Störungen. Nervenarzt 64,5 (1993), 53-561

Foppa, K.: Lernen, Gedächtnis, Verhalten. Köln/Berlin 1965

Ford, C. S. & Beach, F. A.: Formen der Sexualität. Hamburg 1969

Fouts, R.: Unsere nächsten Verwandten. München 1998

Freud, S.: Studienausgabe, 70 Bde. Neuaufl. Frankfurt a. M. 2001

Gesell, A. & Gesell, A.: Development diagnosis. New York 1947

Glueck, S. & Glueck, E.: Unrevealing juvenile delinquency. New York 1950

Goldfarb, W.: Effects of early institutional care on adolescent personality. Child Developm. 14 (1943), 213

–: Infant rearing and problem behaviour. Am. J. Orthopsychiatr. 13 (1943), 249

–: Effects of early institutional care on adolescent personality, Rorschach data. Am. J. Orthopsychiatr. 14 (1944), 441

–: Infant rearing as a factor in foster home replacement. Am J. Orthopsychiatr. 14 (1944), 162

–: Psychological privation in infancy and subsequent adjustment. Am. J. Orthopsychiatr. 15 (1945), 247

–: Variation in adolescent adjustment of institutionally reared Children. Am. J. Orthopsychiatr. 17 (1947), 449

–: Rorschachtest test differences between family reared, institutional reared and schizophrenic children. Am. J. Orthopsychiatr. 19 (1949), 625

–: Effects of psychological deprivation in infancy and subsequent stimulation. Am. J. Psychiatr. 18 (1954), 102

–: Emotional and intellectual consequences of psychologic deprivation in infancy. In: Ph. Hoch (Hrsg.): Psychopathology of childhood. New York 1955

Goodall, J.: Ein Herz für Schimpansen. Reinbeck 1991

Gorbatschow, M.: Perestroika, München 1987, 150 ff

Gray, P. H.: Theory and evidence of imprinting in human infants. J. of Psychol. 46 (1958), 155-166

Grossmann, K.E., Grossmann, K., Winter, M., & Zimmermann, P.: Die Fähigkeit, liebevolle Bindung einzugehen. Frühe Kindheit 4, 1 (2001) 11-13

Grossmann, K. & Grossmann, K.E.: Bindungen – das Gefüge psychischer Sicherheit. Stuttgart 2004

Hall, F.S.: Social deprivation of neonatal, adolescent and adult rats has distinct neurochemical and behavioural consequences. Crit. Rev. Neurobiolo.12, (1998),129-162

Harlow, H. F.: The nature of love. Am. Psych. 13 (1958), 673

–: & Zimmermann, R. R.: Affectional responses in the infant monkey. Science 103 (1959), 421

–: The heterosexual affectional system in monkeys. Am. Psych. 17 (1962 a), 1

–: und Zimmermann, R. R.: Affectional responses in the infant. Bull. Menninger Clinic 26 (1962 b), 213

–: Social deprivation in monkeys. Scientific American 207 (1962c), 137

–: & Rowland, G.: The effect of total social deprivation on the development of monkey behaviour. Rec. on Schizophrenia 116 (1964)

–: Total social isolation. Science 148 (1965), 666

–: & Sealy, B.: Mothering in motherless mother monkeys. The Brit. J. of Social-Psychiatr. 1 (1966), 63

–: & Harlow, M.: Affection in primates, Discovery Jan. 1966

Harlow, M. & Dodsworth, A.: Maternal behaviour of rhesus monkeys deprived of mothering and peer associations in infancy. Proceedings of the Am. Phil. Society 110 (1966), 58

–: Reifungsfaktoren im sozialen Verhalten. Psyche-Beiheft: Festschrift für R. Spitz, Stuttgart 1967

Hassenstein, B.: Angst und Flucht bei Tieren. Universitas 5 (1965), 507-516

–: Vergleich soziologischer Prinzipien bei Tieren und Menschen. Freiburger Dies Universitatis 10 (1962/63), 1-9

Hauser, M.D.: Was Tiere wirklich denken. München 2002

Hediger, H.: Mensch und Tier im Zoo. Zürich/Stuttgart/ Wien 1965

–: Über Bewegungsstereotypien bei gehaltenen Tieren. Rev. Suisse Zool. 41 (1934a), 17

Heinroth, 0.: Beiträge zur Biologie. Berlin 1910

Hellbrügge, Th.: Kindliche Entwicklung und soziale Umwelt. München 1964

Holzapfel, M.: Über Bewegungsstereotypien bei gehaltenen Säugern. Z. Tierpsychol. I/II, 2 (1938), 46-72

Hüther, G.: Bedienungsanleitung für ein menschliches Gehirn. Göttingen 2002

Illies, J.: Die Affen und wir. Hamburg 1970

–: Zoologie des Menschen. München 1971

–: Schöpfung oder Evolution. Osnabrück 1979

Immelmann, K. & Meves, Ch.: Prägung als frühkindliches Lernen. In: B. Grzimek: Grzimeks Tierleben, Verhaltensforschung, Zürich 1974, 337-354:

–: & Suomi S.J.: Sensible Phasen der Verhaltensentwicklung. In: K. Immelmann, K. Barlow, G.W. Petrinovich & L. Main (Hrsg.): Verhaltensentwicklung bei Mensch und Tier, Berlin, Hamburg: 1982, 508-543

–: Sexual and other long-term aspects of imprinting in birds and other species. In: D. S. Lehrmann, R. A. Hinde & E. Shaw (Hrsg.): Advances in the study of behaviour. Vol. 4. New York. Academic Press, 1972

Inhelder, E.: Skizzen zu einer Verhaltenspathologie reaktiver Störungen bei Tieren. Schweizer Archiv für Neurologie, Neurochirurgie und Psychiatrie 89, 2 (1962)

Jores, A.: Der Mensch und seine Krankheit. Stuttgart 1970

Kinsey, A. C.: Das sexuelle Verhalten der Frau. Berlin/Frankfurt a. M. 1953

Klaus, M. H., & Kennell, J. H.: Maternal-infant bonding: The impact of early separation or loss on family development. St. Louis 1976

Klimmer, R.: Die Homosexualität als biologische und soziologische Zeitfrage. Hamburg 1958

Klingel, H. & Klingel, U.: Die Geburt eines Zebras. Z. Tierpsychol. 23, 3 (1966), 72

Kotulak, R.: Die Reise ins Innere des Gehirns. Paderborn 1998

Kruesi, M.J.P. et al: 1992. A two-year prospective follow-up study of children and adolescents with disruptive behavior disorders: Prediction by cerebrospinal fluid 5-hydroxyindoleacetic acid, homovanillic acid, and autonomic measures. Arch. Gen. Psychiatry, 49, 429-35.

Kujatt, B.: Über Fettsucht in der Präpubertätszeit. Analyt. Psychotherapie und Erziehungshilfe 129 (1952)

Langmeier, J. & Matejcek, Z.: Psychologische Deprivation im Kindesalter. München/Wien/Baltimore 1977

Levy, D. M.: Experiments on the sucking reflex and social behaviour of dogs. Am. J. Orthopsychiatr. 4 (1934), 203-224

Leyhausen, P. & Lorenz K.: Antriebe tierischen und menschlichen Verhaltens. München 1971

Liddell, H.: The influence of experimental neuroses on respiratory function. In: H.A. Abramson: Treatment of Asthma. Baltimore 1951

Lind, H.: The activation of an instinct caused by a »transition action«. Behaviour 14 (1959), 123-135

Lorenz, K.: Das so genannte Böse. Wien 1963
–: Über tierisches und menschliches Verhalten. Gesammelte Ab-
  handlungen, München 1992 25. Aufl.
McDougall, W.: Psychopathologie funktioneller Störungen. Leipzig
  1931
Maisch, H., Schönberg, D. & Wallis, H.: Psychosomatische Aspekte
  der einfachen Adipositas im Kindesalter. Psyche XIX, 6 (1965),
  339-364
Mason, W. A.: The social development of monkeys and apes. In: D.
  Vore (Hrsg.): Primate Behaviour. New York 1965: The effects of
  social restriction on the behaviour of rhesus monkeys. J. Comp.
  Phys. Psychol. 53 (1960), 582-589 I.; II. ebd. 54 (1961), 287-290;
  III. ebd. 54 (1961), 694-699
–: Determinants of social behaviour in young chimpanzees. In: M.
  Schiser et al.: Behaviour of nonhuman primates ll. New York/
  London 1965
Matejcek, Z.: Psychologische Bewertung von Kinderkrippen. Kinder-
  arzt 4 (1990), 561-569
Matejcek, Z.: Über die Krippen in der Czechoslowakai. Der Kinder-
  arzt 20,1 (1989), 830
Matejcek, Z. & Langmeier, J.: Folgen frühkindlicher psychischer De-
  privation bei Anstaltskindern. Prax. Kinderpsychol. Kinderpsy-
  chiat. 19 (1970), 85
Matussek, P.: Störungen des Sexuallebens. In: V. Frankl, V. E. v.
  Gebsattel & J. H. Schultz (Hrsg.) : Handbuch der Neurosenlehre
  und der Psychotherapie. Berlin/ München 1959
McEwen, B.S.: Stressful Experience, Brain, and Emotions: Behavioral and Neuroendocrine Correlates. The Cognitive Neurosciences,
  1117-35. Cambridge, Mass. MIT Press. 1995
Meaney, M.: Epigenetische Programmierung durch mütterliches Verhalten. Nature Neuroscience 2004.
Meierhofer, M. & Keller, W.: Frustration im frühen Kindesalter. Bern
  1966
Melzack, R.: Effects of early perfectual restriction on simple visual
  discrimination. Science (1937), 978
–: & Scott, T. H.: The effects of early experience on the response to
  pain. J. Comp. Phys. Psychol. 50 (1937), 155-161
Menzel, E. W., jr.: Pattern of Responsiveness in chimpanzees reared
  through infancy under conditions of environmental restrictions.

Psychol. Forschung 27 (1964), 337-365

Meves, Ch.: Bericht über die psychagogische Arbeit mit einem entwicklungsgehemmten neunjährigen Jungen. Prax. Kinderpsychol. Kinderpsychiat. 6 (1965), 197-208

–: Vergleichbare Strukturen von Verhaltensstörungen bei Kindern und Tieren. Prax. Kinderpsychol. Kinderpsychiat. 8 (1967), 273-280

–: & Simonsen, H.: Katamnesen nach Krankenhausaufenthalt im Kindesalter. Prax. Kinderpsychol .Kinderpsychiat. 6 (1968), 197-204

–: Gesunde oder kranke Aggression – eine Folge unseres Kinderschicksals. In: F. Lorenz (Hrsg.): Aggression und Autorität. Stuttgart 1969, 57-70

–: Vergleichbare Verhaltensstörungen bei Kindern und Tieren. Z. Prakt. Psychol. 1/2 (1969), 31-42

–: Kinderschicksal in unserer Hand. Freiburg 1978

–: & Günter, D.: Schulnöte. Gräfelfing 1996

–: Wunschtraum und Wirklichkeit. Stein 1997

–: Wandlung durch Widerstand. Stein 1997

–: Ohne Liebe geht es nicht. Holzgerlingen 1997

–: Kraft aus der du leben kannst. Holzgerlingen 1998

–: & Illies J.: Liebe und Aggression. Gräfelfing 1999

–: Mit Kindern leben. Stein 1999

–: Wahrheit befreit. Stein. 1999

–: Unser Leben braucht Schutz. Holzgerlingen 1999

–: Erziehen lernen. Gräfelfing 2000

–: Manipulierte Maßlosigkeit. Stein 2000

–: Charaktertypen. Gräfelfing 2000

–: Mut zum Erziehen. Stein 2001

–: Kindgerechte Sexualerziehung. Holzgerlingen 2001

–: Wie das Gestern das Heute bestimmt. Holzgerlingen 2001

–: Problemkinder brauchen Hilfe. Stein 2002

–: Ehealphabet. Stein 2002

–: Eltern ABC. Stein 2002

–: Wer Wind sät. Stein 2002

–: Aufbruch zu einer christlichen Kulturrevolution. Stein 2002

–: Unsere Kinder wachsen heran. Holzgerlingen 2002

–: Auf Dich kommt es an. Aachen 2002

–: Träume und Märchen, Spiegel der Seele. Stein 2003

–: Trotzdem: Mut zur Zukunft. Gräfelfing 2003
–: Großeltern ABC. Stein 2004
–: Verführt. Manipuliert. Pervertiert. Gräfelfing 2004
Meves-Schetelig, U.: Die erste Lebenswoche, Kassel 1980
Meyer-Holzapfel, M.: Über die Bereitschaft zu Spiel- und Instinkt-
    handlungen. Z. Tierpsychol. 13 (1956), 442-464
–: Das Verhalten der Bären. Handbuch der Zoologie 8/10 (1957), 1-28
Nash, M.: How a child's brain develops. Time Magazine 149, 6 1997
Neumann, E.: Das Kind. Zürich 1963
Neumann, U.: Wieviel Liebe braucht ein Kind? Stuttgart 1970
Newton, N. R. & Newton, M.: Relationship of ability to
    breast feed and maternal attitudes toward breast feeding. Paedia-
    trics 5 (1950), 869
Nicolosi, J: Homosexualität muss kein Schicksal sein. Neukirchen-
    Vlyn 1995
O'Connor, T. G. & Rutter, M.: Attachment disorder behaviour follo-
    wing early severe deprivation: extension und longitudinal follow-
    up. English and Romanian Adoptees Study Team: I am Acad
    Child. Adolesc. Psychiat. 39, 6 (2000), 703-712
Papousek, H. & Papousek, M.: Biological basis of social interaction.
    J. Child. Psychol. Psychiat. 24 (1983), 117-129
Pawlow, J. P.: Sämtliche Werke, 6 Bde. Berlin 1953
Pechstein, J.: Biologische Disposition und Entfaltung der Persönlich-
    keit. In: A. Niegl (Hrsg.): Frühe Kindheit. St. Pölten/Wien (1985)
–: Auflösung der Kinderkrippen in der DDR als Relikte der SED –
    Diktatur. Sozialpäd. 12 (1990), 261
Peiper, A.: Die Eigenart der kindlichen Hirntätigkeit. Leipzig 1949
–: Instinkt und angeborenes Schema beim Säugling. Z. Tierpsychol.
    8 (1951),
Philbin, N: Beitrag zum Verständnis von stereotypischem Verhalten
    bei Labor-Makaken. Dissertation, Inst. Neurol. London 2003
Ploog, D.W., Blitz, J. & Ploog, F.: Studies of social and sexual be-
    haviour of the squirrel monkey. Fol. Primat. 1 (1963), 29-66
Poenicke, A.: Gorillas in Freiland und in Menschenhand. Institut für
    Anthropologie. Mainz 1999
Portmann, A.: Biologische Fragmente zu einer Lehre vom Men-
    schen. Basel 1968
Prechtl, H. & Schleidt, W. M.: Auslösende und steuernde Mechanis-
    men des Saugaktes. Z. vgl. Physiol. 32 (1950)

Prechtl, H.: Die Eigenart und Entwicklung der frühkindlichen Motorik. Klin. Wschr. 34 (1956)

Rasa, 0. A. E.: Appetence for aggression in juvenile damsel fish. Z. Tierpsychol., Beih. 8 (1971)

Rensch, B.: Homo sapiens. Göttingen 1970

Ribble, M. A.: Clinical studies of instinctive reactions in newborn babies. Am. J. Psychiatr. 95 (1938)

Riemann, F.: Grundformen der Angst. München 1967

Roth, G.: Das Gehirn und seine Wirklichkeit. Frankfurt 21996

Roth, G.: Aus Sicht des Gehirns. Wie unser Selbst entsteht. Frankfurt a. M. 2003

Rutter, M.: Childhood experiences and adult psychosocial functioning. In: The childhood environment and adult disease. Ciba Foundation Symposium. Chichester: Wilney. (1991), 189-208

Sapolsky, R.M.: Why stress is bad for your brain. Science 273. 5276.

Schetelig, H.: Entscheidend sind die ersten Lebensjahre. Freiburg 1980

Schleyer, T.: Untersuchungen zum Einfluss des Kälberaufzuchtverfahrens auf die Ontogenese des Sozialverhaltens heranwachsender Rinder. Dissertation. Berlin 1998

Schmalohr, E.: Folgen früher sozialer Isolierung bei Mensch und Tier. Prax. Kinderpsychol. Kinderpsychiat. 7 (1966), 246-251

–: Frühe Mutterentbehrung bei Mensch und Tier. München/Basel 1968

Schmidt. W.R.: Der Schimpanse im Menschen: Das gottebenbildliche Tier. Gütersloh 2003

Schultz, J. H.: Perverse Fehlhaltungen. In: V. Frankl, V.E. von Gebsattel & J. H. Schultz (Hrsg.): Handbuch der Neurosenlehre und der Psychotherapie. München/Berlin 1959, Bd. 2, 246-262

Schultz-Hencke, H.: Lehrbuch der analytischen Psychotherapie. Stuttgart 41988

Schutz, E: Die Bedeutung früher sozialer Eindrücke während der »Kinder- und Jugendzeit« bei Enten. Z. für angew. Psychol. 1 (1964), 169-178

–: Homosexualität und Prägung. Psych. Forschung 28 (1965), 439-463

–: Sexuelle Prägung bei Anatiden. Z. Tierpsychol. 22 (1965), 50-103

–: Homosexualität bei Tieren. Studium Generale 5 (1966), 273-285

Schwidder, W.: Neoanalyse. In: V. Frankl, V.E., von Gebsattel & J.

H. Schultz (Hrsg.): Handbuch der Neurosenlehre und der Psychotherapie, Bd. 3. München/Berlin 1959 171-214

–: Psychosomatik und Psychotherapie bei Störungen und Erkrankungen des Verdauungstraktes. Documenta Geigy. Acta psychosomatica, Nr. 7. Basel 1965

–: Zur poliklinischen Behandlung psychogener Erkrankungen des Kindes- und Jugendalters. Prax. Kinderpsychol. Kinderpsychiat. 1 (1952), 33

Scott, J. P.: Animal behaviour. Chicago 1958

Singer, W.: Unser Wille kann nicht frei sein. Spiegel Special 4 (2003), 20

Solm, M: Die Entschlüsselung des Gehirns. Spiegel Special 4 (2003), 61

Spitz, R.: Nein und Ja. Stuttgart 1960

–: Vom Säugling zum Kleinkind. Stuttgart 1996

Strauß, B., Buchheim, A. & Kächele, H. (Hrsg.): Klinische Bindungsforschung. Theorie – Methoden – Ergebnisse. Stuttgart 2002

Suomi, S.J.: Early stress and adult emotional reactivity in rhesus monkey. Ciba Foundation Symposium. Chichester: Wilney. (1991), 171-188

Thompsen, W. R., Melzack, R. & Scott, T. H.: »Whirling behaviour« in dog as related to early experience. Science 123 (1956), 939

Tilney, F. E. & Casamajor, L.: Myelinogeny as applied to the study of behaviour. Arch. Neurol. Psychiatr. 12 (1924)

Tinbergen, N.: Instinktlehre. Berlin/Hamburg 1964

Tomele, G.: Entwicklungs-Rehabilitation beim Deprivationssyndrom. In: Th. Hellbrügge (Hrsg.): Fortschritte der Sozialpädiatrie, Bd. 2. Lübeck 1999, 229-242

Uexküll, T. von: Grundfragen der psychosomatischen Medizin. Hamburg 1963

Velkey, L.: Erfahrungen mit der Morbidität der Krippenkinder in Ungarn. Z. Sozialpädiatrie 12 (1990), 430-435

Vonholdt, Ch. R.: Falsche Fährte. Salzkorn 4, 2004, 166-168

Waal, de F.: Der gute Affe. München 2002

Wickler, W.: Vergleichende Verhaltensforschung und Phylogenetik. In: G. Heberer (Hrsg.): Die Evolution der Organismen, Bd. 1. Stuttgart 1967

–: Stammesgeschichte und Ritualisierung. München 1970

Zietz:, K.: Abriss der Kinder- und Jugendpsychologie. Braunschweig 1959

Fremdwörterverzeichnis

adäquat	angemessen
Adipositas	Fettsucht, Fettleibigkeit
Adrenalin	Stresshormon
adult	erwachsen
Ätiologie	Ursachenforschung
affektiv	durch heftige Gefühlsäußerung gekennzeichnet
Aktivitätsatrophie	Lähmung der Handlungslust
Altruismus	durch Rücksicht auf andere gekennzeichnete Denk- und Handlungsweise, Selbstlosigkeit
Ambivalenz	Zwiespältigkeit
Ambliopie	Schwachsichtigkeit
Amenorrhöe	Versiegen des Monatszyklus
analog	ähnlich
Anamnesen	Vorgeschichte einer Krankheit nach Angaben des Kranken
Animosität	seelische Empfindlichkeit
anorektisch	magersüchtig
Anthropoiden	Menschenaffen
Anthropologie	Wissenschaft vom Menschen und seiner Entwicklung
Apathie	Teilnahmslosigkeit
apodiktisch	unumstößlich, unwiderleglich
Appetenz	Suchverhalten
Arbeitshypothese	Vorentwurf für eine wissenschaftlich zu beweisende Theorie
Areal	Gebiet
artspezifisch	durch Besonderheiten der Art (des Spezies) bedingt
Atrophie	Schrumpfungsprozess
Autismus	Psychische Störung, die sich im Verlust des Umweltkontakts und Flucht in die eigene Welt äußert
autochthon	eigenständig
Autoerotismus	Form des erotisch-sexuellen Verhaltens, das Lustgewinn und Triebbefriedigung ohne Partnerbezug zu gewinnen sucht
avangardistisch	vorkämpferisch
bibliophil	Bücher liebend
Borderline-Fall	Grenzfall zwischen Neurose und Psychose
Bourgeois	zur Bourgeoisie gehörend, wohlhabender Bürgerstand
Bulimie	Fress-Brech-Sucht
Chronifizierung	Anhaltend werden

Circulus vitiosus	Krankheitsprozesse, die sich gegenseitig ungünstig beeinflussen
Contrat social	Gesellschaftsvertrag, Hauptwerk von Jean Jacques Rousseau
defloriert	entjungfert
denaturiert	unnatürlich
Deprivation	fehlende Zuwendung gegenüber dem Kleinkind oder dem Jungtier
Determiniertheit	Bestimmtheit, Abhängigkeit des Willens von inneren oder äußeren Ursachen
Differenzialdiagnose	ausschließendes Untersuchungsergebnis
diffus	unbestimmt, ohne genaue Abgrenzung
Dyspepsie	Verdauungsstörung
Dysthymia	Depression
effizient	leistungsfähig
endogen	von Innen kommend
eruieren	ergründen
Ethologie	Wissenschaft vom Verhalten der Tiere, Verhaltensforschung
Evidenz	Gewissheit, einleuchtende Erkenntnis
exzessiv	übersteigert
Fetischismus	sexuelle Vorliebe für Kleidungsstücke
Finalität	Zielgerichtetheit
Genesis	Das erste Kapitel der Bibel
genotypisch	ererbt
Hominiden	Spezies der Menschen einschl. der Menschenaffen
homolog	übereinstimmend, entsprechend, gleichliegend
Hospitalismus	Durch Krankenhaus- oder Heimschicksal in der frühen Kindheit erworbene seelische Schäden
hypertroph	wuchernd
Impetus	Anstoß, Impuls, Schwung(kraft)
inadäquat	unangemessen
infantil	auf kindlicher Entwicklungsstufe stehen geblieben, geistig oder körperlich unterentwickelt; kindisch
intendieren	auf etwas hinzielen; beabsichtigen, anstreben, planen
Intentionale Gehemmtheit	Verlust eines zielgerichteten Neugierverhaltens
interdisziplinär	mehrere Fachbereiche umfassend
Introjektion	Einbeziehung von Außeneindrücken nach Innen
intuieren	einer Eingebung folgen
invertiert	nach Innen gedreht
irreversibel	nicht umkehrbar, nicht rückgängig zu machen

Jactatio capitis	Hin- und Herbewegen von Kopf und Oberkörper
Jurisprudenz	Rechtswissenschaft
kognitiv	Die Erkenntnis betreffend
Komment	Brauch, Sitte, Regel
kompensatorisch	ausgleichend
konstituieren	einsetzen, festsetzen, gründen
Konstituierung	Gründung
Kontraktion	Zusammenziehung von Muskeln
Konventionalismus	Philosophische Richtung des 19. Jh., die den auf rein zweckmäßiger Vereinbarung beruhenden Charakter des gesellschaftlichen Verhaltens betont
Konversion	(med.): Umwandlung unbewältigter starker Erlebnisse in körperliche Symptome
konvulsivisch	krankhaft zuckend, krampfartig
konziliant	umgänglich, verbindlich, freundlich, versöhnlich
korrelieren	einander bedingen, miteinander in Wechselbeziehung stehen
kortical	von der Hirnrinde ausgehend.
Kortex	wichtiger Teil der Hirnrinde, in dem z.B. das Hör- und das Sehzentrum liegt
Laktation	Milchabsonderung aus der Brustdrüse
La leche ligue	Die Still-Liga – ein Verein zur Förderung des Stillens
latent	versteckt, verborgen, nicht offenkundig, nicht gleich erkennbar, med.: Inkubationszeit
Libido	Geschlechtstrieb (nach S. Freud)
Limbisches System	Randgebiet zwischen Großhirn und Gehirnstamm, das die hormonale Steuerung und das vegetative Nervensystem beeinflusst und von dem gefühlsmäßige Reaktionen auf Umweltreize ausgehen
Luxation (des Hüftgelenks)	ausgerenkte Hüfte
Makaken	meerkatzenartige Affen
Mamilla	Brustwarze
manifest	sichtbar, offenkundig, erkennbar
Milchschorf	Hauterkrankung des Säuglings
Modifizierbarkeit	Veränderlichkeit
Morbidität	geschwächter Zustand
Mutismus	psychisch bedingte Stummheit
Neoanalytische Schule	Nachfolgeschule der psychoanalytischen Schule Freuds
Neurologie	Wissenschaft vom Aufbau und der Funktion des Nervensystems

Neurose	seelische Erkrankung
Nomenklatur	namentliche Sach- oder Fachbezeichnung eines Wissensgebietes
ödipale Phase	durch den Ödipuskomplex bestimmte Phase
Ödipuskomplex	erotische Vorliebe des Kleinkindes, die sich auf das gegen-geschlechtliche Elternteil richtet
Ontogenese	Entwicklung des Individuums von der Einzelle bis zum geschlechtsreifen Zustand
oral-kaptativ	zugreifend durch die Nahrungsaufnahme mit dem Mund am Lebensanfang
ordinär	gewöhnlich
Overprotection	Überbehütung
Päderastie	homosexuelle Beziehung von Männern zu Jungen
Pädiatrie	Kinderheilkunde
Pädophilie	sexuelle Neigung speziell zu Kindern
Paläontologie	Wissenschaft von den Lebewesen vergangener Erdepochen
pathologisch	krankhaft verändert
Periode, sensible	für ein spezifisches Lernen vorgesehener Zeitabschnitt
peristatisch	umweltbedingt
Plastizität	Biegsamkeit
Pollution	unwillkürlicher Samenerguss im Schlaf
postnatal	nachgeburtlich
Postulat	unbedingte Forderung, sachlich oder denkerisch notwendige Annahme, These, die unbeweisbar oder noch nicht bewiesen, aber durchaus glaubhaft und einsichtig ist
Prämisse	Voraussetzung
pränatal	vor der Geburt, im vorgeburtlichen Stadium
Prävalenz	Vorliebe
Primaten	Menschenaffen
Priorität	Vorrang
Promiskuität	Geschlechtsverkehr mit verschiedenen wechselnden Partnern
pseudo	nicht echt
Psychopathologie	Lehre von den seelischen Erkrankungen
Regression	Zurückfallen auf frühere kindliche Stufen der Triebvorgänge
Reizkonfiguration	anregende Gestalt
Respirationserkrankung	Atemwegserkrankung
retardiert	in geistigen oder körperlichen Funktionen zurückgeblieben
Retention	Zurückhaltung, Funktionsstörung, die darin besteht, dass zur Ausscheidung bestimmte Körperflüssigkeiten oder andere Stoffe nicht in ausreichendem Maße ausgeschieden werden